T0114368

Bau Dir Deine Zukunft

Silvia Ziolkowski

Bau Dir Deine Zukunft

Ein Anstiftungs- und Umsetzungsbuch für ein großartiges Leben

2. Auflage

Silvia Ziolkowski
Erding, Bayern, Deutschland

ISBN 978-3-658-37032-9   ISBN 978-3-658-37033-6   (eBook)
https://doi.org/10.1007/978-3-658-37033-6

Die Deutsche Nationalbibliothek verzeichnet diese Publikation in der Deutschen Nationalbibliografie; detaillierte bibliografische Daten sind im Internet über http://dnb.d-nb.de abrufbar.

Titelbild: ullrich – stock.adobe.com

Planung/Lektorat: Irene Buttkus
Springer ist ein Imprint der eingetragenen Gesellschaft Springer Fachmedien Wiesbaden GmbH und ist ein Teil von Springer Nature.
Die Anschrift der Gesellschaft ist: Abraham-Lincoln-Str. 46, 65189 Wiesbaden, Germany

Gewidmet allen Menschen,

die ihre Lebensträume verwirklichen wollen,
und
meinen Eltern Elfriede und Herbert Ziolkowski,
die mich immer darin bestärkt haben, meinen Weg zu gehen
und das Leben nicht zu ernst zu nehmen

Vorwort

Mit dem Hausbau ist das so eine Sache. Fertighaus von der Stange? Kann man machen: in einem Tag hingestellt, tausendfach erprobt, funktional brauchbar. Aber in den seltensten Fällen passt der Standard-Grundriss exakt auf die Bedürfnisse des Bauherrn. Es ist eine Lösung, aber kaum die optimale. Also ganz klar, dann die Traum-haus-Variante! Zum Beispiel einen Bauhaus-Kubus, mit schmalen Fensterschlitzen auf der einen, großer Panorama-Glaswand auf der anderen Seite, dazwischen viel roher Beton. Oder doch lieber Blob-Architektur, ein biomorphes, rundes Ding mit Lichteinlassrüsseln und Acrylglashaut? Da schreien die Kritiker und Zweifler auf: Die Dinger sind teuer, ungewohnt, hatten wir noch nie, und man wird bei der Planung, Umsetzung und Renovierung sein blaues Wunder erleben.

Historisch betrachtet wäre es ein ziemliches Unglück, wenn die Kritiker und Zweifler immer Recht bekommen hätten. Überall stünden jetzt Fertighäuser, funktional, brauchbar, aber uniform. Große Visionen und große Projekte haben nun mal die Tendenz, aus dem Ruder zu laufen, länger zu dauern, Rückschläge zu erleiden. Dafür können sie aber auch einmalig werden. Der Kölner Dom zum Beispiel ist das dritthöchste Kirchengebäude der Welt und die meistbesuchte Touristenattraktion Deutschlands; sein Bauzeitenplan ist allerdings einigermaßen verheerend. Im 13. Jahrhundert baute man runde 130 Jahre an dem Gotteshaus und ließ die Arbeit dann mal gute 400 Jahre liegen, um Mitte des 19. Jahrhunderts noch mal 40 Jahre Bauzeit einzuschieben und den Dom endlich fertigzustellen. Mitte des 19. Jahrhunderts hielten das viele Kölner für gnadenlose Geldverschwendung, heute würde den Dom wohl keiner mehr hergeben.

Oder nehmen wir als Beispiel Paris: Was ist *das* Symbol für die Stadt an der Seine? Der Eiffelturm, richtig. Wäre es nach den Kleingeistern gegangen, dann hätte es den markanten Turm nie gegeben. Einige Zeitungen liefen Ende des 19. Jahrhunderts Sturm, als man die Pläne für den Bau verkündete. Man verschandele die Stadt, Großmannssucht und Fantastereien würden sich hier Bahn brechen … lauter bekloppte Träumer. Binnen weniger Jahre wurde er von der „Tragischen Laterne" zur „Eisernen Dame". Der Eiffelturm gehört jetzt so sehr zur Pariser Identität, ist so sehr Teil des Bestehenden, dass man mit ihm mittlerweile nichts Wildes oder Neues mehr machen darf. Als ein Ingenieurbüro vorschlug, den Turm für einige Jahre komplett zu begrünen, als Zeichen für das neue, grüne, ökologische Zeitalter, waren fast wortgleich die gleichen Tiraden zu hören wie beim Bau des Turms.

Und noch ein Beispiel: Die Oper von Sydney wurde 1973 mit Beethovens Neunter eröffnet, allerdings ohne Architekt. Der geniale Jørn Utzon hatte da sein „Traumhaus", Sydney und Australien schon längst wütend verlassen. Und in Sydney war das Bauwerk äußerst umstritten und ausgesprochen unbeliebt. Dass wegen der innovativen Dachschalenkonstruktion die Statiker immer noch rechneten, während schon längst gebaut wurde, und die Kosten statt bei den geplanten 3,5 Mio. Pfund dann bei 50 Mio. Pfund lagen, trug auch nicht gerade zum Jubel der Bevölkerung bei. Dazu noch eine um acht Jahre längere Bauzeit. Und heute? Heute steht die Oper auf der Welterbeliste der UNESCO, wird von allen bewundert und ist Sydneys Wahrzeichen.

Falsch wäre es deshalb, nur überschaubar, klein und funktional zu bauen und zu träumen. Nein, ganz im Gegenteil: Planen Sie groß, seien Sie Visionär, trauen Sie sich das Verrückte, seien Sie bekloppt!

Was wäre unser Leben ohne Träume und ohne verwirklichte Träume? Es geht darum, Träume zu formulieren, und Träume sollten, ja müssen größer sein als das, was die Wahrscheinlichkeit umsetzbar erscheinen lässt, sonst wären es keine Träume, sondern die Arbeitsplanung für nächste Woche. Träume sind immer wieder Mutproben, denn keiner sagt, dass diese Visionen sich eins zu eins in die Tat umsetzen lassen, aber sie sollten faszinierend und stark genug sein, um Ihnen Kraft zu geben, auch dann weiterzugehen, wenn der Weg steil bergauf führt.

Und Rückschläge gehören zu großen Träumen einfach dazu. Das ist nichts, was einen verzweifeln lassen sollte, sondern ein Umstand, den das Leben und angemessen große Träume nun mal so mit sich bringen. Klar, mit dem Fertighaus hätten Sie es einfacher, aber das ist eben eine Durchschnittslösung, ein bisschen 08/15. Finden Sie sich nicht damit ab. Bauen Sie kein 08/15-Haus. Richten Sie sich nicht behaglich in der Unzufriedenheit ein.

Mein ganz persönlicher Tipp für alle „Häuslebauer": Zweifler, Neider und Kritiker wird es immer geben. Hören Sie sich ihre Beiträge an, wägen Sie ab und holen

Sie sich Kraft aus Ihrem Träumermodus. Es ist Ihr Haus, und Sie entscheiden, was zu tun ist. Denn Verteidiger des Bestehenden gibt es wie Sand am Meer. Es ist immer einfacher, das Alte zu verteidigen, als das Neue zu erfinden, es ist einfacher, den Propheten des Scheiterns zu geben, als Zukunftshäuser zu bauen. Der Mensch ist dem Neuen gegenüber skeptisch. Aber das böse Neue, das fremd, feindlich und furchtbar hässlich ist, wird dann ganz oft zum guten Alten, das so herrlich vertraut und schön daherkommt. Dafür sind der Kölner Dom, der Eiffelturm und die Oper von Sydney gute Beispiele aus der Baugeschichte.

Meine Lieblingsgeschichte für alle Zweifler stammt auch aus der „guten alten Zeit" – als das Dampfschiff der neueste technische Traum war. Robert Fulton, ein US-Ingenieur, war der Erfinder des ersten wirtschaftlich erfolgreichen, zuverlässigen Dampfschiffs. Nach vielen Vorbereitungen war es so weit, dass er sein Boot testen konnte. Am Ufer beobachtete eine Menschenmenge die letzten Vorbereitungen. „Das fährt doch niemals!", riefen viele Zuschauer den Männern auf dem Boot zu. Die arbeiteten unbeeindruckt und konzentriert weiter. Und endlich, inmitten von Dampf und sprühenden Funken, begann sich das Boot flussaufwärts zu bewegen. Die Menschen am Ufer waren still und beobachteten fasziniert das Schauspiel – aber nur kurze Zeit. Dann brüllten sie: „Das kriegt ihr nie mehr zum Stehen!"

Lassen Sie sich anstiften, bauen Sie Ihre Zukunft – es ist möglich!

Margit Hertlein
Rednerin, Trainerin, Autorin

Danksagung

Die ganze Zeit über habe ich nun die Seiten mit Gedanken gefüllt und viele, viele 100 Stunden für dieses Buch investiert, und jetzt sitze ich da und bin sprachlos. Sprachlos, weil ich erkenne, welch wunderbare Arbeit ich tun durfte, und weil mir bewusst wird, wie viele Menschen mich ermuntert haben, dieses Buch zu schreiben. Ein Kollege meinte sogar, ich würde den Menschen etwas vorenthalten, wenn ich jetzt nicht endlich meine Gedanken zu Papier bringe.

Ich danke jedem Einzelnen für die Unterstützung, für den Perspektivenwechsel, die Stupser und die Geduld mit mir. Geduld mit mir hatte vor allem mein Mann, Arthur Görges, der sich vier Jahre lang angehört hat, wie es mir und meinem Werk gerade geht. Ich danke dir für deine Liebe, deine Motivation, deine immerwährende Unterstützung und die Auszeiten, die ich mir nehmen konnte. Du bist das Beste, was mir je passiert ist. Ich liebe dich.

Als nächstes möchte ich meinen Interviewpartnern danken, denen ich aufgrund meiner Tätigkeit als Vortragsrednerin und Zukunftsentwicklerin begegnen durfte. Es war ein Geschenk, jedem Einzelnen zuzuhören und die Geschichten zu sammeln. Es sind Geschichten von Menschen, die beseelt sind – beseelt von ihrer Vision. Und die bekloppt genug waren, Dinge anzupacken, obwohl manch andere sagten: „Finger weg. Das wird nie was. Was für eine verrückte Idee." Es sind Visionäre, Vorbilder und Persönlichkeiten. Ich habe von jedem von ihnen gelernt. Ich bin zutiefst dankbar, dass mir diese wunderbaren Menschen begegnet sind und sie mir erlaubten, ihre Geschichte aufzuschreiben und hier abzudrucken. Ich bedanke mich sehr bei Sabine Asgodom, Mike Fischer, Bianca Fuhrmann, Dieter Härthe, Antje Heimsoeth, Dr. Christoph Heinen, Wiestaw Kramski, Svea Kuschel, Stephan Landsiedel, Christine Lassen, Matthias Lehner, Andreas Nau und Anke Wirnsperger. Auch die wertvollen Gedanken meiner Interviewpartner, die bei meinem Zukunftsbauer-Podcast zu Gast waren, sind in diese 2. Auflage mit eingeflossen. Schauen Sie gerne bei www.silvia-ziolkowski.de/blog oder bei den bekannten Podcast-Hostern wie zum Beispiel Apple oder Spotify nach „Bau Dir Deine Zukunft" und lassen Sie sich von den vielen spannenden Persönlichkeiten inspirieren.

Bis aus einer ersten Idee ein fertiges Werk wird, vergeht viel Zeit, und ein Buch wie dieses ist niemals das Werk eines Einzelnen. Mein wunderbares Netzwerk hat mich sehr dabei unterstützt, und so gilt der Dank meinen Kollegen, Geschäftspartnerinnen und Freunden, die mich mit ihren Gedanken und Hinweisen begleitet und herausgefordert haben. Mein spezieller Danke geht an Claudia Kimich, Gaby Graupner, Sarah Weiß, Michaela Lehner, Charlotte Lehner, Carsten Bollmann, Robert Spengler, Sabrina Öttl-Hochfellner, Mathis Uchtmann und Markus Jotzo. Ihr habt mich mit euren wertvollen Feedbacks zum Weiterdenken, Tieferdenken und Überdenken angeregt.

Besonderer Dank geht auch an meine professionellen Wegbegleiterinnen, die geholfen haben, das Thema zu schärfen. Allen voran Dorothea Lüdke. Sie hat immer an mich und mein Thema geglaubt, auch wenn ich es schon fast in die Ecke geworfen hätte. Sie war überzeugt, wenn ich es nicht mehr war. Danke, Doro, für deine Hartnäckigkeit und deinen Glauben an meine Idee. Sehr wertvoll war auf dem Weg auch Cornelia Rüping, die mich mit ihren gezielten Fragen wieder zum Ursprung meines Buches gebracht hat. Danke, dass du geholfen hast, den Turbo einzuschalten.

Mein allerherzlichster Dank geht auch an Irene Buttkus vom Verlag SpringerGabler, die mich als Autorin nicht nur höchst professionell unterstützt hat, sondern auch als Sparringspartnerin und Ideengeberin an meiner Seite war. Liebe Frau Buttkus, danke für die tolle Zusammenarbeit.

Last but not least geht mein Dank an meine Kunden und Klientinnen. Sie haben es erst möglich gemacht, das Thema Visionen mit Leben zu füllen, und sind Garant dafür, dass das Zukunftshaus funktioniert. Unzählige Male durfte ich Menschen und Unternehmen dabei begleiten, aus vagen Gedanken konkrete Zukunftsbilder zu bauen und Grundlagen für das Morgen zu schaffen. Danke, dass Sie mir geholfen haben, mein Verständnis für das spannende und so wichtige Zukunftsthema Vision immer wieder zu schärfen!

Mein Angebot für Sie

Mein großes Ziel beim Schreiben dieses Buches war es, dass Sie nach der Lektüre Ihr Zukunftshaus bauen können und mit der „Bauaufsicht" sich selbst gut beim

Vorwärtskommen unterstützen können. Kurz: dass Sie mit Freude und Mut Ihre Zukunft bauen.

Wenn Sie beim Bau Unterstützung benötigen, dann begleite ich Sie gerne in allen Bauphasen auf dem Weg zu Ihrer Vision, in der Analyse, Planung und vor allem der Umsetzung als Unterstützer, Inspirator, Sparringspartner, Vortragsrednerin oder als Coach. Das tue ich gerne persönlich und auch mit dem Online-Kurs zum Buch. Schauen Sie einfach auf meine Seite: www.silvia-ziolkowski.de, da finden Sie alle weiterführenden Möglichkeiten der Begleitung.

Planen Sie mit mir einen Vortrag zum Buch, Ihr persönliches Coaching oder unternehmerische Visionsthemen. Ich bin gerne an Ihrer Seite.

Bonus

Um Sie bestmöglich bei Ihrem „Hausbau" zu unterstützen, finden Sie auf der eigens für Leser dieses Buches geschaffenen Website www.silvia-ziolkowski.de/bonusmaterial-zukunftshaus einige nützliche Tools:

* das Zukunftshaus für Sie zum Ausfüllen,
* alle Arbeitsblätter fürs Zukunftshaus,
* eine Checkliste für die „Bauaufsicht",
* die Werteliste

Neben den aufgezählten Punkten stehen Ihnen zusätzliches Bonusmaterial, interessante Links und Interviews mit den Menschen, die in diesem Buch zu Wort kommen, zur Verfügung.

Prolog

Können Sie sich auch noch an Ihre erste eigene Wohnung erinnern? Ich kann! Es war ein „Wohnklo" mit Schlafgelegenheit, in dem ich auf 25 Quadratmetern alles untergebracht hatte, was mich glücklich machte. Es war meins, und das war das Wichtigste. Ich weiß noch genau, wie happy ich war und wie großzügig mir mein Appartement vorkam. Dann kamen Dinge hinzu und es wurde enger, aber es war noch okay. Ein wenig umstellen, die ein oder andere zusätzliche Kiste verstauen, und es passte wieder. Doch nach und nach wurde mir die „Bude" buchstäblich zu klein – ich bin einfach rausgewachsen ohne es wahrhaben zu wollen. Sie hat nicht mehr zu mir gepasst, meine Ansprüche hatten sich verändert. Außerdem hatte ich bei Freunden gesehen, wie die wohnten, und da mochte ich meine eigene kleine Wohnung überhaupt nicht mehr. Dennoch war es eher ein schleichender Prozess als eine abrupte Erkenntnis, dass ich der alten Wohnung entwachsen war. Ich habe mich immer wieder arrangiert, weil es bequem war. Außerdem habe ich den Aufwand des Umzugs und der Wohnungssuche gescheut. Also habe ich sie mir schöngeredet, meine kleine Umgebung, die aus allen Nähten platzte. Doch glücklich war ich nicht mehr. Vieles hat mich genervt. Dann kam der Punkt, der mir den letzten Anstoß gab: Ich hatte Besuch erwartet und mir Cordon Bleu mit Bratkartoffeln und Gemüse vorgenommen. Da ich nur einen Zwei-Platten-Herd besaß, musste ich ständig eins der Dinge vom Herd nehmen. Als ich das heiße Gemüse gegen die Kartoffeln tauschte, knallte es mir auf den Boden und – noch schlimmer – auch über die Füße. Wunderbar! Ich war so wütend, dass ich den Ofen ausgemacht habe und meinen Besuch ins nächste Restaurant einlud.

Keinen Tag wollte ich mehr vergehen lassen. Der Schmerz war größer geworden als die Bequemlichkeit. Ich hatte endlich genügend Energie aufgebaut, um mich auf die Suche zu machen. Ausgestattet mit dieser Entschlossenheit, fand ich schnell etwas Neues. Großzügig, hell und unfassbar schön. Ich fühlte mich wie im siebten Himmel. Nach dem Umzug habe ich mich des Öfteren gefragt, warum ich mich nicht schon längst auf den Weg gemacht hatte und so lange den unbefriedigenden Zustand ertrug.

Diese Erfahrung durfte ich später noch einmal machen. Gemeinsam mit meinem Partner bewohnte ich eine wirklich schöne Wohnung mit Balkon im Grünen. Wir hatten es uns bequem eingerichtet, auch wenn nicht alles ideal war und wir als Mieter so einiges hinnehmen mussten, was uns nicht gefiel. Schließlich kam eine gewaltige Mieterhöhung – und wir wollten nur noch raus! Außerdem fanden wir es charmant, dass die monatlichen Kosten zukünftig zur Abzahlung unseres Eigenheims dienen würden und das Geld so bei uns blieb. Besonders interessant war, wie wir uns dabei fühlten: Wir hatten eine Wohnung, die uns gehörte! Wir fühlten die Selbstbestimmung und die Gestaltungsmöglichkeiten, die wir hatten, aber auch die Entscheidungsnotwendigkeiten, die damit auf dem Tisch lagen. Es war nun ganz allein unsere Verantwortung, was wir mit der Wohnung machten. Wir konnten hier unsere Vorstellungen und Ideen ohne Vorbehalte umsetzen und jedwede Entscheidung treffen, soweit es unser Geldbeutel als jung verheiratetes Paar erlaubte. Das war eine tolle neue Erfahrung, die wir sehr genossen.

Und wieder habe ich mich gefragt, warum wir uns nicht schon längst auf den Weg gemacht hatten.

Nun können wir die Wohnungs-Metapher auf viele Lebenssituationen übertragen, die uns beschäftigen. Wir arrangieren uns, scheuen den Aufwand, reden uns die Situation schön, bis wir schließlich an einem Punkt angekommen sind, an dem eine Veränderung unvermeidlich scheint. Der Status Quo wird zur Last und nach und nach entsteht die Erkenntnis, dass wir etwas anderes oder mehr haben wollen. Selten ist dieses „Mehr" mehr Geld, nach dem wir streben, eher ist es mehr Lebensqualität, mehr Selbstbestimmung, mehr Abenteuer, mehr Freiheit, mehr Sinn und Bedeutung, mehr …?

Vielleicht stehen Sie gerade an einer ähnlichen Schwelle und wollen „hier raus". Dann begleiten Sie mich durch dieses Buch. Lassen Sie sich überraschen, was Sie für sich herausfinden werden, aber auch, was das Buch aus Ihnen herauslocken wird. Das Ziel dieses Buches ist es, Ihr Zukunftshaus zu bauen, Ihre Vorstellung von einem gelungenen Leben zu entwerfen. Wie beim Hausbau werden wir mit Hilfe des Buches einen Plan und die entsprechende Umsetzung erarbeiten. Sie sollen am Ende nicht in einer Festung gefangen sein, sondern in Ihrem Schloss residieren. Lassen Sie sich inspirieren und zum

Umsetzen ermuntern! Starten Sie. Für die anderen darf es ruhig bekloppt aussehen; solange Sie Ihren Weg beseelt gehen, ist er auch der richtige.

Vielleicht ahnen Sie jetzt schon, wieso der Untertitel „Ein Anstiftungs- und Umsetzungsbuch …" lautet und welche Botschaft mir, neben der Methodik, besonders am Herzen liegt: Ich wünsche mir eine Beseelt-und-Bekloppt-Kultur! Ich finde, die Zeit ist längst reif für mehr Mut und Glauben. Wir können mehr schaffen, als wir denken – wenn wir wissen, wieso wir etwas tun und mit Hingabe und Beharrlichkeit ans Werk gehen. Ich wünsche mir mehr Seele und mehr Courage in der Welt, mehr Verrücktheit und Leidenschaft für die Dinge, die uns wichtig sind. Ich träume davon, dass das ewige Hadern mit dem eigenen Können aufhört und der doppelte Boden der Absicherung fehlen darf. Es macht Spaß, sich Herausforderungen zu stellen. Warum sollten es nicht die eigenen sein? Ich bin tief davon überzeugt, dass viel mehr möglich ist, als wir Menschen normalerweise glauben. Statten Sie Ihr Leben mit etwas Magie und ganz viel Energie aus!

Ich wünsche Ihnen, dass Sie beseelt genug sind, um an Ihre Vision zu glauben, und keine Angst haben, bekloppt genug zu sein, um die Gegenwart so zu verändern, dass Ihre Träume in Zukunft wahr werden können.

Gönnen Sie sich zukunftsfrohe Gedanken!

Silvia Ziolkowski

Inhaltsverzeichnis

Über die Autorin

Silvia Ziolkowski steht wie keine Zweite für das Thema Vision. Die Zukunftsentwicklerin vermittelt wirkungsvolle Prinzipien, die sich in jeder Branche anwenden lassen. Sie ist Entwicklerin des Future Zooming®-Ansatzes, der Methodik des Zukunftshauses und des Smile Collectors®, einem Onlinetool für Stimmungsmanagement. Als Rednerin fordert sie ihr Publikum heraus, sie inspiriert und berührt mit Geschichten und Humor. Sie ist davon überzeugt, dass jeder von uns seinen Traum vom gelungenen Leben in sich trägt und dieser sich erwecken lässt. Vor allem kleinen und mittelständischen Unternehmen ruft sie zu, größer zu denken und sich viel mehr zu trauen, ihre Vision mit Überzeugung in die Welt zu tragen.

Die Kommunikationswissenschaftlerin hat mit 20 ihren ersten Traum gelebt und ist als Au-pair nach Kalifornien gegangen. Dort hat sie viele Menschen getroffen, die diesen Spirit einer großen Vision leben. „Mit Mut und Lust voran" war das Motto, das Silvia Ziolkowski dort kennengelernt hat und dass sie seitdem begleitet. Sie hat mehr als einmal ihre Richtung geändert und etwas angepackt, von dem sie am Anfang nicht wusste, ob es klappen würde. Sie hat ihr Berufsleben in einem medizinischen Beruf begonnen, hat am Wochenende studiert und hat mit zwei Partnern ein international agierendes IT-Unternehmen aufgebaut und 14 Jahre lang geführt. Mit 40 machte sie sich, gemeinsam mit ihrem Mann, noch einmal selbstständig. Sie folgte ihrer Berufung. Als Zukunftsentwicklerin, Vortragsrednerin, Podcasterin und Autorin inspiriert sie Unternehmen und Menschen dazu, ihre Vision zu finden und zu leben.

Kontakt

Website:	www.silvia-ziolkowski.de
	www.artvia.de
Podcast	www.silvia-ziolkowski.de/blog
LinkedIn	https://www.linkedin.com/in/silviaziolkowski-zukunftsentwicklerin-visionsentwicklung/
Instagram	https://www.instagram.com/die_zukunftsentwicklerin/?hl=de
Facebook:	https://www.facebook.com/silvia.ziolkowski
YouTube:	www.tinyurl.com/SZ-youtube
Smile Collector:	www.smile-collector.com

1

Raus aus der Mietwohnung

Es gibt einige Gründe, die in uns die Sehnsucht wecken, unter die Situation, so wie sie gerade ist, einen Schlussstrich zu ziehen. Manche Dinge schleichen sich an, andere treffen uns wie ein Schlag, und wieder andere liegen plötzlich vor uns, und wir haben Lust, sie zu ergreifen und daraus etwas zu machen. Was es auch ist, jeder von uns kommt an diesen entscheidenden Wendepunkten im Leben vorbei. Die Gründe, die ich gefunden habe, um „die Mietwohnung zu verlassen", habe ich hier zusammengetragen. Glauben Sie mir, es gibt mehr als einen guten Grund, warum es sich lohnt, die Tür hinter sich zuzumachen und in ein neues Lebensabenteuer aufzubrechen. Vielleicht kommt Ihnen der ein oder andere der folgenden Umstände vertraut vor oder Sie fühlen sich sogar ertappt? Wenn ja, super: Dann sind Sie bereit, etwas zu ändern.

© Springer Fachmedien Wiesbaden GmbH, ein Teil von Springer Nature 2022
S. Ziolkowski, *Bau Dir Deine Zukunft*,
https://doi.org/10.1007/978-3-658-37033-6_1

Gründe für Veränderung

Im Folgenden habe ich die sieben häufigsten Gründe auf-
gelistet, warum es sich lohnt, „umzuziehen".

1. Die Inspiration ist der Schlüssel.

   Plötzlich und scheinbar unerwartet trifft uns der
   Zufall. Das kann eine Gelegenheit sein, die sich „plötzlich" auftut, ein Impuls, der uns zur richtigen Zeit
   erwischt, oder ein Mensch, der in unser Leben tritt
   und uns anregt. Wir sind inspiriert und wissen eigentlich sofort, was zu tun ist. Wenn wir dann zupacken,
   ist das oft lebensentscheidend, und wir sind froh, es
   getan zu haben. Aber was ist, wenn wir diese Gelegenheiten verstreichen lassen, weil uns der Mut gefehlt hat,
   es scheinbar nicht der richtige Zeitpunkt war oder uns
   andere Notwendigkeiten zurückgehalten haben? Dann
   sind wir oft sehr unglücklich und bedauern jahrelang,
   dass wir nicht zugegriffen haben. Fatal wird es, wenn
   wir im Wartesaal des Glücks hängenbleiben und auf die
   nächsten Anlässe warten, ohne etwas zu tun. Nur, wenn
   wir Verursacher des Glücks und der Gelegenheiten sind
   und die Inspirationen des Lebens festhalten, können
   wir das Leben nach unseren Vorstellungen gestalten.
   Nicht umsonst heißt es: „Glück geschieht, wenn sich
   Vorbereitung und Gelegenheit treffen." (Dieses Zitat
   wird Seneca zugeschrieben). Und dieses Vorbereitetsein
   heißt nichts anderes, als wach zu bleiben und das
   Beste zu erwarten, denn dann erkennen wir auch die
   Gelegenheiten.

2. Die Idee lässt sich nicht umsetzen.

   Kennen Sie das? Sie haben eine Idealvorstellung von
   Ihrer Umgebung, doch egal, was Sie ersinnen oder
   erdenken, es lässt sich einfach nicht umsetzen Es wird
   „ums Verrecken" nicht praktischer, nicht gemüt-
   licher, nicht einfacher! Und nun? Die meisten von uns

arrangieren sich dann und denken: „Na ja, dann ist es halt so, dann finde ich mich eben damit ab. Was kann ich schon tun?" Die Rebellen unter Ihnen sehen das anders. Die wollen den Status Quo nicht hinnehmen und suchen nach einer Lösung. Wenn Sie sich dieses Buch gekauft haben, gehören sie höchstwahrscheinlich zu der zweiten Gruppe. Dazu gratuliere ich Ihnen – ich finde es bewundernswert und mutig, weiterzudenken statt resigniert aufzugeben. Dazu braucht es eine große Portion Entschiedenheit, Überzeugung und einen langen Atem.

3. Es macht einfach keinen Spaß mehr.
   Sie sind fit in dem, was Sie tun, Sie kennen sich aus, es gibt keine Überraschungen mehr und obendrein auch wenig Neues. Sie kennen Ihren beruflichen Alltag in- und auswendig, und die Fragen der Kolleginnen können Sie schon beantworten, bevor sie richtig gestellt sind. Wenn das mehrere Jahre so dahingeht und Sie nicht der Typ sind, der sich ständig neue Herausforderungen sucht, dann laufen Sie Gefahr, in den „Boreout" zu rutschen. Ich habe immer wieder Klienten, die mir erzählen, dass sie sich im Job oder generell im Leben zu Tode langweilen. Nichts törnt sie mehr an. Das passiert nicht spontan, sondern ist ein schleichender Prozess. Wir spüren viel früher, dass wir etwas ändern sollten, tun es aber oft erst Jahre später. Hier sind Sie gefordert, wirklich auf Ihr Gefühl zu hören und vielleicht sogar auf das, was Ihnen gute Freunde schon lange raten. Es ist Ihre Lebenszeit, die verstreicht. Packen Sie es an, bevor Sie nur noch denken können: „Hätt ich doch nur …".

4. Das Umfeld nervt.
   Sie passen nicht mehr in die Umgebung, in der Sie gerade sind. Es kann Ihre Arbeitsstelle sein, die Ihnen zu schaffen macht, eine Chefin, mit der Sie nicht

klarkommen, Kollegen, die wenig zugewandt sind, oder ein Betriebsklima, das Ihnen schon am Sonntagabend die Lust auf den Montag versaut. Vielleicht ist es auch Ihr Wohnort, und die Nachbarn nerven Sie, der Ort ist langweilig geworden und bietet nicht mehr das, was Sie sich als ideale Umgebung vorstellen. Eventuell haben Sie auch Sehnsucht nach Ihrer alten Heimat. Dann wird es Zeit, die Koffer zu packen.

5. Jetzt reicht's!

Oft haben Sie sich besänftigen lassen oder sich selbst besänftigt, und nun ist ein Punkt gekommen, an dem es nicht mehr geht. Das kann im Job ebenso passieren wie in der Partnerschaft. Vielleicht gehören Sie zu den „Rabattmarkensammlern", und bei jeder Verletzung, jedem Ärger kleben Sie eine virtuelle Rabattmarke in Ihr Sammelheft. Dann kann es leicht sein, dass Ihnen der Kragen platzt, wenn das Heft voll ist, weil Sie zu oft geschwiegen und nicht schon früher reagiert haben. Dann erkennen Sie plötzlich, dass Sie so nicht mehr weitermachen wollen und können. Frust und Wut sind ein guter Starter, um endlich einen Schlussstrich zu ziehen und einen Neuanfang zu wagen. Nutzen Sie sie.

6. Das Haus wird abgerissen.

Um Gottes willen! Etwas, mit dem Sie sich so lange wohlgefühlt haben, soll morgen nicht mehr existieren? Das ist Bedrohung pur. Vertrautes und Gewohntes verlassen, das macht uns Angst. Was kommt danach? So schön kann die neue Umgebung nie und nimmer sein. Alles, was wir vielleicht noch vor kurzem gar nicht so toll gefunden hatten, wird jetzt wieder wertvoll. Plötzlich sehen wir, wie gut es uns hier gegangen ist und wie schön wir es hatten. Diese Situation haben Sie sich nicht ausgesucht – es hätte so weitergehen können, alles war gut. Dazu zählt zum Beispiel, wenn wir die gewohnte Umgebung verlassen müssen, den

Arbeitsplatz verlieren oder, noch schlimmer, wenn ein Unfall oder eine schwere Krankheit uns von einem zum anderen Moment ausbremsen.

Jetzt kommt's drauf an: Wie viel innere Stärke haben Sie, um dieser Situation etwas Positives abzugewinnen und sie als Chance für einen Neuanfang zu sehen? Natürlich nicht sofort – Wut, Enttäuschung und Trauer gehören einfach dazu. Doch nach einer gewissen Weile zeigt sich, ob Sie ein Zukunftsentwickler sind, Ihre Krone richten und weitergehen können und wollen.

7. Die Wohnung ist abgebrannt.

Aus. Vorbei. Nichts geht mehr. Wenn wir da angekommen sind, packt uns die Verzweiflung und wir sehen keinen Ausweg mehr. Rien ne va plus – das Spiel ist vorbei. Ausgehebelt aus dem Leben. Ohnmacht, Trauer, Wut, Verzweiflung begleiten uns. Mehr als einen Tag weiterdenken? Ausgeschlossen!

Hier geht es ums Verlassenwerden. Es ist wohl das Schlimmste, was uns Menschen widerfahren kann. Die furchtbarste Version des Verlassenwerdens ist der plötzliche Tod eines geliebten Menschen. Das Leben fühlt sich ungerecht und bedrohlich an. Was soll nur werden? Kann es überhaupt wieder werden? Nach einem solchen Schock erstarren wir erst einmal. Alles erscheint uns aussichtslos. Ausgeschlossen, dass wir jemals wieder locker und glücklich werden. Wie sollte das gehen?

Was dann zählt, ist, ob wir an der Situation verzweifeln oder ob es gelingt, die Energie zu lenken und nach einer gewissen Zeit aus der Trauer Wut zu machen und uns selber zuzurufen: „Jetzt erst recht!"

Phasen des Übergangs

Besonders bei den letzten beiden Gründen, die an unserem Innersten rütteln, braucht es Zeit. Zeit, um überhaupt wieder in eine vorwärts gerichtete Denkhaltung zu kommen. Nehmen Sie sich diese Zeit und lassen Sie Ihrer Seele genügend Raum, um die Reparaturarbeiten erledigen zu können. Meist durchleben wir vier Phasen (angelehnt an Schmid o. J.), bis wir die neue Situation akzeptieren können und wieder bereit sind für das Abenteuer Leben:

Phase 1 – Nicht wahrhaben wollen.

Wir glauben es nicht. Wollen nicht wahrhaben, was wir eben gehört haben oder was passiert ist. Das kann nicht sein! Das passiert doch nur anderen!

Phase 2 – Trauern und festhalten.

Wir sind unglaublich enttäuscht und traurig. Wir trauern. Unsere Gedanken kreisen um die Vergangenheit. Wir können und wollen noch nicht loslassen.

Phase 3 – Wut ausleben und loslassen.

Wir werden wütend und können uns wieder ausdrücken. Die innere Stagnation löst sich langsam auf. Wir sind bereit, den Staub aus den Kleidern zu klopfen.

Phase 4 – Bereit für neue Handlungen.

Geschafft. Wir können wieder nach vorne denken und Pläne schmieden. Wir können sogar über uns hinauswachsen und sind mutiger als je zuvor. Jetzt wollen wir es wirklich wissen.

Beispiele aus der Praxis

All die oben aufgeführten Gründe kommen häufig in der Praxis vor. Möglicherweise ist auch Ihnen das ein oder andere schon widerfahren oder Sie stecken gerade mittendrin. Sowohl meine Interviewpartner als auch ich selbst kennen mehr als nur einen dieser Gründe aus eigener Erfahrung – sie gehören zum Leben einfach dazu. Es kommt einzig und allein darauf an, was Sie daraus machen. Ergeben Sie sich und bleiben Sie erschöpft liegen oder ergreifen Sie die Chance und nehmen sie zum Anlass, neu durchzustarten?

Meine Interviewpartner für dieses Buch habe ich genau aus dem Grund ausgesucht, weil sie die Fähigkeit haben, aus einer vor ihnen liegenden Herausforderung eine Vision zu machen. Manche aus Leidenschaft und manche aus leidvoller Erfahrung. Der Zündfunken für ihre Vision lag oft in einem der oben genannten Gründe.

Bei **Dr. Christoph Heinen,** heute Inhaber der Marga Business Simulations GmbH, war es der Zufall, der ihn dazu brachte, seine gesicherte Stelle zu verlassen und Unternehmer zu werden.

Sabine Asgodom hat bereits seit ihrer Kindheit einen besonderen Zugang zur Sprache und ihrer eigenen positiven Energie. Diese trägt sie heute als Coach, Ausbilderin, Vortragsrednerin und Autorin in die Welt.

Mike Fischer hat es gereizt, sich immer wieder neuen Herausforderungen zu stellen und dabei besser und anders zu sein als die anderen. Als Multiunternehmer investiert er in zahlreiche Projekte und behält trotzdem im Blick, was ihn auf dem Markt so besonders macht.

Svea Kuschel hat aus ihrer eigenen Geschichte gelernt und machte sich 1986 als erste Dienstleisterin in der Frauenfinanzberatung selbstständig.

Antje Heimsoeth fand nach einem schweren Reitunfall ihre wahre Berufung und hat sogar ein eigenes Institut gegründet. Ihr Wissen gibt sie heute als Ausbilderin, Coach, Vortragsrednerin und Autorin für ihr Fachgebiet mentale Stärke weiter.

Andreas Nau ist seit 1994 Geschäftsführer des Software-Unternehmens easySoft. Erst kurz vor der Insolvenz begriff er, dass jeder Betrieb eine Vision braucht, um erfolgreich zu sein, und startete neu durch.

Wiestaw Kramski ist eigentlich in der Stanz- und Spritzgießtechnologie zu Hause, aber die Untauglichkeit der seinerzeit auf dem Markt vorhandenen Golf-Putter ließ ihn aktiv werden. Aus dem kurzerhand selbstgebauten Putter wurde eine Businessidee und heute ein angesehenes Unternehmen.

Anke Wirnsperger wollte nicht für immer Stewardess sein, sondern selber ans Steuer. Um ihren Traum verwirklichen zu können und Pilotin zu werden, musste sie viel einstecken und lange ins Ausland.

Dieter Härthe musste eine herbe Enttäuschung hinnehmen und ist danach noch einmal über sich hinausgewachsen. Der gelernte Autosattler gründete 2003 den Senat der Wirtschaft. Seine große Vision ist es, in seinem Senat Lösungen fürs Gemeinwohl zu finden und in viele Länder der Erde zu tragen.

Bianca Fuhrmann ertrug die Enge des Konzerns nicht mehr und ist viele Umwege gegangen, bis sie angekommen ist. Heute folgt sie ihrer Berufung als Führungskräfteentwicklerin und Künstlerin.

Bei **Matthias und Emma Lehner** haben ihre Talente und Werte den Weg gewiesen. Sie wollten nicht mehr mit dem Strom der Fitnessbranche schwimmen und gegen ihre Überzeugungen arbeiten. Mit viel Einsatz und umfangreichen Recherchen entwickelten sie ihr eigenes Konzept.

Und die folgenden beiden Interviewpartner sind mehr als über sich hinausgewachsen:

„Was habe ich schon zu verlieren?", fragte sich **Stephan Landsiedel,** nachdem seine große Liebe ihn verlassen hatte und er nicht mehr leben wollte. Ein Buch von Anthony Robbins wies ihm den Weg. Heute ist er einer der bekanntesten NLP-Trainer im deutschsprachigen Raum. Wobei NLP für Neuro-Linguistisches Programmieren steht und ein Werkzeugkasten für Persönlichkeitsentwicklung ist.

Christine Lassen ist nach dem plötzlichen Tod ihres Mannes über ihren Schatten gesprungen und in seine Fußstapfen getreten. Sie führt allein das gemeinsame Unternehmen fort und ist heute Autorin, Verlegerin und Trainerin für mehr Erfolg und Lebensfreude.

Was Sie von diesem Buch erwarten können

Ich möchte Ihnen, lieben Leserinnen und Lesern, Hoffnung machen auf ein großartiges Leben, das Sie mit tiefer Freude erfüllen kann. Im ersten Teil beschäftigen wir uns mit der Kraft der Vision. Im zweiten Teil schenke ich Ihnen die Methode des Zukunftshauses als Ausrichtungs- und Orientierungshilfe. Sie wissen dann, was Sie ausmacht, was Ihnen wichtig ist und was Sie gut können. Ebenso haben Sie über das Fundament einen guten Bodenanker erarbeitet und mit dem Dach Ihren eigenen Träumen und Wünschen nachgespürt. Dann fehlt nur noch die Umsetzungsstrategie: Damit beschäftigen wir uns im dritten Teil. Sie planen nicht nur Ihr Zukunftshaus, sondern überprüfen auch, ob Ihr Vorhaben dem Alltag standhält und was Sie dazu tun können, um gerüstet zu sein. Mit dieser Art von „Bauaufsicht" erhöhen Sie die Machbarkeit und vertreiben die Angst vor dem nächsten notwendigen Schritt. Es ist ein sehr praxisorientiertes Buch, das meine Erfahrungen aus zahlreichen Einzel- und Teamcoachings enthält.

Um Ihnen Mut zu machen, neben dem Planen auch ins Tun zu kommen, stelle ich Ihnen 13 ungewöhnliche und faszinierende Persönlichkeiten vor, die Sie mit ihren Geschichten anstiften können. Neben den einzelnen Interviews finden Sie im ganzen Buch verstreut inspirierende Aussagen und Hinweise meiner Gesprächspartner. Der positive Blick in die Zukunft ist eine Eigenschaft, die alle meine Interviewpartner teilen.

Auch meine eigene Geschichte fließt in das Buch mit ein, denn ich bin häufig zwischen beseelt und bekloppt unterwegs, es ist der Ausdruck meines Seins und meiner Lebensfreude. Wenn Sie bei sich selbst hinspüren – da bin ich mir ziemlich sicher –, waren Sie bestimmt auch schon mehr als einmal im Beseelt-und-Bekloppt-Modus. Vielleicht ist es schon lange her, und dennoch ist dieser

Keim da. Ich bin davon überzeugt, dass jeder von uns den Traum eines gelungenen Lebens in sich trägt, dass wir den Beat unseres Lebens immer wieder spüren. Damit Sie diesen nicht mehr verlieren, erschaffen Sie sich die Grundlagen für ein großartiges Leben mit Ihrem persönlichen Zukunftshaus.

Literatur

Schmid, Oliver: Das Vierphasenmodell der Trauer nach Verena Kast, http://www.trauerphasen.de, zugegriffen am 30.11.2021

Teil I

Der Traum vom eigenen Haus

Der Mensch trägt etwas in sich, das größer ist als er selbst.
(Antoine de Saint-Exupéry)

2

Im Träumermodus

Viele Menschen träumen von einem Eigenheim, von etwas, das ihnen gehört und sie ganz ausmacht. Wo niemand ist, der ihnen vorschreibt, wie es auszusehen hat, und wo die eigenen Wünsche und Ideen einfließen können. Wo sie nicht auf einen Hausmeister warten müssen, bis endlich die Klingel repariert wird, und auch niemanden um Erlaubnis fragen müssen, wenn sie neue Fenster möchten. Nein, es ist ihre eigene Entscheidung, ob sie etwas ändern oder alles so lassen, wie es ist. Ein weiterer Aspekt, der zählt, ist, dass sie in ihrem eigenen Haus so leben können, wie sie wollen. Herrlich. So fühlt sich selbstbestimmtes Leben an.

Dieselben Argumente, die wir für ein echtes Haus finden, gelten auch für Ihr oder mein persönliches Zukunftshaus: Ich entscheide. Ich kann meine Wünsche und Ideen einfließen lassen, und ich bestimme, wann was passiert. Ich bin fest davon überzeugt, dass alle Materialien und Ressourcen bereits vorhanden sind. Möglicherweise

© Springer Fachmedien Wiesbaden GmbH, ein Teil von Springer Nature 2022
S. Ziolkowski, *Bau Dir Deine Zukunft*,
https://doi.org/10.1007/978-3-658-37033-6_2

verschüttet, nicht geordnet und zu dem Zeitpunkt, an dem Sie dieses Buch in Ihren Händen halten, vielleicht nicht mehr bewusst.

Wenn es um ein echtes Haus geht, können wir uns das gut vorstellen und nachvollziehen. Da haben wir noch ein paar Dinge im Keller, die wir benutzen könnten. Wir müssen nur anfangen, sie zu sortieren, zu schauen, was noch fehlt, und schon kann es losgehen. Auf unser Leben übertragen, wird es schon schwieriger:

- Was ist uns im Leben wirklich wichtig?
- Welches Fundament trägt uns?
- Welche Träume lassen uns über uns hinauswachsen?

Vielleicht haben Sie schon eine Vision und fragen sich, wie Sie diese erreichen können? Auch da ist es wie beim echten Eigenheim: Zuerst muss die Finanzierung stehen, das ist Ihr Fundament. Beim Zukunftshaus besteht dieses aus Ihrer inneren Haltung und Überzeugung. Dann brauchen Sie einen Bauplatz beziehungsweise ein geeignetes Haus. Ob das im beschaulichen Nieder-bayern steht oder in der Metropole Berlin, hängt ganz davon ab, welche Bedürfnisse Sie haben und was Sie sich zutrauen. Die Säulen Ihres ganz persönlichen Zukunfts-hauses spiegeln Ihre Talente, Werte und Freuden wider. Das sind die Dinge, die Ihnen wichtig sind, die Sie aus-machen und die Ihnen Energie für Ihren Alltag geben. Als Letztes kommt's drauf an, dass Sie sich Ihr Haus konkret vorstellen können, dass Sie es sich in den buntesten Farben ausmalen können, sodass es klar und deutlich vor Ihnen steht. Das ist die Kraft der Vision, und damit sind Sie beim Dach Ihres Zukunftshauses angekommen. Darin liegt der Zauber, der Sie vorwärtstreibt. Ihre Vision und Ihre Wünsche zeigen Ihnen den Weg. Die dürfen keck, frech und groß sein, wie eine beseelte und bekloppte Vision eben.

2.1   Visionen sind gelebte Träume

Vision kommt vom lateinischen Wort visio = Anblick, Erscheinung beziehungsweise von videre = sehen. In Wikipedia wird Vision deshalb auch als „das innere Bild einer Vorstellung, meist auf die Zukunft bezogen" definiert.

Für mich ist eine Vision ein weitergedachter und gelebter Traum, das große Bild von der eigenen gelungenen Zukunft, das mir die Richtung weist und mich dazu bringt – trotz allem Wenn und Aber –, damit anzufangen, meinen Traum zu verwirklichen und dabei auch durchzuhalten. Ich spreche ganz bewusst von einer gelungenen Zukunft. Wir reden so viel von Erfolg und setzen diesen oftmals mit Karriere und hohem Einkommen gleich. Erfolg, wie ich ihn meine, bedeutet, beseelt zu leben und zu tun, was mich emotional berührt. Dann bin ich ganz nah an der Vision, die mir hilft, meinen Blick auf das Wesentliche lenken zu können und die positiven und schönen Dinge im Leben wahrzunehmen. Wichtig dabei ist, das eigene „Warum" zu kennen und das Leben danach zu gestalten. Damit sind wir bei der Strahlkraft und der Bedeutung von Visionen.

Visionen entspringen der Sehnsucht in uns, entspringen einem inneren Antrieb, der unsere Augen funkeln und uns leidenschaftlich dem „big picture" folgen lässt. Wenn wir dieses kennen, dann ist es sehr viel einfacher, den eigenen Erfolgsweg zu gehen. Wenn wir unsere Vision verfolgen, haben wir den stärksten Hebel für ein erfolgreiches und erfülltes – für ein gelungenes Leben gefunden. Eine Vision ist, wie Adorno sagt, eine realistische Utopie. Sie kommt tief aus unserem Inneren, sie hängt mit unseren Bedürfnissen zusammen und hat viel mit unseren Werten und Motiven zu tun. Sie berührt uns tief im Herzen, verleiht uns Flügel und lässt uns unglaubliche Hürden nehmen. Sie ist der Beat in uns, unsere eigene Musik, die uns durch das Leben tanzen lässt.

Übrigens habe ich noch nie erlebt, dass sich jemand auf den Weg zu seiner eigenen Vision macht, damit er reich(er) wird. Das ist, wenn überhaupt, nur eine Folge. Die Gründe sind vielmehr tiefe Gefühle und Sehnsüchte. Es geht darum, sich selbst näherzukommen und seinen Lebenstraum zu verwirklichen. Das bestätigt auch Sonja Lyubomirsky, eine bekannte Vertreterin der positiven Psychologie. Sie fand heraus, dass wir unsere Ziele und Visionen dann mit besonderer Freude verfolgen, wenn wir daran wachsen können, wenn sie uns erlauben, emotional zu reifen und/oder wenn wir damit einen gesellschaftlichen Beitrag leisten (Lyubomirsky 2013).

2.1.1 Die zwei Seiten einer Medaille

Vision ist ein Wort, das berührt und bei jedem Menschen Assoziationen weckt. So hat es für manche aber auch einen schlechten Beigeschmack. Sie weisen Visionen als unrealistisch, Firlefanz oder als verrückt zurück. Helmut Schmidt sagte 1980 im Wahlkampf: „Wer Visionen hat, soll zum Arzt gehen." Ein einziges Mal hat er diesen Satz gesagt, und viele tausend Mal ist er zitiert und missbraucht worden. Es zeigt, wie ambivalent der Begriff „Vision" wahrgenommen wird. Woher kommt diese Abwehr, die je nach Person mehr aggressiv oder mehr ängstlich motiviert ist? Spüren Sie bei der Arbeit mit diesem Buch Ihrem eigenem Verständnis nach und befragen Sie gerne auch Ihr Umfeld dazu. Es ist bestimmt spannend, was Sie zu hören bekommen werden. Denn mit Visionen ist es wie mit allen großen Sehnsüchten: Sie brauchen Vertrauen und Glauben in die Idee und in uns selbst. Und beides ist in unserer Kultur nicht immer das Leichteste. Angst und Skepsis erdrücken viele Visionen schon im Keim. Lassen Sie uns gemeinsam eine „Beseelt-und-Bekloppt-Kultur" ins Leben rufen. Für mehr langanhaltende Lust und Freude im Leben!

Schauen wir noch mal genauer hin: Manchmal setzen wir Visionen mit Träumen gleich. Was haben beide miteinander zu tun? Sind sie Synonyme? Wenn jemand große Ideen hat, sagen wir oft: „Was für ein Visionär!" oder „Ein echter Visionär!". Dabei schwingen viel Respekt und Bewunderung mit. Hier geht es um den prickelnden, den angenehmen Beigeschmack des Wortes oder um die eine Seite der Medaille. Denn wir mögen Menschen, die große Ideen für die Zukunft haben und uns mit ihren visionären Vorstellungen anstecken und uns Richtung geben. Träume dagegen sind für manche Menschen verwerflich. Wenn sie sagen: „Was für ein Träumer", dann hat das eine ganz andere Bedeutung. Sie glauben, dass dieser Mensch ein Fantast ist (ist der andere übrigens auch) und dass sein Traum ohne Handlung bleibt. Das ist der Unterschied zum Visionär, der für die Umsetzung seines Traums alles gibt.

Man kann schon ins Grübeln kommen: Träume zu haben ist gut, ein Träumer zu sein eher schlecht. Eine Vision zu haben ist bedenklich, ein Visionär zu sein ist bewundernswert. Was genau hinter diesen Bewertungen steckt, liegt – das machen auch die Visionäre in diesem Buch deutlich – oft im Auge des Betrachters.

Wodurch unterscheiden sich also Träumer und Visionäre? Der Visionär lebt seinen Traum, dem Träumer scheint es oftmals zu reichen, nur zu träumen. Die Frage ist also: Träume ich, oder träume und handle ich? Mein Mann zum Beispiel träumt schon seit ich ihn kenne davon, einmal in der Karibik Urlaub zu machen. Als ich ihm dann einen Reiseführer für die Karibik schenkte und meinte, wir könnten unseren nächsten Urlaub ja dort verbringen, wurde er nachdenklich. Seine Antwort hat mich erstaunt: „Nein, ich glaube nicht, dass ich da wirklich hin will. In meiner Vorstellung ist es so unfassbar schön dort, dass ich mir den Traum lieber bewahre, als enttäuscht zu werden." Falls Sie auch so einen Traum haben, sparen Sie ihn sich als Motivationsschatz auf und lassen Sie es beim Träumen. Für alle anderen gilt der wunderbare Satz: „Lebe Deinen Traum." Oder um es mit Willi Brandt zu sagen: „Der beste Weg, die Zukunft vorauszusehen, ist, sie zu gestalten." Oder wie Mike Fischer, einer meiner Gesprächspartner für dieses Buch, es ausdrückt: „Ein Träumer ist genauso schlimm wie ein Workaholic. Exzellent wird's nur dann, wenn du richtige Ziele und Visionen hast und diese konsequent umsetzt."

> Was braucht es, damit eine Vision nicht nur ein Traum bleibt? Ein hundertprozentiges Ja!

Es gibt noch einen Unterschied zwischen Vision und Traum: Im Privaten lassen wir uns eher von Träumen leiten, dem Traum vom eigenen Haus, von einer glücklichen Familie, vom Traumjob, von der Traumfrau/dem Traummann. Im unternehmerischen Kontext sprechen wir von Visionen. Visionen, die oftmals dem Traum des Gründers folgen.

Nehmen Sie die Vision als großes, fantastisches Bild Ihrer gelungenen Zukunft. Es kann dabei um Sie ganz alleine gehen oder um Dinge, die die Welt verändern. Oftmals sind Visionen größer als wir selbst, sie haben Langzeitwirkung und begeistern andere. John F. Kennedys Vision von der Mondlandung hat eindeutig die Welt geprägt und verändert, ebenso Steve Jobs Vision des mobilen Endgerätes. Bereits 1983 hatte der Apple-Gründer seine Vision des iPads vor Augen und sagte auf einer Konferenz: „Die Menschen werden später mehr Zeit mit dem Computer verbringen als mit ihrem Auto." Wie recht er hatte, können wir heute täglich an uns selbst sehen. iPhone, iPad und Co. haben den Markt erobert und einen enormen Stellenwert in unserem Leben eingenommen.

> Sie fragen sich vielleicht gerade, wie Sie es schaffen sollen, so groß zu denken und dennoch fest daran zu glauben, dass es möglich ist. Mit viel Fantasie, Visualisierungskraft und einem unerschütterlichen Glauben an sich und Ihre Fähigkeiten! Kreieren Sie sich „Magic Moments", indem Sie sich von Ihren Wünschen und Träumen verzaubern lassen.

2.1.2 Brauchen wir Visionen?

Ich bin davon überzeugt, dass wir alle nach dem Sinn unseres Lebens suchen, nach dem großen Ganzen. Wir wollen wissen, weswegen wir hier sind auf dieser Welt, und wir wollen unseren Beitrag leisten. Eine Vision, besonders, wenn sie einen gesellschaftlichen Beitrag hat – und jede große Vision hat einen –, unterstützt unser Gefühl von Sinnhaftigkeit. Das mag am Anfang nicht so erscheinen, denn wenn wir die Frage stellen: „Macht das Sinn?", dann hätten wir in den meisten Fällen bei den mittlerweile längst wirklich gewordenen Visionen (wie zum Beispiel dem Computer) erst einmal verneint, wie die Menschen damals auch. „Ich denke, dass es weltweit einen Markt für vielleicht fünf Computer gibt." (Thomas Watson, Chairman von IBM, 1943). Der Redakteur Hans-Christian Dirscherl (2021), hat unter https://www.computerwoche.de/a/die-spektakulaersten-irrtuemer-der-it-geschichte,3067732 noch viele weitere Aussagen von Personen zusammengetragen, die davon überzeugt waren, dass es keinen Sinn macht, in utopische Ideen Energie zu investieren und große Visionen zu verfolgen.

Macht es Sinn, dass eine Nation einen Menschen auf den Mond schickt? Auf den ersten Blick sicherlich nicht, doch bei näherer Betrachtung immer mehr. Die USA schufen damit einen immensen technischen Fortschritt für sich und die gesamte Menschheit und wurden als Innovationsführer in der ganzen Welt dafür gefeiert. Außerdem haben sie der damaligen Sowjetunion ein Schnippchen geschlagen und deren Vorherrschaft im Weltraum beendet. Dieses Ereignis hat dazu beigetragen, den unumstößlichen Glauben zu nähren, dass die Amerikaner alles möglich machen können. Es machte diese Nation zu Siegern auf ganzer Linie und nährte ihren Stolz. Wenn ich jetzt nochmals die Frage stelle: „Macht das Sinn?", können Sie mir wahrscheinlich zustimmen.

Sinn und Vision sind also eng miteinander verwoben, denn eine große Vision macht Sinn und hilft den Menschen. Die Vision unterstützt uns dabei, unseren eigenen Lebenssinn in einen größeren Zusammenhang zu bringen. Das große Bild oder „big picture", wie eine Vision auch gerne genannt wird, ist der Leitstern am Himmel, nach dem wir uns immer und immer wieder ausrichten können. Die Vision gibt uns die Richtung und Orientierung vor und treibt uns an. Sie hilft dagegen, sich zu verzetteln und zu verzagen. Mit einer Vision statten wir unsere Aufgabe hier auf der Welt mit ein wenig Magie und ganz viel Energie aus. Sie ist unser Warum im Leben.

2.2   Dem Warum auf der Spur

„Wer ein Warum zum Leben hat, der erträgt fast jedes Wie", sagte einst Nietzsche, und wie recht er damit hatte, haben inzwischen mehrere Studien bewiesen. Der amerikanische Motivationsforscher Charles Garfield zum Beispiel war Chefpsychologe bei der NASA, als in den 60er-Jahren Apollo 11 gebaut wurde. Die von Kennedy Anfang der 1960er ausgegebene Vision, einen Mann bis zum Ende des Jahrzehnts auf den Mond zu schicken und wieder sicher zurückzubringen, brachte sehr viele Veränderungen mit sich. In dieser Zeit sanken bei den NASA-Angehörigen die Scheidungsraten, und im ganzen Land gingen die Einbrüche zurück. Ein ganzes Volk war begeistert von der ausgegebenen Vision, die so unglaublich und gleichzeitig doch machbar schien. Gelungen ist es, weil diese große Vision auch die unbewussten, die sogenannten intrinsischen Motive, umfasste: das Anschlussmotiv (andere Menschen kennenlernen und Freundschaften schließen), das Leistungsmotiv (sein Bestes geben und sich ständig verbessern) und das Machtmotiv (andere Menschen beeinflussen, im Mittelpunkt stehen) (Kehr und Rawolle 2012). An der ehrgeizigen Vision der Amerikaner ist gut zu erkennen, wie Menschen aus diesen Motiven heraus handeln. Das Anschlussmotiv brachte eine starke Gemeinschaft hervor, die an einem Strang zog, unter dem Motto: Miteinander schaffen wir das. Gemeinsam sind wir stark. Das Leistungsmotiv hat die Menschen befeuert, ihr Bestes zu geben. Das Motto dahinter: Wir können was. Wir legen uns für diese große Sache ins Zeug. Das Machtmotiv entfachte den Ehrgeiz der Nation, vor allen anderen ans Ziel zu kommen. Das Motto war: Der Sieg ist unser, das Feld überlassen wir niemand anderem.

Charles Garfield hat damals herausgefunden, dass 80 % unserer Motivation vom Warum einer Sache abhängen und nur 20 % vom Was und Wie (vgl. Christiani 2000). Dabei glauben wir immer, das Was und das Wie wären am wichtigsten. Zumindest kümmern wir uns lieber darum, denn es lässt sich viel leichter benennen.

Der ehemalige amerikanische Hochschullehrer und heutige Unternehmensberater Simon Sinek ist dieser Idee weiter nachgegangen, hat viele erfolgreiche Menschen und US-Unternehmen untersucht und ist mehr oder weniger zum selben Ergebnis gekommen. In seinem Buch „Frag immer erst: warum" hat er seine Erkenntnisse zusammengetragen und stellt das Konzept des goldenen Kreises vor. Daran demonstriert er sehr anschaulich, welche Bedeutung das Warum hat. Er fand heraus, dass Menschen und Organisationen, die sehr erfolgreich sind, das Warum in den Mittelpunkt all ihrer Aktivitäten stellen und deshalb in der gleichen Weise denken, handeln und kommunizieren (vgl. Sinek 2014). Die Auswirkung: Sie inspirieren und befeuern sich selbst und andere damit nachhaltig. John F. Kennedy formulierte sein Warum bereits in seiner Antrittsrede: „Frage nicht, was dein Land für dich tun kann, sondern frage dich, was du für dein Land tun kannst." Sinek (2014) sagt dazu: „John F. Kennedy setzte das Ziel, einen Menschen auf den Mond zu schicken, als Mittel ein, um die Menschen zu einen. Das gab seinem Glauben, dass der Dienst an der Nation – nicht Dienste der Nation – Amerika zu Wachstum und Reichtum führen würde, konkrete Gestalt."

Woran man Visionäre erkennt

Wissen Sie, woran man Menschen erkennt, die sich an ihrem Warum orientieren und ihren Weg gehen? Zuallererst an dem Funkeln in ihren Augen. Wir müssen noch gar kein Wort gesprochen haben, und schon erkennen wir: Dieser Mensch hat etwas zu sagen, er hat Ausstrahlung.

Seitdem ich darauf achte, erkenne ich sie immer öfter, die Vorbilder unserer Zeit. Und ich weiß, wir können das alle sein – Vorbilder für unser eigenes Leben. Es ist machbar, uns und andere zu faszinieren, wenn wir die richtigen Stellschrauben nutzen und wissen, worauf es ankommt. Diese Stellschrauben oder Eckpfeiler sind es, die ich Ihnen mit dem Zukunftshaus näherbringen möchte. Wenn Sie Ihr Haus gebaut haben, dann sind sie ausgestattet mit den Dingen, die Menschen in sich tragen, die ihr Leben nach den eigenen Vorstellungen leben.

Wenn Sie sich konsequent an Ihrem Zukunftshaus orientieren, dann kommen Sie den Visionären in diesem Buch schon ziemlich nahe. Deren Erkennungsmerkmale sind:

- Sie stehen für ihre Überzeugungen ein.
- Sie glauben an sich und ihre Vision.
- Sie sehen das Ergebnis bereits vor ihrem inneren Auge.
- Sie leben kompromisslos ihre Werte.
- Sie sind dankbar und wissen um die Kraft ihrer Gedanken.
- Sie bleiben hungrig und sind nie zufrieden mit dem Ergebnis.
- Sie hinterlassen Spuren mit ihrem Tun und Sein.
- Sie sind bereit, den Preis zu bezahlen, den ihre Entscheidungen von ihnen verlangen.
- Sie erzählen mit Leidenschaft und leuchtenden Augen von ihrem Thema.
- Sie stehen immer wieder auf, schütteln den Staub aus den Kleidern und gehen weiter.

Vor allen Dingen haben sie verstanden, was das Wort ICH beinhaltet. Darin stecken neben „me, myself and I" als verantwortliche Treiber ihrer Idee auch Attribute wie: **I**ndividuell, **C**hancen und **H**erausforderungen. Das alles macht ein spannendes Leben aus, das auch uns spannend macht.

I = Individuell
C = Chancen
H = Herausforderungen

2.3   Den eigenen Beat aufspüren

Gut zugedeckt ist er oft in unserem so beschäftigten Leben, der Beat in uns. Der Rhythmus des eigenen Lebens. Wir spüren ihn oft nicht mehr, wissen nicht mehr, wie es sich anfühlt, freudig erregt zu sein, weil wir am richtigen Platz sind oder tun dürfen, was wir tun. Der Beat hat viel mit unseren Emotionen und Gefühlen zu tun und dem, was uns wirklich etwas bedeutet. Und das müssen wir erst einmal herausfinden. Wann setzen wir uns schon hin und machen uns Gedanken, was uns wirklich wichtig ist? Fassen zusammen, was uns Freude bereitet und welche Talente und Leidenschaften wir haben? Wann überprüfen wir unsere Gedanken bewusst, um sie zu steuern und die richtige Stimmung in unser Leben einzuladen? Und letztendlich: Wie oft haben Sie schon zusammengefasst, was Sie in Ihrem Leben noch erleben wollen und nach was Sie streben? Es braucht Zeit, um zu erforschen, was einen im Leben antreibt, besonders, wenn man es zwischendurch verloren hat. Meiner Erfahrung nach wissen viele Menschen, was sie nicht mehr wollen – aber nur ganz wenige, was sie tatsächlich wollen. Das hat nichts damit zu tun, dass uns nichts einfällt, eher damit, dass zu viele Optionen auf dem Tisch liegen und wir uns nicht trauen, zuzugreifen.

Den eigenen Beat aufzuspüren ist nichts anderes als die Planung des eigenen Heims. Da malen wir uns aus, wie es sein könnte, schauen uns andere Häuser an, nehmen uns Zeit, mit Freunden darüber zu sprechen, und ganz langsam erhalten wir ein Bild von unserem Haus und können es dem Architekten gegenüber ausdrücken. Dann beginnt es, lebendig zu werden. Sie spüren in sich dieses Gefühl der freudigen Ungeduld, und wenn nach einigen Korrekturschleifen alles passt, sprühen Sie vor Energie und wollen am liebsten gleich loslegen. Genauso ist es auch mit unserem Zukunftshaus. Wenn Sie erforscht haben, was Sie ausmacht und wo Sie hinwollen, dann ist er plötzlich da, der Beat, der uns in Bewegung bringt.

2.3.1 Der Wunsch nach Glück und Zufriedenheit als Ursprung für unsere Visionen

Fragt man Menschen, wovon sie träumen, dann kommen die meisten im Grunde bei Glück und Zufriedenheit an. Für viele spielt Gesundheit noch eine Rolle – aber Glück und Zufriedenheit überwiegen. Also: Glück zu empfinden und Zufriedenheit im Herzen zu tragen. Der Weg zu diesen beiden Schlüsselempfindungen ist bei jedem anders. Und in jedem von uns steckt eine Idee beziehungsweise ein Bild davon, wie das aussieht, wenn wir glücklich und zufrieden sind. Für den einen besteht es darin, Abenteuer zu erleben und die Welt zu erobern, für den anderen eher darin, mit einem geliebten Menschen das Leben zu teilen. Doch das sind nur die Grundbedürfnisse, danach kommt erst die eigentliche Vision ins Spiel – und die heißt häufig: einen Beitrag leisten, etwas zurückgeben, ein Problem lösen, sich einer Herausforderung stellen, den Sinn im Leben erkennen und so weiter.

All diese Bedürfnisse sind größer als wir selbst und lassen uns wachsen. Wussten Sie, dass wir am meisten Glück und Zufriedenheit empfinden, wenn wir uns freiwillig und gezielt für andere einsetzen? Das haben Forscherinnen wie Elizabeth Dunn oder Lara Aknin in repräsentativen Umfragen und Experimenten herausgefunden. Der Keim großer Visionen hat immer mit anderen zu tun. Ich mag den Satz von Beate Hofmann aus ihrem Buch „Einfach gut!", am Ende des Kapitels „Sinn gesucht – Glück gefunden": „Vielleicht besteht ein Sinn im Leben einfach darin, kleine Spuren zu hinterlassen und Lebensfreude zu teilen, wo immer es geht" (Hofmann 2015). Wie wahr.

Es kommt bei der eigenen Vision nämlich nicht darauf an, die ganze Welt zu retten, sondern sich vielmehr von seinen Talenten, Werten und Freuden leiten zu lassen, und damit werden Sie automatisch zum Retter, auf jeden Fall Ihrer eigenen Welt.

> Der Keim großer Visionen hat immer mit anderen zu tun.

2.3.2 Sinn herstellen – Meinem Tun eine Bedeutung geben

Gleich vorweg: Bedeutung geben wir den Dingen, und nicht umgekehrt. Ich finde die Geschichte, die der amerikanische Glücksforscher Robert Biswas-Diener bei einem Positiven Psychologie-Kongress erzählt hat, sehr passend. Sie macht deutlich, was ich damit meine.

Robert besuchte einen Freund im Krankenhaus und musste vor der Türe warten, weil der Patient noch versorgt wurde. Dort kam er mit einer Frau ins Gespräch, die im Krankenhaus beschäftigt war. Sie machte einen sehr wichtigen Eindruck. Robert dachte: „Diese Dame ist bestimmt in einer leitenden Position, so wie sie sich mir gegenüber verhält." Sie sagte nämlich, sie hätte den wichtigsten Posten im Krankenhaus. Durch Nachfragen fand er dann heraus, dass sie Putzfrau war und manchmal gar nicht nach Hause ging, weil sie ihren Posten nicht verlassen wollte. Sie erklärte ihm, dass die Patienten nicht gesund werden könnten, wenn sie und ihre Kollegen nicht für absolute Sauberkeit sorgten. Diese Dame hat sich ganz in den Dienst einer Sache gestellt und diesen mit Hingabe erfüllt. Sie haderte nicht mit ihrem Job, denn für sie war es eine Aufgabe, die sie mit Demut angenommen hatte und der sie dienen durfte.

Lassen Sie diese Geschichte ein wenig auf sich wirken. Ich war sehr berührt, als der Glücksforscher sie erzählte. Für mich war sie ein weiterer Beweis dafür, dass wir es in der Hand haben, was wir von der Aufgabe denken, die wir tun.

Johannes Gutmann, der Gründer des Bio-Labels Sonnentor, sagt dazu schlicht: „Dienen kommt vor Verdienen." Mit dieser Haltung wird es relativ leicht, Sinn in unserem Tun zu finden. Wenn wir unseren Aufgaben, egal welche das sind, einen Sinn geben, dann werden wir sie mit einer anderen Überzeugung ausführen. Dann spüren wir, dass wir wichtig sind auf unserem Posten, und können zum Gestalter werden.

Fragen Sie sich:

- Warum tun Sie, was Sie tun?
- Welchen Sinn hat Ihre Aufgabe für Sie beziehungsweise welchen Sinn könnten Sie Ihrer Aufgabe geben?
- Was wollen Sie damit erreichen?
- Wem oder was wollen Sie dienen?

Sich in den Dienst einer Sache zu stellen und darin einen Sinn zu sehen hat viel mit Selbstbestimmung zu tun. Denn damit werden wir zum Gestalter und nicht zum reinen Befehlsempfänger. Dann haben wir uns entschieden, mit Herzblut unsere Aufgabe auszuführen, im Hier und Jetzt für sie da zu sein und unser Bestes zu geben. Es fühlt sich richtig an. Dieses „Richtig" bezeichnete Aaron Antonovsky, ein US-amerikanischer Professor der Soziologie, als Kohärenzgefühl. Er hat drei wesentliche Elemente gefunden, die für uns im Leben und bei der Arbeit wichtig sind. Sie sind meines Erachtens die Basis für Erfüllung und Gesundheit: Das erste Element ist, dass ich verstehe, was ich tue, das zweite, dass ich es handhaben kann, und das dritte ist das Gefühl von Bedeutsamkeit bzw. Sinnhaftigkeit.

2.3.3 Zukunftsmuskeltraining

Es gibt eine Postkarte von Hermann Scherer, dem bekannten Vortragsredner und Business-Experten, auf der steht: „Wir denken den ganzen Tag, warum dann nicht groß." Ich liebe diese Karte, weil sie auch mich immer wieder daran erinnert, dass sehr viel mehr möglich ist, wenn ich es erst einmal denken kann. „If you can dream it, you can do it", hat Walt Disney gesagt und mit dieser Denkhaltung ein ganzes Imperium aufgebaut. Ich glaube, es täte uns allen gut, verrückter zu sein, im Sinne von „das Unmögliche wagen". Warum denn nicht? Wir können ja nicht vom Boden fallen. Und wissen Sie, welche Erfahrung ich gemacht habe? Wenn wir besonders verrückt sind und noch einen Schritt weitergehen als den üblichen, dann wird es sogar sehr viel einfacher, weil sich ganz viele da nicht mehr hintrauen. Und wir verblüffen plötzlich nicht nur uns, sondern auch unser Umfeld.

Schauen Sie zukunftsfrech nach vorne, und trauen Sie sich, richtig groß zu denken!

Es passiert in meinen Workshops und Coachings immer wieder, dass Menschen bei den nächsten kleinen Zwischenzielen hängenbleiben, weil sie Angst vor dem großen Gedanken haben. Einmal war eine Ärztin bei mir im Seminar. Sie war unendlich fleißig und gestand sich bei einer Übung, in der es um eine Zeitreise in ihre ideale Zukunft ging, gerade einmal einen vierwöchigen Urlaub zu. In der Gruppenübung danach hat ihr Partner sie dann herausgefordert: „Ist das dein Bild der idealen Zukunft? Na ja, als Ärztin kann man sich wohl nicht mehr erlauben." Das hat sie so getroffen, dass sie noch mal von vorne angefangen hat, und siehe da, aus dem vierwöchigen Urlaub wurde ein halbjähriges Sabbatical, und der langgehegte Traum einer Andenüberquerung war in greifbare Nähe gerückt. Sie hat sich zum ersten Mal zugestanden, das überhaupt zu denken, dann aufzuschreiben und dann auch noch darüber zu sprechen. Es war wunderbar: Aus der stillen, sehr bescheiden wirkenden Ärztin wurde plötzlich eine sprühende Frau, die große Pläne schmiedete.

Sie hat angefangen, ihren Zukunftsmuskel zu trainieren. Je öfter wir in den Träumer-Modus gehen und uns zugestehen, richtig groß zu denken, umso eher kommen wir dort auch an. Sie wissen schon: Glück = Vorbereitung und Gelegenheit treffen sich. Ja, wir können Glück erleben und es auch erkennen, wenn wir vorbereitet sind. Hören Sie einfach nie auf, Pläne für Ihre Zukunft zu schmieden. Trauen Sie sich, den Gedanken, den Sie vielleicht gerade auf Ihre Zukunftsvision hin zugelassen haben, größer zu machen und zu spüren, was dann passiert. Den Zukunftsmuskel können Sie auch prächtig trainieren, wenn Sie Ihr Bild von der gelungenen Zukunft visualisieren und vielleicht eine Collage beziehungsweise ein sogenanntes Vision-Board anfertigen. Eine weitere, sehr wirksame

Möglichkeit ist es, jeden Abend vor dem Einschlafen an Ihre Vision zu denken. Nur kurz. Zwei bis drei Minuten reichen, denn es geht darum, sich zu beseelen und damit die Machbarkeit zu erhöhen. Wenn Sie mit dem Gedanken an Ihre Vision selig einschlafen, dann arbeitet Ihr Unterbewusstes weiter. Passen Sie also auf, mit was Sie Ihr Hirn vor dem Schlafen füttern! Im Kap. 13 Werkzeugkasten finden Sie noch weitere unterstützende Übungen für Ihr Zukunftsmuskeltraining.

> Glück = Vorbereitung und Gelegenheit treffen sich.

2.3.4 Lassen Sie sich berühren – vernünftig sein können Sie später wieder

Es ist die Kraft der Inspiration, die uns berührt. Sie spricht die Emotionen in uns an. Auch das hat Simon Sinek bestätigt. „Die Macht der Frage nach dem Warum ist nicht Ansichtssache, sie ist Biologie" (vgl. Sinek 2014). Denn sie ist direkt mit unserem limbischen System (Emotionen) verknüpft, während die Frage nach dem Was mit dem sogenannten Neocortex oder Großhirn (Vernunft, Analyse) korrespondiert.

Das erklärt auch, warum es vielen Menschen schwerfällt, groß zu denken und ihre Zukunftsgedanken zuzulassen. Das hieße nämlich, dass sie den nachvollziehbaren, analytischen Rahmen verlassen und sich trauen müssten, sich auf ihr Gefühl einzulassen. Davor empfinden viele Menschen Angst oder zumindest Skepsis. Sich irgendwelche Dinge auszudenken und sich vielleicht sogar zu trauen, die kühnsten Träume auszusprechen, das wird von unserem Umfeld schnell als „Spinnerei" abgetan. Lieber würgen sie den Gedanken also schon im Keim ab: „Ach, das ist halt eine Träumerei, darüber spreche ich nicht." Schade. Wie soll ich meine Zukunft gestalten, wenn ich mich nicht traue, auch einmal kühne Träume auszusprechen und mir vorzustellen, wie es wäre, wenn ich genau das erlebe? Bei der Urlaubsplanung darf ich das doch auch.

Apropos Urlaub. Da sind wir alle geübt. Wir stellen uns vor, wie der nächste Urlaub sein könnte, und malen ihn uns in den schönsten Farben aus. Wälzen Kataloge, beschäftigen uns mit Reisezielen, wägen ab, was zu uns passt, und freuen uns auf die Auszeit in der Sonne, in den Bergen oder sonst wo. Und während sich der Urlaub nähert, kaufen wir uns das passende Sommerkleid, statten uns mit Reiseführern aus, beraten uns mit Freunden, die schon mal dort waren. Das gilt zumindest für die meisten von uns. Genau so können Sie sich auch Ihrer idealen Zukunft nähern. Als Erstes ist es wichtig, dass wir die kühnen Gedanken überhaupt zulassen. Und dann geht es darum, wie beim Urlaub abzuwägen, was zu uns passt, und hinzuspüren, wie es sich anfühlt, wenn das in Erfüllung gehen würde. Ist gar kein großer Unterschied zum Urlaub, oder?

2.4 Warum beseelt und bekloppt zusammengehören

Wie kann also eine Vision aussehen? Wir sind fasziniert von einer Idee, wir wollen ein Problem lösen oder wir wollen wirklich aussteigen. So wie mein Mann und ich Anfang der 2000er Jahre, als wir nach vielen Überlegungen beschlossen haben, das IT-Unternehmen, das wir mit aufgebaut hatten, zu verlassen, um zu hundert

Prozent unser Ding zu machen. Wir waren beseelt von all den neuen Möglichkeiten am Horizont, von einer freieren Zeiteinteilung und von der noch größeren Selbstbestimmung. Das konnte doch nur gut werden. Doch bei genauerem Hinschauen gaben wir auch all unsere Sicherheiten auf. Wir verloren zwei Vorstandsgehälter gleichzeitig und durften noch einmal ganz von vorne anfangen. Sogar auf ein Auto haben wir für fast ein Jahr freiwillig verzichtet.

Fragen Sie sich einmal, ob Sie mit uns hätten tauschen wollen. Wenn Sie neben Ihrer Beseeltheit, also der Lust auf den neuen Weg, nicht absolut von Ihrem Vorhaben überzeugt wären, dann würden Sie an dieser Stelle wohl einen Rückzieher machen oder kleinere Brötchen backen. Es braucht eben auch dieses Bekloppt-sein. Damit meine ich, dem Gefühl mehr zu vertrauen als der Vernunft und sich ganz und gar einzulassen und ins Tun zu kommen. Aus Vernunftgründen hätten wir nicht beide gleichzeitig gehen dürfen, hätten mehr auf Sicherheit spielen sollen. Aber wir waren eben beseelt und bekloppt und haben die Chance beim Schopf gepackt.

Sie können davon ausgehen, dass dies auch auf alle meine Interviewpartner zutrifft. Svea Kuschel zum Beispiel konnte ihre Idee, Frauen bei ihrer Finanzplanung zu unterstützen, in ihrem alten Unternehmen nicht in der gewünschten Form umsetzen. Ihre Chefs glaubten nicht an die Idee. So ist sie ausgestiegen und hat es selbst gemacht. Die Frauen fanden das allerdings anfangs ziemlich unnötig, und sie musste viele Runden drehen, bis die Idee gegriffen hat. In ganz Deutschland war sie unterwegs, hat unendlich viele Vorträge gehalten und viel Geld investiert, bevor sie überhaupt welches verdient hat. Oder Dieter Härthe, der eine herbe Enttäuschung hinnehmen und sogar den Verband, den er selbst aufgebaut hatte, verlassen musste. Da war er Ende 50 und hätte sich mit der

Abfindung auch ein schönes Leben machen können. Hat er aber nicht. Er hat wieder angefangen und einen neuen Verband aufgebaut, obwohl er wusste, wie viel Arbeit das bedeutet. Rückblickend sagte er zu mir: „Wenn ich mir das heute betrachte, dann bin ich schon sehr erstaunt, dass ich mich getraut habe, mit 25 Jahren meinen ersten Verband zu gründen. Ich weiß heute gar nicht mehr, wo ich das Selbstbewusstsein hergenommen habe. Und ehrlich, wenn ich gewusst hätte, welche Arbeit da auf mich zukommt, ich hätte es nie gemacht, nie."

Es braucht eben beides: die Beseeltheit, die uns mit unserer Vision verbindet, und die Bekloppheit, die die Überzeugung beinhaltet, dass wir es schaffen, trotz der vielen Unbekannten, die so ein Neuanfang mit sich bringt.

2.4.1 Der Sog einer großen Idee

Was ist denn nun so toll an einer großen Idee? Tun es nicht viele kleine Ideen auch? Doch, tun sie. Und zwar dann, wenn Sie zufrieden mit sich sind und all das gut finden, was Ihr Leben ausmacht. Wenn das aber nicht der Fall ist, dann fehlt Ihnen möglicherweise doch eine große Idee für Ihr Leben. Es gibt ein Sprichwort, das ich einmal als junge Frau gehört habe und das mich seitdem begleitet: „Eine große Sorge befreit uns von vielen kleinen Sorgen." Und so ist das mit Ideen auch. Eine große Idee befreit uns von Verzettelung und hilft, den Fokus auszurichten. Und noch etwas macht eine große Idee so charmant: Sie treibt uns an und schenkt uns Klarheit. Vieles kann sich darunter einordnen; es ist so, als ob unser Leben automatisch Struktur erhalten würde.

Denken Sie dabei ruhig wieder an das Thema Haus. Viele kleine Ideen wären zum Beispiel, neue Vorhänge zu kaufen, die Wände zu streichen oder die Möbel umzustellen. Eine große Idee wäre, ein neues Haus zu bauen. Was glauben Sie? Welchen Unterschied macht das für Ihr Gefühl? Würden Sie da noch großartig daran denken, die Wände zu streichen? Wahrscheinlich nicht. Wahrscheinlich würden Sie das große Ganze sehen und das Streichen der Wände wäre nur ein kleiner Aspekt des großen Vorhabens. Die Sogwirkung einer großen Idee ist einfach unendlich viel höher und faszinierender. Sie bringt uns zum Gehen und Durchhalten.

2.4.2 Mit dem Erforschen kommt die Lust auf die Umsetzung

Natürlich gibt es nicht bei jedem sofort eine große Idee. Zwar glaube ich fest daran, dass wir sie immer spüren können, nur ausdrücken können wir sie oft nicht. Dieser Zustand macht uns unruhig oder gar unzufrieden. Wir sind noch Suchende – im besten Fall Forschende.

Wiestaw Kramski zum Beispiel hatte als Ausgleich zu seinem Unternehmertum angefangen, Golf zu spielen. Nur eins wurmte ihn: Mit den Schlägern, die man zum Einlochen eines Balles benutzt, den sogenannten Puttern, kam er einfach nicht zurecht. Egal welchen Putter er auch ausprobierte, das Resultat stellte ihn nicht zufrieden. Er war überzeugt: Das muss besser gehen. Und so hat er sich in seine Werkstatt gestellt und für sich einen Putter gebaut, ganz nach seinen eigenen Vorstellungen. Mit diesem Putter konnte er plötzlich ganz andere Ergebnisse erzielen. Seine Golffreunde waren so begeistert, dass sie ihn baten, ihnen auch so einen Putter zu bauen. Der Beginn einer Leidenschaft war entstanden, und mit ihr eine neue Geschäftsidee. Mittlerweile ist der Bau von Golfschlägern kein Hobby mehr für Kramski, sondern ein rentables Geschäft. Aus dem Problem von einst wurde eine große Vision: die Kramski-Putter weltweit im Golfsport zu etablieren.

2.5   Die Kraft des Traums vom eigenen Haus – Dieter Härthe

Die Lust auf die Umsetzung der eigenen Vision steckt auch in Dieter Härthe, dem Vorstandsvorsitzenden des Senats der Wirtschaft. Wer nicht nur einen, sondern gar zwei Verbände aufbaut, hat mehr als nur einen Traum vom eigenen Haus. Seine Antriebsfeder: „Ich wollte immer etwas Sinnstiftendes tun, etwas, das langfristig Spuren hinterlässt und mich selbst überlebt."

Begegnet bin ich Dieter Härthe beim Jahreskonvent des Senats im Maximilianeum in München. Wie es der Zufall will, sitzen mein Begleiter und ich mitten im Präsidium des Senats. Mir gegenüber sitzt der Vorstandsvorsitzende Dieter Härthe, den ich zu dem Zeitpunkt noch nicht kenne. Die Stimmung ist gelöst, und irgendwann höre ich Marliese Härthe, die Gattin des Vorstandsvorsitzenden, sagen: „Ach, mein Mann, der ist so ein Visionär, immer hat er noch eine verrückte Idee, die er umsetzen will." Ich werde hellhörig und frage mich plötzlich, wer dieser Mensch ist und wie er zu diesem Posten gekommen ist. Also frage ich: „Sagen Sie mal, Herr Härthe, wie wird man denn Vorstandsvorsitzender des Senats der Wirtschaft?" „Indem man ihn gründet", kam prompt die Antwort. Ich glaube, man hat mir meine Verwirrung deutlich angesehen. Wie gründet man denn einen Senat und wieso? Wie kriegt man so eine Wertegemeinschaft an einen Tisch?

Interview mit Dieter Härthe – Gründer und ehemaliger Vorstandsvorsitzender des Senats der Wirtschaft, Deutschland

Es geht darum, ein sinnstiftendes Leben zu leben und sich einbringen zu können mit seinen Werten und Talenten.

Hatten Sie einen Traum, eine Vision, die Sie verwirklichen wollten?

„Frage nicht, was dein Land für dich tun kann, sondern was du für dein Land tun kannst." Dieses Kennedy-Zitat war der Grundstein für den Senat der Wirtschaft, den ich 2003 gegründet habe. Und meine große Vision ist es, die Grundidee des Senats, Lösungen fürs Gemeinwohl zu finden, durch den Aufbau von Sektionen in viele Länder der Erde zu tragen.

Seit wann steckte dieser Traum in Ihnen?

Das Ganze ist natürlich gewachsen und hat bereits in jungen Jahren begonnen. Ich war schon immer politisch interessiert und ein begeisterter Europäer, sodass ich mich mit 17 entschieden habe, in einer europäischen Bewegung Mitglied zu werden, weil ich vollständig hinter der Idee der

Vereinigten Staaten von Europa stand. Da habe ich mich dann als junger Mann engagiert und bin damals schon mit Politikern zusammengekommen.

Eigentlich war ich ja Handwerker, habe aber durch mein Ehrenamt festgestellt, dass in mir mehr steckt als nur mein Handwerksberuf. Ich kann Leute begeistern.

Was hat Sie letztendlich dazu gebracht, vom Handwerker zum Verbandsführer zu werden?
Eine Aussage meines Vaters, als er einmal enttäuscht von der Handwerkskammer zurückkam, hat mich endgültig auf meinen Weg gebracht. Er sagte damals zu mir: „Weißt Du, was fehlt in Deutschland? Es müsste einen Bund ‚kleiner Krauter' geben. Einen Verband, der sich für die kleinen Selbstständigen einsetzt."

Eine Organisation, die sich mit Leidenschaft für den inhabergeführten Mittelstand parteipolitisch einsetzt, damit dieser aufgrund seiner volkswirtschaftlichen Bedeutung mehr politisches Gewicht bekommt, das gab es nicht. Meine Vision war geboren. Damals habe ich meinen ersten Verband gegründet und ihn über viele Jahrzehnte sehr erfolgreich geführt.

Ich habe für die Idee gebrannt, und eins muss ich sagen: Der Beruf war mir wichtiger, als ausreichend Zeit für die Familie zu haben – das sollte man nicht tun, aber so war es.

Wie haben Sie es geschafft, durchzuhalten?
Ich bin einfach immer nach vorne gegangen, Schritt für Schritt, und es macht mir riesig Spaß, spannende Menschen kennenzulernen und mit diesen gemeinsam etwas zu bewegen. Wenn man jeden Tag eine Arbeit tun darf, die einem so viel Freude macht, dann denkt man darüber nicht weiter nach.

Wissen Sie, wenn ich Betriebswirtschaft studiert und einen Businessplan gemacht hätte, hätte ich gesehen, dass man für einen Verbandsaufbau sehr viel Geld braucht, aber da ich das nicht wusste, habe ich nur ein Konzept gemacht und hab mich auf dem Weg gemacht.

Auf was sind Sie besonders stolz?
Dass tausende von Menschen durch mich und meine Initiative zusammengekommen sind, das ist eine große innere Befriedigung und Freude. Den Senat der Wirtschaft zu machen, das ist für mich der Höhepunkt, das Premiumprodukt, wenn ich das so sagen darf.

Manchmal kann ich es immer noch nicht glauben, dass aus einem kleinen Autosattler-Gesellen, der in der Werkstatt gestanden hat, der Vorstandsvorsitzende dieses tollen Verbandes geworden ist. Da bin ich ab und zu selbst überrascht.

Was sind Ihrer Meinung nach die größten Fehler, die Menschen oder Unternehmen bei der Verfolgung ihrer Vision machen?
Meine erste Beobachtung ist: Manche geben fünf vor zwölf auf, also kurz vor dem Ziel. Aber genauso beobachte ich, dass manche zu spät aufhören. Das heißt für mich, den richtigen Moment zu finden und immer wieder zu überprüfen, was noch notwendig ist, um den Erfolg zu erreichen.

Und zweitens tragen die Menschen ihre Begeisterung für ihr Thema nicht genügend in die Welt.

Was ist der wichtigste Tipp, den Sie gerne weitergeben würden?
Sie müssen Nutzen stiften und besser sein als andere.

Literatur

Christiani A (2000) Weck den Sieger in dir: In 7 Schritten zu dauerhafter Selbstmotivation, 2. Aufl. Gabler, Wiesbaden, S 113

Dirscherl, Hans-Christian (2021) Die spektakulärsten Irrtümer der IT-Geschichte. https://www.computerwoche.de/a/die-spektakulaersten-irrtuemer-der-it-geschichte,3067732. Zugegriffen: 30. Nov. 2021

Hofmann B (2015) Einfach gut! Mit Leichtigkeit erfüllter leben. Patmos Verlag, Ostfildern, S 16

Kehr HM, Rawolle M (2012) Lust auf Zukunft: die motivierende Kraft von Unternehmensvisionen verstehen und nutzen. OrganisationsEntwicklung 4/2012 4(4):13–17

Lyubomirsky S (2013) Glücklich sein: Warum Sie es in der Hand haben, zufrieden zu leben. Campus, Frankfurt, S 215

Sinek S (2014) Frag immer erst: warum: wie Top-Firmen und Führungskräfte zum Erfolg inspirieren. Redline Verlag, München, S 39 (55/128)

Teil II

Das Zukunftshaus

Die Zukunft bauen heißt, die Gegenwart bauen.
Es heißt, ein Verlangen erzeugen, das dem Heute gilt.
Das dem Heute angehört und auf die Zukunft gerichtet ist.
(Antoine de Saint-Exupéry)

3

Werden Sie zum Architekten

Ein Architekt plant, gestaltet, überprüft und überlässt nichts dem Zufall, damit am Ende auch das Haus herauskommt, das der Bauherr beauftragt hat und das zu seinem Budget und Bauplatz passt. Die Zusammenarbeit mit dem Bauherrn ist bestimmt von dessen Wünschen, und die können durchaus von den Gegebenheiten abweichen. Wenn der Bauplatz nun mal keine übrige Fläche für eine zusätzliche Garage hergibt, dann kann sie der Architekt auch nicht herbeizaubern.

Manchmal benehmen auch wir uns wie Bauherren und glauben, die anderen würden es schon für uns richten und uns die Wünsche von den Augen ablesen. Wir geben buchstäblich die Verantwortung an den Architekten ab und sind im schlimmsten Fall bitter enttäuscht, wenn dabei nicht das Haus herauskommt, das wir uns vorgestellt hatten. Lassen Sie das nicht zu! Werden Sie selbst zum Architekten Ihres Hauses und machen Sie gemeinsame Sache mit dem Bauherrn. Denn wenn Sie

© Springer Fachmedien Wiesbaden GmbH, ein Teil von Springer Nature 2022
S. Ziolkowski, *Bau Dir Deine Zukunft*,
https://doi.org/10.1007/978-3-658-37033-6_3

zum Architekten Ihrer Zukunft werden, sind Sie Bauherr und Architekt zugleich. Sie geben auf der einen Seite den Entwurf für Ihr eigenes gutes Leben in Auftrag (das sind Ihre Wünsche und Träume), auf der anderen Seite können Sie als Architekt den Plan für Ihr Zukunftshaus festlegen (das sind die Ziele dahinter). Als guter Architekt wissen Sie, wie das Haus aussehen soll, und als Visionär wissen Sie, wo Sie damit hinwollen.

Die Menschen, von denen ich Ihnen in diesem Buch immer wieder erzähle, sind allesamt Bauherren und Architekten und haben ihr Leben in die Hand genommen. Die Leitlinien waren bei allen ihre Werte, Talente und Freuden, nach denen sie sich gerichtet haben, bewusst und unbewusst. Sie haben auf ein starkes Fundament gebaut, auf ihre Haltung und Überzeugungen, die die Basis von allem sind. Mit diesen Grundfesten gelingt es ganz leicht, sich auch nach oben ans Dach zu wagen und so manch scheinbare „Schnapsidee" Wirklichkeit werden zu lassen.

Vielleicht denken Sie nun, das ist ja ganz schön, was die Ziolkowski mir da erzählt, und ich würde ja auch gerne – aber wie gelingt das denn bei mir, dass ich mich meiner Vision nähere und nicht nur träume oder stecken bleibe? Indem wir jetzt beide Qualitäten vereinen: Die vom Bauherrn und die des Architekten.

Ich habe Ihnen viel über den Traum vom eigenen Haus erzählt, und es wird nun Zeit, sich der Sache ganz konkret zu nähern. Wir kommen zum Herzstück des Buches – zu Ihrem persönlichen Zukunftshaus.

Wie werden Sie zum Architekten? Indem Sie wissen, auf welche Rahmenbedingungen Sie sich stützen können. Denn was macht ein Architekt? Er gibt der vagen Idee des Bauherrn eine Form, er gestaltet und entwirft und ist letztendlich verantwortlich dafür, welches Haus unter den jeweiligen Vorgaben gebaut wird. Und genau das machen Sie jetzt auch.

3.1   Das Zukunftshaus im Überblick

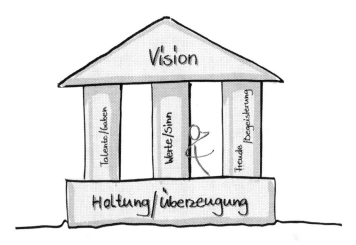

Das Zukunftshaus (Illustration: Martina Lauterjung)

Ganz ehrlich, ich liebe dieses Konzept, und ich liebe die Arbeit, mit meinen Kunden an ihrem Haus zu bauen. Es lohnt sich nämlich nicht nur als Privatperson, sein Zukunftshaus zu bauen, sondern auch als UnternehmerIn, als Team, als Gruppe, die miteinander etwas bewegen will, etc. Wir lernen dadurch, in größeren Zusammenhängen zu denken, weil wir auf einen Blick sehen, was uns antreibt und wichtig ist.

Ich beschäftige mich schon sehr lange mit dem Thema Zukunftsgestaltung, und ich bin immer wieder auf die gleichen Elemente gestoßen, wenn es darum geht, ein großartiges Leben zu leben und eine Atmosphäre des Wachstums herzustellen. Es sind die fünf Punkte, die Sie auch im Zukunftshaus finden, die die entscheidenden Faktoren bilden. Dieter Härthe, von dem Sie weiter oben schon gelesen haben, hat zum Beispiel gesagt: „Es geht darum, ein sinnstiftendes Leben zu leben und sich einbringen zu können mit seinen Werten und Talenten."

Damit das gelingt, müssen wir sie kennen, unsere Werte und Talente. In den folgenden Kapiteln werde ich Sie mit Übungen dabei unterstützen, Ihre Werte und Talente für sich konkret zu erarbeiten und zu benennen. Durch die Visualisierung anhand Ihres Zukunftshauses bleiben Ihnen die wichtigen Elemente immer bewusst. Sie können sich an ihnen orientieren und sich von ihnen inspirieren lassen. Wenn Sie sich und Ihr Zukunftshaus ernst nehmen, wird sich Ihr Leben nach und nach in die gewünschte Richtung bewegen.

Das Zukunftshaus schafft ein gutes Gefühl der Orientierung. Die festgelegten Elemente sind klare Richtlinien, die helfen, Entscheidungen zu treffen und die Vision im Blick zu behalten.

3.1.1 Die Architektur des Hauses

Ich schätze an Häusern klare Formen und wenig Schnickschnack. Wenn das auch Ihrem Geschmack entspricht, wird Ihnen das Zukunftshaus gut gefallen. Denn in seiner Grundform folgt es einer klaren Struktur: Es hat ein starkes Fundament, das das Haus trägt. Es hat drei tragende Säulen, die aus den Elementen Talente, Werte und Freuden bestehen, und es hat ein Dach, das unsere Vision beinhaltet.

„Es ist leicht zu putzen", das heißt, ich kann mir die Inhalte leicht merken. Wenn die Dinge zu kompliziert werden, dann haben wir wenig Chancen, sie in unseren vollgepackten Alltag zu integrieren. Aber Leitlinien zu haben, an denen wir uns orientieren können, das ist wertvoll. Das sage ich jetzt nicht einfach so, sondern das ist das Ergebnis von unzähligen Zukunftshäusern, die ich schon mit Menschen und Unternehmen gebaut habe.

Der Charme des Hauses liegt in seiner Einfachheit, wenn es fertiggestellt ist. Jeder kann es für sich bauen, und jeder kann es für sich nutzen. Das Zukunftshaus besticht dadurch, dass es einen klaren Überblick über die wichtigsten Elemente für ein glückliches und erfülltes Leben gibt. Ich bin davon überzeugt, dass die wirklich entscheidenden Dinge im Leben genauso einfach sind wie das Zukunftshaus.

3.1.2 In der Einfachheit liegt die Kraft

Wir brauchen keine komplizierten Spielregeln für unser Leben, sondern Leitplanken, die uns Sicherheit geben und nach denen wir uns ausrichten können. Es tut uns gut, wenn wir eine Orientierungshilfe haben und nicht immer neu nachdenken müssen, ob das jetzt passt oder nicht. Sie können es ein wenig mit der eigens für Sie zusammengestellten Farbkarte vergleichen, die Sie nach einer Farb- und Stilberatung erhalten. Die nehmen Sie zum Einkaufen mit, und schon haben Sie die Sicherheit, etwas zu kaufen, das zu Ihnen passt. So ähnlich können Sie sich das mit Ihrem Zukunftshaus auch vorstellen. Wenn Sie es für sich gebaut haben, dann haben Sie auch eine Art Karte, die Sie mitnehmen können, wenn es um Entscheidungen geht oder wenn Sie ein Vorhaben planen. Passt das? Ein schneller Check, und Sie wissen es. Übrigens haben viele meiner Klienten und auch ich mir tatsächlich eine Karte daraus gemacht. Das können Sie auch: Einfach Ihr fertiges Haus verkleinern und laminieren. So können Sie es auf Ihren Schreibtisch stellen oder gar in Scheckkartengröße in Ihre Geldbörse packen.

3.2   Treibstoff für die Zukunft – Dr. Christoph Heinen

Als Christoph Heinen seine Chance ergriffen hat, war er innerlich vorbereitet. Er wusste um die Dinge, die ihm wichtig sind, und er fühlte sich gewappnet für die neue Aufgabe als Unternehmer, die ihn vermeintlich zufällig fand. Als ich ihn kennenlernte, war er bereits Teilhaber der MARGA Business Simulations GmbH, einer Firma, die Unternehmensplanspiele herstellt.

Begegnet bin ich Christoph Heinen auf der Messe „Zukunft Personal". Es ist schon Nachmittag und ich bin langsam müde vom vielen Laufen. Genug für diesen Tag, beschließe ich, bis ich einer Kollegin begegne. Sie will noch schnell an einem Stand ein Gespräch führen und bittet mich, sie zu begleiten, bevor wir miteinander einen Kaffee trinken gehen. Ich bin einverstanden. Während sie ihre Gespräche führt, schaue ich mich am Stand um. Ein Mann fällt mir besonders auf. Er strahlt, erzählt begeistert und hat ständig eine Traube Menschen um sich versammelt. Als sich die Menschenmenge aufgelöst hat, spreche ich ihn an. „Was um Gottes willen bieten Sie an, dass sie hier so einen Andrang haben?" Er lacht und sagt: „Unternehmensplanspiele." Aha. BWL-Kram, denke ich bei mir. Wieso erzeugt das so einen Wirbel? Bevor ich noch richtig zu Ende denken kann, fängt er an, mich in seine Welt zu entführen. Wie das mit den Teams funktioniert und welche Erkenntnisse die Menschen daraus ziehen können und welche Chancen es den Unternehmen ermöglicht und so weiter und so fort. Ich bin fasziniert. Obwohl ich keine Berührung mit der Welt der Unternehmensplanspiele habe, begeistert mich dieser Mann, und am liebsten hätte ich sofort mitgemacht. Müde war ich kein bisschen mehr.

Interview mit Dr. Christoph Heinen – Managing Partner bei MARGA Business Simulations GmbH

Begeisterung für das Thema ist mein Benzin.

Hatten Sie einen Traum, eine Vision, die Sie verwirklichen wollten?

Ich habe nicht geplant, Unternehmer zu werden, sondern es war wirklich ein Zufall. Der Zufall muss allerdings auf Bereitschaft treffen, und daran müssen Sie im Vorfeld arbeiten, sonst funktioniert der Zufall nicht. Ganz ehrlich, ich konnte eigentlich nicht anders. Mein damaliger Gedanke war: Wenn ich das jetzt nicht mache, dann läuft mir das übern Sarg. Wenn ich irgendwann die Augen zumache, hätte ich bestimmt gesagt: Hättest Du das mal gemacht, dann wäre das ganze Leben viel besser gewesen. Das ist natürlich ein K.O.-Kriterium, da helfen auch keine Argumente mehr, dann müssen Sie es tun. Ich weiß genau, wenn ich diese Chance nicht ergriffen hätte, dann hätte ich dem immer nachgetrauert.

Meine Vision mit MARGA ist, Menschen den Zugang zu wirtschaftlichen Themen so einfach wie möglich zu machen und durch Spielen und Lernen die ganze Welt der Wirtschaft zu verstehen. Das Besondere dabei ist, dass die Mitspieler plötzlich Lust auf Wirtschaft kriegen und Dinge lernen, die sie vorher überhaupt nicht interessiert haben.

Was hat Sie an Ihre Idee glauben lassen?
Unternehmensplanspiele sind eine coole Sache. Ich wusste, das gibt was, dieses Produkt läuft noch unter seinem Potenzial. Das kann mehr Leistung bringen und das kann viel besser vermarktet werden. Und ich wusste einfach, ich kann das.

Wie haben Sie dieses Bild lebendig gehalten?
Nach der Idee haben mein Partner Andreas Nill und ich einen Businessplan gemacht und die Entscheidung dann innerhalb von 4 Monaten getroffen. Die Gründung erfolgte am 29.12.2006 mit viel Lust und Energie. Insgesamt war die Entscheidung schnell getroffen, und das war wichtig für uns.

Was mussten Sie auf Ihrem Weg zum Erfolg lernen?
Eins auf die Nase kriegen und immer wieder aufstehen. Für mich gehört das zum Leben, und das fängt bereits in der Schule an. Wichtige Elemente, die ich gelernt habe: zuhören, Probleme analysieren, argumentieren, hartnäckig sein, Klarheit herstellen. Für mich entscheidend: früh agieren beziehungsweise reagieren.

Was war Ihnen auf dem Weg nützlich?
Ein ehemaliger Chef, von dem ich viel gelernt habe, hat mir wertvolle Tipps gegeben. Seine Überzeugung hat mir bei vielem geholfen: „Du musst ein Geschäft haben, in dem Du den Erfolg erzwingen kannst." Das fand ich gut. Mit dem Planspiel können wir das. Wir können den Erfolg erzwingen, weil wir das Geschäft, die Kunden und Entscheidungsträger kennen. In unserem Thema macht uns keiner etwas vor, und das macht ein selbstbewusstes, starkes Kreuz, das der Kunde sofort merkt, wenn er kompetent beraten werden will.

Welche Fähigkeiten und Talente haben Sie bei Ihrem Vorhaben unterstützt?
Als persönliche Eigenschaften: Beharrlichkeit, Ideenreichtum, klares Bild von der Zukunft, Urteilsvermögen und der Umgang mit Menschen.

Was war ihre stärkste Ressource?
Begeisterung für das Thema ist mein Benzin – und das Wissen um den hohen Nutzen unserer Planspiel-Lösungen.

Was sind Ihre wichtigsten Werte, die Sie leiten und begleiten?
Die eigenen Werte sind für mich wie ein Kompass. Es ist ein christliches Menschen- und Weltbild, gepaart mit einer liberalen Weltanschauung.

Was ist der wichtigste Tipp, den Sie gerne weitergeben würden?
Prüfe deine Idee mit einem Businessplan, der Risiken ehrlich berücksichtigt und auch bei Sturm wasserdicht ist. Binde Sparringspartner mit ein, damit du Fallstricke erkennst, die du selber nicht gesehen hast. Sei als Pilot deinem Flieger gedanklich immer zehn Minuten voraus, das heißt, überlege dir immer, wo deine Firma gerade steht, wo du hin willst und was auf dem Weg dahin wichtig sein könnte. Und das Wichtigste: Sei von deiner Idee zutiefst überzeugt, denn nur dann überzeugst du auch andere.

3.3 Die Planung beginnt

Sind Sie neugierig und in der richtigen Stimmung? Haben Sie nun Lust, Ihr Zukunftshaus anzupacken? Wunderbar.

Für die Planung ist es gut, wenn Sie sich die Arbeitsblätter, die ich für Sie vorbereitet habe, herunterladen, damit Sie diese für die Übungen gleich parat haben. Sie finden alle Details dazu am Ende des Kapitels. Scannen Sie einfach den Barcode oder geben Sie die Webadresse ein und Sie landen auf der Bonusseite für dieses Buch. Außerdem empfehle ich Ihnen, sich ein Notizbuch (Ziolkowski 2008) – ich nenne es Visionslogbuch – zu besorgen, das Sie begleiten kann. Suchen Sie sich eines aus, das Ihnen Freude macht und in das Sie gerne hineinschreiben. So können Sie jeden Gedanken gleich festhalten und haben von Anfang an auch gleichzeitig ein Fortschrittstagebuch damit.

Fertig? Dann können wir jetzt an die Planung gehen. Das Wichtigste dabei, wie bei fast allen Übungen: Lassen Sie sich darauf ein! Bleiben Sie neugierig und offen und schauen Sie, was Ihnen begegnet. Ihr Zukunftshaus zu bauen ist nichts, was Sie mal eben so nebenbei tun sollten. Besser ist es, sich Zeit zu nehmen. Es spielt allerdings keine Rolle, ob Sie sich einige Stunden am Stück Zeit nehmen, um das ganze Haus auf einmal zu bauen, oder ob Sie lieber Stück für Stück daran arbeiten und immer nur einen Aspekt anpacken. Ihr innerer Wachstumsprozess steht hier im Vordergrund und damit auch das Tempo, das Ihnen guttut. Sie können sicher sein, jede Minute, die Sie dafür investieren, ist wertvoll – es geht nämlich um Sie und Ihre erstrebenswerte Zukunft.

Manche Menschen, die zu mir ins Coaching kommen, sagen: „Ich will jetzt einen ganzen Tag mit Ihnen arbeiten und danach ein klares Bild von meiner Zukunft haben und mit einer guten Orientierungshilfe nach Hause gehen." Wenn Sie dieser Typ sind, empfehle ich Ihnen tatsächlich, sich eine ruhige Umgebung zu suchen, einige Stunden Zeit zu investieren und das komplette Haus zu bauen. Dadurch kommen Sie in Schwung und erhalten Klarheit.

Aber nicht für jeden Menschen ist das die richtige Vorgehensweise. Es gibt auch Klienten, die es Stück für Stück entstehen lassen und bis zur nächsten Coachingsitzung weiterdenken wollen. Manchmal verändert sich auch noch mal der ein oder andere Aspekt, weil sie darüber reflektiert oder sich mit anderen ausgetauscht haben.

Beide Ansätze sind in Ordnung, da gibt es kein Besser oder Schlechter. Doch für beide Ansätze gibt es jeweils noch einen Rat von mir:

Für die „Fertighaus"-Bauer: Nehmen Sie Ihr Haus nach ein paar Tagen zur Hand, prüfen Sie, ob noch alles passt, und ergänzen oder korrigieren Sie entsprechend Ihren neuen Erkenntnissen.

Für die „Ziegelhaus"-Bauer: Lassen Sie sich nicht zu viel Zeit, sonst geht die Energie verloren. Am besten ist es, wenn Sie sich einen festen Rahmen setzen, bis wann Sie Ihr Zukunftshaus fertig haben wollen. Ein Zeitraum von 5 bis maximal 6 Wochen hat sich bewährt. Vielleicht tragen Sie sich die Termine in Ihren Kalender ein oder nehmen sich eine Woche vor, die Spielraum hat, sodass Sie jeden Tag daran bauen können. Wichtig dabei ist die Kontinuität.

Bei der Arbeit mit Ihrem Zukunftshaus werden Sie sich noch mal neu kennenlernen und erforschen, was in Ihrem Leben zählt und für Sie Sinn macht.

Literatur

Literaturempfehlung

Ziolkowski S. (2008) Impulsbuch: Jakobsweg – gehen ans Ende der Welt. ArtVia net.consult, Erding

Arbeitsblätter

www.silvia-ziolkowski.de/bonusmaterial-zukunftshaus

4

Die Säulen des Zukunftshauses

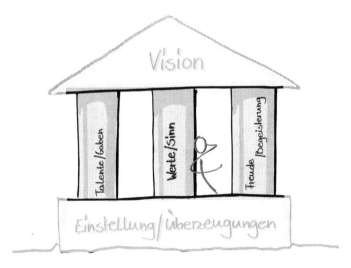

Die Säulen des Zukunftshauses (Illustration: Martina Lauterjung)

© Springer Fachmedien Wiesbaden GmbH, ein Teil von Springer
Nature 2022
S. Ziolkowski, *Bau Dir Deine Zukunft*,
https://doi.org/10.1007/978-3-658-37033-6_4

Die drei Säulen Talente, Werte und Freuden tragen und begleiten uns – immer. Ob sie uns nun bewusst sind oder nicht. Wir haben Talente, die wir in den Ring werfen und die unser Können und Tun bestimmen. Wir streben nach Freude und Spaß bei unserem Handeln, und wir wissen heute, dass dies ein entscheidendes Element für Zufriedenheit im Job und im Leben ist. Und als wichtigste Säule tragen wir Werte in uns. Werte, die durch unsere Erziehung, unsere Kultur und unsere Erfahrungen und Erlebnisse geprägt werden. Schon wenn wir nur das Potenzial der drei Säulen nutzen, dann gibt es uns sehr viel Energie. Wenn allerdings eine der Säulen fehlt, ist unser Haus nicht mehr stabil. Manchmal passiert es, dass wir gerade unsere Werte außer Acht lassen, weil wir Karriere machen wollen und das, was uns im Innersten wichtig ist, durch unser Können und die Bestätigung, die wir im Beruf erhalten, zugedeckt wird. Doch wie lange funktioniert das?

Matthias Lehner, Inhaber von Bodystreet, hat in seinem alten Job als Marketer genau diese Erfahrung gemacht. „I wanted to make dollars – ich wollte Kohle verdienen. Punkt. Wenn es Geld gebracht hat, haben wir alles gemacht. Unter diesem Druck ist mir mehr und mehr bewusst geworden, dass wir nur exekutiv ausführend waren und auch Dinge umgesetzt haben, von denen wir und oft auch der Kunde überhaupt nicht überzeugt waren. Und irgendwann musste ich feststellen: Ich arbeite gegen meine Überzeugung. Für mich war das die schlimmste Zeit, weil ich gemerkt habe, dass ich käuflich war. Und dann habe ich mich gefragt, wie lange willst du das noch machen?"

4.1 Die eigenen Werte als entscheidende Säule

„Gegen unsere Werte zu leben raubt Energie und Lebensfreude und kann letztendlich krank machen", sagt Coach und Managementtrainerin Sabine Asgodom. Deshalb sollten Sie die Reißleine ziehen, bevor es zu spät ist.

Ganz ähnlich ist es Carola ergangen. Sie ist heute PR- und Eventmanagerin bei einem Verband und sehr glücklich in ihrem Beruf. Das war nicht immer so. Davor war sie bei einer großen Fluglinie in derselben Funktion angestellt, war furchtbar wichtig und hatte sehr viel mehr verdient. Allerdings zu dem Preis, dass sie kaum mehr Freizeit hatte und der Stress und das Arbeitsklima sie in den Burnout trieben. Aus der Traum von der großen Karriere. In ihrer Genesungsphase ging sie viel spazieren und dachte intensiv darüber nach, was ihr wirklich wichtig ist. Dabei hat sie auch erkannt, dass sie gar kein Karrieretyp ist und ihr Familie und Harmonie viel mehr Erfüllung geben. Jetzt hat sie zurückgeschraubt, der Job ist nicht mehr ganz so spannend, aber die Menschen sind mit Herz und Seele bei der Arbeit, und ihr geht es sehr gut dabei. „Es hat sich für mich gelohnt, den Wechsel durchzuführen", strahlt sie mich an. „Jetzt bin ich wieder gesund und freue mich jeden Tag auf meine Arbeit. Hier kann ich so sein, wie ich wirklich bin."

Mich berührt diese Geschichte auch deshalb, weil sie kein Einzelfall ist. Wir tappen in die Falle wie der Frosch, der in lauwarmes Wasser hüpft und dann nicht mehr aus dem Topf springen kann, weil er zu spät bemerkt, dass das Wasser immer heißer wird.

Am Anfang sind wir euphorisch, alles scheint bestens, und dann nimmt langsam der Stress oder die Unzufriedenheit zu. Für die eigenen Bedürfnisse ist immer weniger Zeit, und irgendwann wissen wir auch nicht mehr, was unsere eigenen Bedürfnisse überhaupt sind, und funktionieren nur noch. Das gilt übrigens nicht nur für Berufstätige, sondern zum Beispiel auch für Menschen, die ihre ganze Kraft der Familie widmen und dabei vergessen, was ihnen selbst wichtig ist. Doch zufrieden und gesund bleiben wir nur, wenn wir uns auch um uns kümmern. Nicht umsonst heißt es im Amerikanischen so schön: „If Mamy ist happy, family is happy!" Für mich heißt das nichts anderes als: Wenn es uns gut geht, geht es den anderen mit uns und um uns herum auch gut. Und das hat nichts mit Egoismus, sondern mit Selbstfürsorge zu tun.

Die eigenen Werte sind dabei ein wichtiger Kompass. Es sind tiefe Überzeugungen und die Grundlage für unser Sein, darüber sind sich Wissenschaftler und Psychologen einig. Sie geben uns Halt im Leben. Der bekannte Neurologe und Psychiater Viktor Frankl drückte das so aus: „Sinn entsteht immer dann, wenn Menschen das, was sie tun, mit dem in Verbindung bringen, was ihnen wichtig ist."

In unseren Werten liegt damit auch ein Wert für andere. Denn wenn ich weiß, was mir wichtig ist und es auch ausdrücke und danach lebe, dann strahle ich Klarheit aus. Menschen mit ähnlichen Werten werden sich sehr schnell von mir angezogen fühlen. Wenn Sie Ihre Werte klar benennen können, geben Sie auch Sicherheit, sich selbst und anderen. Sie werden zu einem Fels in der Brandung. All das macht es mehr als verständlich, wieso so häufig über Werte und deren Bedeutung gesprochen wird. Es ist im wahrsten Sinne des Wortes wertvoll, sie zu kennen und sie zu leben. Sie sind der Qualitätsanspruch und die Orientierungsgröße in unserem Leben.

4.1.1 Wie komme ich meinen Werten auf die Spur?

Unsere Werte zu erforschen ist nichts, was uns leicht von der Hand geht. Es braucht Muße und Zeit, um sie zu benennen. Und dann sind sie auch nicht für alle Ewigkeit in Stein gemeißelt, sondern verändern sich aufgrund unserer Erfahrungen oder Lebenssituationen. Zum Beispiel kann Ihnen ein Wert wie Harmonie im Laufe des Lebens wichtiger werden. Vielleicht war es für Sie früher von größerer Bedeutung, Herausforderungen zu meistern und sich durchzusetzen, und jetzt brauchen Sie das nicht mehr, weil Sie einige Erkenntnisse dazugewonnen haben und wissen, wie wertvoll es ist, mit seinem Umfeld harmonisch zu leben. Es kann aber auch umgekehrt sein, weil Sie erkannt haben, dass es für Sie bedeutend ist, Ihren Standpunkt zu vertreten, statt um des Friedens willen klein beizugeben.

Oder Erfolg stand ganz oben auf Ihrer Skala, wie bei Matthias Lehner, und dafür haben Sie Schindluder mit Ihrer Gesundheit getrieben und sind schließlich krank geworden. Was glauben Sie – wird der Wert Gesundheit dadurch plötzlich einen anderen Stellenwert erhalten? Ja, bestimmt. Es macht also Sinn, sich immer wieder mit seinen Werten auseinanderzusetzen und hinzuspüren, ob das, was Ihnen vor Jahren als Orientierung gedient hat, immer noch wertvoll ist. Wir erkennen eine Veränderung daran, dass wir unzufrieden werden und spüren, dass etwas nicht (mehr) passt. Nur was, das können wir oft nicht greifen.

Dann wird es Zeit, die eigenen Werte zu erforschen. Dazu macht es Sinn, sich unterschiedliche Fragen zu stellen und sich zu beobachten: Was erfreut mich? Wo geht mir das Herz auf? Was macht mich ärgerlich, und was kann ich gar nicht haben? Was erschöpft mich zunehmend? All das sind Hinweise auf Ihre Werte, die sich in Ihrem Inneren melden und gelebt werden wollen.

Viele Menschen glauben immer noch, dass sie mit Listen, in denen entsprechende Motive und Werte vorgestellt werden, ihre eigenen einfach ankreuzen können. Hier ist die Verführung groß, das auszuwählen, was ich gerne wäre, aber möglicherweise nicht lebe. Seine eigenen Werte zu definieren, hat viel damit zu tun, wie wir geprägt worden sind und was uns heute durch unsere Erfahrung wichtig ist. Deshalb ist es so sinnvoll, mit den richtigen Fragen zu arbeiten. Und damit für sich selbst herauszufinden, was im Leben und bei der Arbeit wichtig ist. Erst danach kann so eine Liste wertvoll sein, um zu verfeinern oder abzugleichen.

4.1.2 Was gehört zu unseren Werten?

Zu unseren Werten gehört alles, worauf wir nicht verzichten wollen oder können. Eigenschaften und Qualitäten, die nicht verhandelbar sind, zu unseren Prinzipien zählen oder die uns im Laufe unseres Lebens wichtig geworden sind. Es sind die tiefliegenden Überzeugungen und Herzensthemen. Wenn diese verletzt werden, dann geht es uns schlecht, doch nicht immer wissen wir sofort, dass es mit unseren Werten zu tun hat.

So eine Erfahrung durfte auch ich einmal machen. Ich habe mit einem Unternehmen zusammengearbeitet, mit dem ich gemeinsam ein softwarebasiertes Werkzeug entwickelt habe. Die Anfrage war verlockend, der Geschäftsführer sehr sympathisch, und so willigte ich ein, meine Expertise und meine Ressourcen in dieses tolle Projekt zu investieren. Ich habe sehr viel Zeit in die Entwicklung des Tools gesteckt. Zum Ende hin mussten nur noch ein paar Dinge abgestimmt werden und es hätte losgehen können. Doch dann fingen die Schwierigkeiten an: Der Geschäftspartner antwortete mir nicht mehr. Meine Aufforderungen, sich doch nun endlich zu äußern, bewertete er als Angriff, was wiederum bei mir Unverständnis hervorrief. Und so ging es weiter. Wir konnten einfach nicht auf einer Ebene zusammenfinden. Jeder von uns fühlte sich missverstanden. Es war unglaublich anstrengend geworden. Unser Werteverständnis war zu unterschiedlich. Für mich ist Verlässlichkeit ein wichtiger Wert, den er komplett anders ausgelegt hat. Er ist mehr der Entdeckertyp, den die Finalisierung nicht mehr besonders interessierte. Um eine längere Geschichte kurz zu machen: Wir haben die gemeinsame Tool-Entwicklung dann eingestellt. Als Menschen sind wir uns nach wie vor sympathisch – doch eine enge Zusammenarbeit tun wir uns nicht mehr an. Ich habe aus dieser Begebenheit viel gelernt und bin dankbar für die Erfahrung. Hätte ich es nicht ausprobiert, wäre vielleicht immer ein Fünkchen Bedauern geblieben, denn neben Verlässlichkeit ist auch Schaffensfreude ein Wert von mir, und dazu hat das Projekt sehr gut gepasst. Nur Verlässlichkeit ist mir in der Zusammenarbeit doch wichtiger gewesen, und deshalb hat es nicht funktioniert.

4.2 Werte als Kompass für unser Tun – Matthias Lehner

Wenn Sie wissen, was Ihnen im Leben wichtig ist, dann werden Sie es auch als sinnvoll einstufen, sich darum zu kümmern. Das kann so weit gehen, dass Sie einen totalen Richtungswechsel vornehmen, so wie Matthias Lehner, von dem ich weiter oben schon berichtet habe. Er und seine Frau Emma sind Gründer und Inhaber von

Bodystreet, einer besonderen Art von Fitness-Studios. Ich habe Herrn Lehner bei einem Kongress kennengelernt, und seine Ausstrahlung und Lebensfreude haben mich angezogen. Auch seine ehrliche, authentische Art mochte ich auf Anhieb. Er strahlte richtiggehend aus, wofür er steht. Als er mir von seinem Unternehmen erzählte und dass es schon ziemlich verrückt sei, wie sehr die Bodystreet-Idee eingeschlagen habe, war ich fasziniert. In weniger als 10 Jahren haben Emma und Matthias Lehner aus einer Idee ein Franchiseunternehmen mit mehr als 300 Studios in sieben Ländern aufgebaut. Aufgrund ihres werteorientierten Ansatzes sind sie mehrfach ausgezeichnet worden. Ein gutes Beispiel, wenn es darum geht, sich von seinen Werten leiten zu lassen.

Interview mit Matthias Lehner – Inhaber und Gründer von Bodystreet

Unsere Werte sind für uns ein verbindlicher innerer Kompass – im Tagesgeschäft ebenso wie bei strategischen Entscheidungen.

Hatten Sie einen Traum, eine Vision, die Sie verwirklichen wollten?
Heute schon, als wir gestartet sind, nicht. Als wir unsere ersten beiden Fitness-Studios „Munich-Health" eröffnet haben, hatten wir die Schnauze voll von unseren Jobs. Ich war Marketer und wollte nicht mehr gegen meine Überzeugungen arbeiten, und meine Frau, die schon in der Fitnessbranche tätig war, hatte keine Lust mehr, nur das zu machen, was der Chef sagt. Da wir beide aus dem Sport kamen – meine Frau war Profi-Leichtathletin und ich schon ewig Handballtrainer –, haben wir unsere Kompetenzen gebündelt, geschaut, was uns Spaß macht, und losgelegt. Erst mit zwei „normalen" Fitness-Studios und nach sechs Jahren mit Bodystreet.

Unsere Vision heute ist es, jungen Talenten mit Bodystreet eine langfristige Perspektive zu bieten und der beste Arbeitgeber der europäischen Fitnessbranche zu werden. Diese Vision teilen wir auch mit unseren Partnern.

Gab es ein Schlüsselerlebnis auf dem Weg zum Erfolg für Sie?
Ja. Die Änderung kam durch einen Wasserschaden zu uns. Da wir zwei alte Studios gekauft hatten, fanden wir im Keller unfassbar viele Kundenakten mit dezidierten Daten zu den ehemaligen Mitgliedern, die uns vorher gar nicht aufgefallen waren. Von Kündigungsgründen bis Fitnesszielen war alles vorhanden – 25 Jahre gesammeltes Wissen. Das war sensationell, denn solche Daten hatte damals keiner. Wir haben uns die Arbeit gemacht, herauszufinden, warum diese Menschen damals aufgehört hatten und nicht mehr trainierten. Danach war uns klar: Die gesamte Fitnessbranche ist auf dem Holzweg mit ihren Strategien von: billiger, schöner, vielfältiger. Es schien so, als sei allen Anbietern egal, ob die Menschen ihre Fitnessziele erreichten oder nicht.

Unsere Recherche hat uns dann schnell erkennen lassen, worauf es dem Kunden ankommt: möglichst wenig Zeitaufwand und Trainingserfolge in kurzer Zeit. Und genau das wollten wir unseren Kunden bieten.

Was hat das bei Ihnen ausgelöst?
Es war verrückt. Wir verdienten mit unseren zwei klassischen Studios ja richtig viel Geld, aber wir waren

wieder unglücklich, denn wir wussten jetzt, dass die Kunden zwar den Vertrag abschlossen, aber dann nicht kommen würden. Wir wollten ein Angebot, das auf die echten Bedürfnisse des Kunden eingeht, so wie wir sie herausgefunden hatten. So sind wir auf die Bodystreet-Methode mit Elektromuskelstimulation (EMS) gekommen. Es gab damals gerade mal zwei Hersteller von EMS-Geräten. Und diese hatten ihre Geräte klassischen Fitness-Studios angeboten. Die Studiobetreiber waren damals nicht an diesem Trainingsangebot interessiert, weil es nicht in die Strategien der Studios passte, auch in unser Munich-Health-Studio nicht. So haben wir entschieden, das parallel auszuprobieren, und haben einen kleinen Raum gemietet, um mit diesem neuen Konzept zu starten, und das haben wir dann Bodystreet getauft.

Was hat Sie an Ihre Idee glauben lassen?
Eigentlich wollten wir nur zehn Studios betreiben. Aber dann haben wir uns gesagt, warum sollen wir unser Know-how und unser Wissen samt den dahinterliegenden Erfolgsgeheimnissen nicht teilen? Uns war klar, dass diese Bodystreet-Idee ein deutschlandweiter Trend werden würde. Wir haben gespürt, dass wir da an etwas Großem dran sind. Bestätigt haben uns auch die Menschen, die zu uns gekommen sind und dabei sein wollten. Die wir mit unserer Überzeugung und Begeisterung angezündet haben. So hatten wir von Anfang an eine große Community. Wir suchten keine Franchisenehmer – die haben uns gesucht und auch gefunden. Das war dann der Grund für uns, zu sagen, wir können und wollen das in anderen Städten nicht selber machen, wenn wir aber eine Shared-Economy bilden, dann ist Franchising ein sehr interessantes Modell dafür.

Was war ihr mutigster Schritt auf dem Weg zum Erfolg?
Wir haben uns getraut, mit Bodystreet genau das Gegenteil von dem zu tun, was jahrelang in der Branche propagiert wurde. Wir sind zu unserer Überzeugung gestanden. Danach war für alle klar, dass dies eigentlich logisch ist.

Nutzen Sie Rituale oder Techniken, um am Ball zu bleiben?
Ein Ritual ist uns besonders ans Herz gewachsen, und das
ist unser „Emma Day" – benannt nach meiner Frau und der
eigentlichen Gründerin von Bodystreet. Alle Mitarbeiter
der Zentrale gehen einmal im Jahr in die Studios unserer
Franchisenehmer und arbeiten dort den ganzen Tag. Per
Losverfahren entscheiden wir, wer wohin geht. Die Effekte,
die wir dabei erzielen, sind für uns jedes Mal wieder
erstaunlich. Der Franchisepartner fühlt sich gesehen und
spürt unser Interesse und unsere Nähe, und wir lernen an
diesem Tag unendlich viel und können das wieder in unsere
tägliche Arbeit integrieren. So werden wir ständig besser
und wachsen mit unseren Partnern noch mehr zusammen.

**Welche Fähigkeiten und Talente haben Sie bei Ihrem Vor-
haben unterstützt?**
Die Kombination unserer Talente ist das, was uns so erfolgreich macht. Meine Frau hat die Gabe, ein echtes, faires
Produkt zu entwickeln und weiterzuentwickeln, und
ich bin in der Lage, eine saubere Struktur und ein gutes
Marketing zu machen.

Was sind Ihre wichtigsten Werte?
Ehrlichkeit, Authentizität, Lebensfreude.
  Das Thema Werte schafft eine wunderbare Klammer, ein
System, um durch das Höhere dahinter einen Zusammen-
halt zu schaffen. Es entsteht eine Wertegemeinschaft, und
die ist unser Gradmesser.

Welche Leitgedanken haben Sie begleitet?
Lebensfreude in allem, was wir tun. Wir wollen Spaß haben
bei unserer Arbeit. Wir wollen, dass unsere Mitarbeiter
und die Mitarbeiter unserer Partner Lebensfreude haben,
weil sie eine ernsthafte Perspektive bei uns erhalten und
viel lernen für ihr Leben. Das passt gut zur Fitnessbranche.
Hier ist viel Wissen über gesunden Lifestyle, Ernährung,
Fitness, Training, aber auch über Verkauf, Präsentation und

Umgang mit Menschen vorhanden. Den richtigen Begriff haben wir lange gesucht. Das Gefühl war da, nur der Begriff nicht. Wir haben ein emotionales Geschäft, und mit Lebensfreude können wir in Worte fassen, was uns bewegt.

Wer oder was inspiriert Sie?
Wenn Mitarbeiter und Partner sich entwickeln, das macht mich stolz und inspiriert mich gleichzeitig.

Was sind Ihrer Meinung nach die größten Fehler, die Menschen und Unternehmen bei der Verfolgung ihrer Vision machen?
Häufig fehlende Hartnäckigkeit. Ich mache es mal am Beispiel Handball fest: Da müssen Sie üben, üben, üben: laufen, werfen, fangen, passen – und so ist es als Unternehmer auch: laufen, werfen, fangen, passen. Immer und immer wieder.

Was ist der wichtigste Tipp, den Sie gerne weitergeben würden?
Schau, dass du deine Familie hinter deine Idee bringst. Der Rückhalt zu Hause ist Gold wert. Stell dir einen guten Begleiter an die Seite, mit dem du im Vorfeld deine Ideen austauschen kannst. Höre zu und nimm ernst, was der Profi zu sagen hat.

4.3 Übungsteil – Ihr Weg zu Ihren Werten

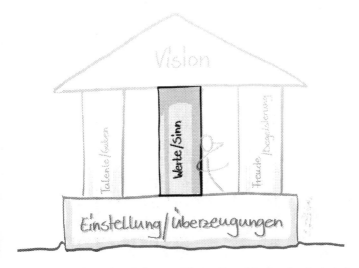

Werte-Säule des Zukunftshauses (Illustration: Martina Lauterjung)

Unsere Werte steuern unser Verhalten meist unbewusst, und die wenigsten von uns können sie klar benennen. Manchmal ist es wie eine Offenbarung, wenn wir entdecken, was uns tatsächlich wichtig ist. Das schenkt uns Klarheit bezüglich unserer tiefen Bedürfnisse und prägt unsere Sicht auf die Welt. Nichts hat mehr Einfluss auf unsere Vision als unsere Werte. Sie zu kennen und zu leben, ist die Basis jeder persönlichen Entwicklung.

„Wenn man Klarheit bekommen will, dann gibt es eine Königsdisziplin: das Finden der eigenen Werte", schreibt Ralf Senftleben in seinem sehr empfehlenswerten Online-Portal „Zeit zu leben" (Senftleben o. J.).

Genießen Sie jetzt das Erforschen und Erkunden Ihrer Werte!

Schritt 1 – Sammeln

Gehen Sie auf Schatzsuche und sammeln Sie im ersten Schritt alles, was Ihnen zu den unten genannten Fragen einfällt, ohne es zu bewerten:

- Was ist mir wichtig? Auf was lege ich Wert?
  Hier sind die Dinge gemeint, die Sie sehr vermissen würden, wenn sie nicht mehr da wären, und die für Sie im Leben zählen.
- Was ärgert mich immer wieder? Was gibt mir ein Gefühl von Ohnmacht? Was macht mich traurig?
  Bitte schreiben Sie hier nur die Themen auf, die eine starke innere Reaktion auslösen, wenn Sie daran denken. Sie finden dadurch Antworten auf die Frage, wo Ihre Werte verletzt werden.
- Wofür gebe ich Geld aus?
- Womit verbringe ich meine (Frei-)Zeit?
- Was beeindruckt oder begeistert mich nachhaltig?

Versuchen Sie, auf jede dieser Fragen so viele Antworten wie möglich zu finden.

Hier habe ich ein paar Beispiele zusammengestellt:

- Das ist mir wichtig: gute Beziehungen, Großzügigkeit.
- Auf das lege ich Wert: meine Tasse Tee am Morgen, Verlässlichkeit.
- Das ärgert mich: Unpünktlichkeit, rüpelhaftes Verhalten im Straßenverkehr.
- Das macht mich ohnmächtig und traurig: wie mit unserer Natur umgegangen wird.
- Dafür gebe ich Geld aus: für Bildung und Reisen.
- Damit verbringe ich meine (Frei-)Zeit: lesen, Zeit mit Freunden, malen.
- Das beeindruckt oder begeistert mich: Menschen, die etwas bewegen; die Schönheit unserer Welt.

Jetzt sollten Sie eine Liste mit mindestens zehn Begriffen haben, die Ihnen wichtig sind. Bestimmt ist Ihnen aufgefallen, dass die wenigsten Begriffe Werte darstellen, sondern konkrete Dinge. Im nächsten Schritt suchen Sie deshalb die Werte dahinter.

Schritt 2 – Werte ableiten

Ihre Aufgabe ist es nun, alle konkreten Sätze zu nehmen und zu abstrahieren, also Werte daraus zu formulieren. Die Fragen, die Sie sich dazu stellen können, sind:

- Welche Qualität verbirgt sich hinter diesem Punkt?
- Warum ist mir das wichtig?
- Warum stört mich das?

Achten Sie darauf, dass Sie eventuell negativ formulierte Begriffe umdrehen und positive Begriffe daraus machen.
Ein Beispiel, wie Sie vorgehen können:

Ihr Satz/Begriff	Der dahinterliegende Wert
Die Tasse Tee am Morgen	Genuss
Großzügigkeit	Großzügigkeit
Unpünktlichkeit	Verlässlichkeit
Bildung	Lernen und Wachsen
Reisen	Abenteuer oder Genuss oder Freiheit*

*Hier kommt es darauf an, was Sie persönlich mit dem Thema Reisen verbinden. Wenn es Ihnen schwerfällt, auf die abstrakten Wertebegriffe zu kommen, dann finden Sie im Anhang eine Liste mit zahlreichen Begriffen, die Sie bei der Umsetzung unterstützen kann.

Wenn Ihnen das schwerfällt, dann nutzen Sie gerne die Werteliste am Ende des Buches, um die für Sie richtigen Begriffe zu finden. Genau dafür finde ich eine Werteliste hilfreich. Um die eigenen Werte darüber zu definieren, halte ich sie für zu verführerisch, wie oben schon kurz beschrieben.

Schritt 3 – Bewerten

Gratulation. Sie sind Ihren Werten schon ein ganzes Stück nähergekommen. Im dritten Schritt geht es nun darum, zu überlegen, welchen Wert Sie heute schon in welcher Qualität leben und wie es in Zukunft sein soll. Dazu nutzen Sie eine Skala von 1 bis 10: 1 = hat in meinem Leben gar keinen Platz, 10 = habe ich vollständig in mein Leben integriert.

Auch hier wieder ein Beispiel für Sie:

Wert	Bewertung – so ist es heute	Bewertung – so hätte ich es gerne in Zukunft
Genuss	3	5
Großzügigkeit	6	6
Lernen und Wachsen	5	8
…	…	…

Diese Bewertung machen Sie bitte für all Ihre gefundenen Werte.

Schritt 4 – Auswählen

Nun gilt es herauszufinden, welche dieser Werte für Sie am wichtigsten sind. Dazu können Sie auf zweierlei Arten vorgehen: mehr mit dem Verstand oder mehr mit dem Gefühl.

Der rationale Weg Sie nehmen zum Beispiel den Wert Genuss und checken ihn gegen die anderen Werte. Also: Ist mir Genuss wichtiger als Großzügigkeit? Ja. Okay, das bedeutet, dass Genuss erst mal an erster Stelle steht. Weiter geht es: Ist mir im Leben Genuss wichtiger als Lernen und Wachsen? Nein. Dann stehen Lernen und

Wachsen jetzt oben. Danach würden Sie alle gefundenen Werte mit Lernen und Wachsen vergleichen, bis Sie wissen, welcher Wert ganz oben auf Ihrer Lebensliste steht. Machen Sie das mit allen verbleibenden Werten ebenso, bis Sie die wichtigsten fünf identifiziert haben.

Der emotionale Weg Den emotionalen Weg habe ich auf dem Selbsthilfe-Portal „Zeit zu leben" (Senftleben o. J.) gefunden und finde ihn für Menschen, die gerne mit ihrem Gefühl arbeiten, sehr hilfreich. Nehmen Sie sich einen abstrakten Wertebegriff vor (zum Beispiel Abenteuer) und stellen Sie sich eine Situation vor, in der das Ausleben dieses Wertes zu hundert Prozent verhindert wäre. Stellen Sie sich vor, Sie müssten Ihrem Lebenspartner versprechen, dass Sie allem voll und ganz und für immer abschwören, was für Sie Abenteuer bedeutet. Zum Beispiel keine Reisen mehr, keine gefährlichen Sportarten, nichts, was für Sie spannend und abenteuerlich ist. Stellen Sie sich weiter vor, Sie müssten für immer darauf verzichten. Wie hoch wären Ihr Schmerz und Ihr Bedauern und Ihre innere Gegenwehr auf einer Skala von 1 bis 10? Wobei 1 bedeutet: „Ist mir egal", und 10 wäre der maximale, nicht auszuhaltende Schmerz. Stellen Sie sich also bitte für jeden Wertebegriff vor, wie es wäre, wenn Sie diesen Wert nie mehr leben könnten. Fühlen Sie sich richtig hinein und schreiben Sie dann dazu jeweils Ihre Schmerzzahl zwischen 1 und 10 auf. Die Werte mit den höchsten Schmerzzahlen sind Ihre wichtigsten Werte.

Schritt 5 – Bedeutung
Als letzten Schritt nehmen Sie die drei bis fünf Werte mit der höchsten Punktzahl und schreiben auf, was deren Bedeutung für Ihre Zukunft ist. Das heißt: Wie wollen Sie diesen Wert in Zukunft leben?

Mein Wert	Was heißt das genau für mich?
Lernen und Wachsen	Ich möchte jedes Jahr mindestens eine Weiterbildung besuchen und nehme Herausforderungen an

Schritt 6 – Übertragen

Die ausgewählten Werte übertragen Sie jetzt direkt in die Wertesäule in Ihrem Zukunftshaus.

4.4 Den eigenen Talenten Bedeutung verleihen

Es gibt ein sehr bemerkenswertes Buch von der Wissenschaftlerin Carol Dweck mit dem Titel „Selbstbild" (Dweck 2011). Sie hat herausgefunden, dass Talente wertlos sind, wenn wir sie nicht verfolgen. Das Gleiche gilt, wenn wir nicht von ihnen überzeugt sind und sie daher nicht mit Lust gebrauchen. Menschen, die tolle Talente haben und sie nicht nutzen, werden weniger leisten als Menschen, die glauben, sie könnten das, und sich mit Elan und Überzeugungskraft daran machen, es auszuprobieren. Es kann also sein, dass Sie sehr viel mehr Talente haben, als sie heute leben. Es kann auch sein, dass Sie das intuitiv wissen, aber sich nicht wirklich trauen, es auszusprechen beziehungsweise in Ihr Leben zu lassen.

Ein alter Schulfreund von meinem Mann war Masseur, und mein Mann ist regelmäßig zu ihm gegangen. Er war durchaus gut in dem, was er tat, aber es fehlte ihm die Hingabe, die Freude an seiner Arbeit. Einmal sagte er zu meinem Mann: „Es ist halt immer dasselbe, da massierst du Tag ein, Tag aus geschundene Körper, aber du erschaffst halt nix." Und Erschaffen war sein Talent. Als er sich dann endlich traute, seiner Intuition zu folgen, hat er seine Massagepraxis aufgegeben und ist Künstler geworden. Und da war er dann plötzlich nicht mehr einer unter vielen, sondern er war außergewöhnlich brillant. Mit einem sehr eigenen Stil und völliger Hingabe ist er heute einer der bekanntesten Künstler in unserer Region und darüber hinaus.

Wenn Talent und Hingabe zusammenkommen, wird daraus Flow. Dann gehen wir auf in unserer Aufgabe und sind beseelt von dem, was wir tun. Die Zeit vergeht wie im Flug, und wir haben es gar nicht bemerkt. Aber wenn das nicht so ist, dann passiert genau das Gegenteil: Wenn Herausforderung und Können nicht zusammenpassen, wir anhaltend unter- oder überfordert sind, dann machen wir Fehler. Und diese permanente Anspannung kann zum Burnout (Überforderung) oder Boreout (Unterforderung) führen. Entdeckt hat das der amerikanische Wissenschaftler Mihaly Csikszentmihalyi, einer der führenden Köpfe der Positiven Psychologie. Besonders gut geht es uns also, wenn wir ständig ein bisschen herausgefordert sind, aber es immer noch beherrschbar bleibt. Sie erinnern sich vielleicht an Aaron Antonovsky, der herausgefunden hat, was alles dazugehört, damit wir gesund bleiben? Beherrschbarkeit ist einer der Faktoren. Und beherrschbar werden die Dinge, wenn sie unseren Talenten entsprechen.

Was können Sie gut? Was sind Ihre herausragenden Fähigkeiten? Das sind Fragen, die auch in Bewerbungsgesprächen gerne gestellt werden. Oft habe ich erlebt, dass Menschen auswendig gelernte Punkte aufsagen. Ob sie davon überzeugt waren, hat sich meist erst auf den zweiten Blick offenbart. Besser finde ich deshalb die Frage, was fällt Ihnen leicht? Denn immer, wenn Sie sagen: „Ach, das war doch gar nichts, das habe ich halt erledigt", dann sind Sie Ihrem Genie ganz nah. Denn was für Sie selbstverständlich ist, ist für einen anderen möglicherweise bewundernswert.

Mir zum Beispiel fällt spontanes Schreiben leicht, und so denke ich auch gar nicht drüber nach, wenn ich eine Glückwunschkarte schreiben will, sondern nehme sie zur Hand und fülle den vorhandenen Platz mit einem Text, der mir zu dieser Person intuitiv einfällt. Oft brauche ich dafür gerade mal ein paar Minuten. Mein Mann steht jedes Mal daneben und schüttelt den Kopf. „Ich könnte das nie", sagt er anerkennend und ist mir echt dankbar, dass er es nicht tun muss. In Ausnahmefällen muss er es dann doch und plagt sich unendlich. Nach einer gefühlten Ewigkeit hat er ein paar Zeilen geschrieben und ist froh, diese unliebsame Aufgabe erledigt zu haben. Mir ist meine Gabe in dieser Form gar nicht so präsent gewesen, und ich habe erst durch meinen Mann verstanden, dass dies zu meinen Talenten gehört.

Trauen Sie sich also, es anzuerkennen, wenn Sie eine Gabe haben, für die Sie von anderen bewundert werden. Meine Interviewpartner konnten sehr schnell benennen, welche Potenziale auf ihrem Weg bedeutend und unterstützend waren, aber nicht weil sie sich selbst überschätzen, sondern weil sie achtsam hingespürt haben und diese Vermutungen von ihrem Umfeld und ihren Taten bestätigt wurden. So hat Dieter Härthe schon in jungen Jahren erkannt, dass er gut reden kann, und Sabine Asgodom war der Umgang mit Sprache immer schon leicht gefallen – egal ob schriftlich oder mündlich.

Ist es immer so einfach, die Talente, die ich habe, zu benennen? Nein, ist es nicht. Die Dinge, die wir tun und in denen wir gut sind, bewerten wir ja nicht andauernd. Deshalb ist auch klar, dass wir dieser Frage erst einmal nachspüren wollen und müssen. Ich höre auch oft: „Puh – da fragen Sie mal besser die anderen."

Die anderen zu fragen ist tatsächlich eine gute Idee. Denn die schauen aus einer anderen Perspektive auf Sie. Aber auch Sie selbst können es herausfinden. Was fällt

Ihnen leicht, was geht Ihnen leicht von der Hand, ohne dass Sie viel nachdenken müssen?

Noch ein Beispiel von mir: Ich dachte lange Zeit, ich kann nicht kochen, dafür habe ich kein Geschick. Zu Hause bei meinen Eltern habe ich mich immer davor gedrückt und fand es wenig reizvoll. Als ich dann mit meinem Freund zusammengezogen bin, hätten wir uns beide gewünscht, dass der andere kochen kann und mag. Fehlanzeige. Keiner konnte und mochte so wirklich. Dass ich dann doch noch zur leidenschaftlichen Köchin wurde, lag und liegt an meinen Werten: Neugierde und Nachhaltigkeit. Und so habe ich mich diesem Thema ganz anders genähert. Nicht dass ich den Anspruch hatte, Köchin zu werden, aber mich hat interessiert, was ich mit den Sachen, die ich noch im Kühlschrank hatte, zaubern kann und wie ich Verschwendung vermeide. Und so habe ich mir Kochzeitschriften gekauft, immer wieder Rezepte durchgelesen, Dinge ausprobiert und mich von den schönen Bildern anregen lassen. Und heute koche ich gerne und gut, es ist ein Talent von mir geworden. Ich improvisiere viel (passt zur Neugierde) und kaufe in der Hauptsache regional ein (Nachhaltigkeit). Sie sehen also, da hat sich das eine mit dem anderen wunderbar verbunden.

Zu einem späteren Zeitpunkt werden wir solche Verbindungen auch bei Ihren Säulen ergründen: Was zieht sich durch, was passt zusammen, wo erkennen Sie einen roten Faden?

Auf die Spur kommen wir unseren Talenten auch, wenn wir uns erinnern, was wir als Kinder gerne und oft gemacht haben. Bei dem erwähnten Schulfreund meines Mannes war es Zeichnen, Malen, Bauen – jeden Tag aufs Neue. Spüren Sie also hin: Was konnten Sie schon mal richtig gut und haben es wegen Beruf, Familie, Karriere, etc. an den Nagel gehängt? Vielleicht wird es ja Zeit, diesem Talent, dieser Leidenschaft wieder mehr Raum zu geben.

4.5 Man kann alles lernen – Stephan Landsiedel

Als ich mit 20 Jahren als Au-pair nach Kalifornien gegangen bin, war mein Englisch mehr als bescheiden und ich eine ziemlich leise junge Frau. Doch ich war davon überzeugt, dass es mir schon irgendwie gelingen würde, mich zu verständigen und die Sprache zu lernen. Die ersten Wochen waren wirklich grauenvoll, ohne Wörterbuch konnte ich mich praktisch nicht verständigen. So schweigsam wie in dieser Zeit war ich nie wieder. Nach vier Wochen habe ich angefangen, immer mehr von dem, was ich aufgeschnappt habe, zu verstehen und wiederzugeben. Jeden Tag wurde es besser, und nach acht Wochen habe ich geredet wie ein Wasserfall. Habe ich nun ein Sprachtalent? Eher nicht. Aber es war mir wichtig, und es gab eine selbstgeschaffene Notwendigkeit. Seitdem bin ich überzeugt, dass ich jede Sprache in einer gewissen Zeit erlernen kann, wenn es einen guten Grund dafür gibt und ich Gelegenheit habe zu üben. Meine Talente dahinter sind meine Experimentierfreude und die Fähigkeit, mich einzulassen.

Ähnlich denkt auch Stephan Landsiedel. Er ist seit seiner Jugend davon überzeugt, dass wir alles lernen können, was uns wichtig ist. Und das hat er selbst auch praktiziert: NLP, Trainer sein, Reden halten, Wissen weitergeben, Marketing, Unternehmertum. Die Triebfeder war immer, dass er verstehen und weiterkommen wollte. Die Talente, die ihn dabei unterstützten, sind seine Disziplin und die Gabe, Menschen zu begeistern.

Begegnet bin ich dem NLP-Experten auf einem Seminar. Ein durch und durch sympathischer Mensch stand da vorne auf der Bühne. Gehört hatte ich schon viel von Stephan Landsiedel, weil so manch einer meiner

Kollegen seine Trainerausbildung bei ihm gemacht hatte. In meiner Vorstellung war Stephan irgendwie größer und wichtiger. Ich war überrascht, positiv überrascht. Er war ein sehr netter Kerl mit einer gewinnenden, offenen Art. Die Größe von Stephan spürt man erst, wenn er spricht. Wenn er von seinem Leben erzählt und wie er an einer Liebe fast zerbrochen wäre – wäre da nicht dieses Buch von Anthony Robbins gewesen. Das hat sein Leben verändert und ihn zu einem Visionär gemacht, einem, der weiß, dass es möglich ist, seine Träume zu leben. Er leuchtet und strahlt, die Augen funkeln, und ich habe das Gefühl, dieser Mensch hat es geschafft, seinen Talenten Bedeutung zu verleihen.

Interview mit Stephan Landsiedel – Inhaber von Landsiedel NLP Training

Gib der Welt etwas ganz Besonderes – gib dich.

Hatten Sie einen Traum, eine Vision, die Sie verwirklichen wollten?
Meine eigene Erfahrung hat mich dazu gebracht, als ich nach einer Lebenskrise auf der Suche war nach etwas, was meinem Leben Sinn gibt. Als ich fast schon abgeschlossen

hatte mit meinem Leben und mir gesagt hatte: Das hat überhaupt keinen Sinn. Ich habe das Mädchen geliebt wie blöd, und von einem auf den anderen Tag ist Schluss und sie redet kein Wort mehr mit mir. Was ist das für ein blödes Spiel? Wenn du auf einmal die rote Karte ziehst und draußen bist. In der Zeit begegnete mir dann NLP (Neuro-Linguistisches Programmieren) in Form eines Buches von Tony Robbins. Da war ich 17, Anfang der 90er Jahre.

Ich habe angefangen, NLP anzuwenden, und habe mich für Psychologie interessiert. Ich wollte Psychologie studieren, ich wollte das verstehen. Meine Eltern waren total dagegen, die haben gesagt: „Die Psychologen haben doch selbst alle einen an der Klatsche. Mach halt was Gescheites. Mathe, Latein auf Lehramt oder so." Doch mein Traum war einfach stärker als die Vernunft. Ich wollte die Menschen verstehen und ich wollte Wissen weitergeben.

Was hat Sie an Ihre Idee glauben lassen?
Da gab es gar keinen Zweifel. Ich war von Anfang an überzeugt, dass es funktioniert. Natürlich war ich am Zweifeln, ob ich jemals eine Rede halten könnte, das schon. Aber immer wenn ich angefangen habe zu zweifeln, habe ich sofort angefangen zu trainieren.

Dann habe ich eine Kamera aufgestellt, den Bildschirm rumgedreht, sodass ich mich sehen konnte, und habe angefangen, eine Rede zu halten. Wenn sie schlecht war, habe ich sofort noch mal die gleiche gehalten und noch mal und noch mal. Bis ich gedacht habe, na gut, jetzt passt's schon.

Nutzen Sie Rituale oder Techniken, um am Ball zu bleiben?
Für mich heißen Rituale Trainings. Ich glaube ganz tief, tief in mir, dass wir alles lernen können, was uns wirklich wichtig ist. Das ist seit meiner Jugend mein Glaubenssatz.

Außerdem habe ich ein persönliches Glaubensbekenntnis, das mich begleitet: Ich glaube, dass Träume mächtiger sind als Tatsachen, dass der Mythos überzeugender ist als die Geschichte, dass die Hoffnung immer über die Erfahrung triumphiert, dass Lachen das beste Heilmittel ist und dass die Liebe stärker ist als der Tod.

Welche Fähigkeiten und Talente haben Sie bei Ihrem Vorhaben unterstützt?
Die Fähigkeit, diszipliniert an einer Sache dranzubleiben. Das war schon während meines Studiums so. Ich war einer der wenigen Studenten, die schon um 6 Uhr aufgestanden sind, um drei Stunden lang zu lernen. Die meisten Studenten waren noch im Bett, da hatte ich mein Tagespensum an Lernen schon erledigt. Ich bin auch heute noch davon überzeugt, wenn ein Student vom ersten bis zum letzten Tag seines Studiums täglich drei Stunden konzentriert lernt, Informationen aufnimmt, sich ein Lernsystem macht, dann wird er mit 1,0 abschließen. Da zweifle ich keinen Moment dran.

Was braucht es, um durchzuhalten und nicht mittendrin aufzugeben?
Was es braucht, ist Selbstdisziplin. Sich einen Plan zu machen und diesen auch einzuhalten. Das habe ich mit meinem jungen Unternehmen dann genau so gemacht, auch wenn ich müde war. Und auch als ich mein Buch geschrieben habe. Da war ich grade bei Kienbaum in der Personalberatung. Nach einem harten Arbeitstag habe ich mich hingesetzt und habe regelmäßig ein bis zwei Stunden daran gearbeitet.

Was waren und sind Ihre stärksten Ressourcen, auf die Sie sich jederzeit verlassen können?
Disziplin, Großzügigkeit, Authentizität.
Mir war es immer wichtig, auf der Bühne kein anderer zu sein als im echten Leben. Dazu gehört, dafür zu sorgen, dass man in seinem eigenen Leben ein Vorbild ist für das, was man werden will. Wenn ich mir vorstelle, wie ich gerne sein möchte, dann bin ich das vielleicht noch nicht – aber ich kann mich mit Vorstellungskraft zu dem Menschen entwickeln und mich immer mehr danach verhalten. Wenn ich zehn Jahre lang so lebe, dann bin ich auch der geworden, der ich sein wollte. Auch wenn ich davor ein anderes Verhaltensmuster durch Prägung und Erziehung hatte, kann ich die Kraft der Vision nutzen, um mich zu meinem Wunschbild zu entwickeln.

Was ist der wichtigste Tipp, den Sie gerne weitergeben würden?
Gib der Welt etwas ganz Besonderes, Einzigartiges: dich selbst. Verwirkliche dich selbst, verwirkliche dein Potenzial, liebe dich selbst. Schenk dich der Welt mit dem, was dich ausmacht.

Hier geht es direkt zum Podcast-Interview mit Stephan Landsiedel

4.6   Übungsteil – Ihren Talenten auf der Spur

Talente-Säule des Zukunftshauses (Illustration: Martina Lauterjung)

Jetzt geht es um Ihre Stärken und Fähigkeiten und woran Sie sie erkennen. Denn Talente sind das, was als Erstes sichtbar wird von uns. Ob wir mal eben die Führung einer Gruppe übernehmen oder uns daran machen, Ordnung zu schaffen, wenn es notwendig ist. Deshalb ermuntere ich Sie, darüber zu reflektieren: Was machen Sie, ohne großartig darüber nachzudenken, einfach mal schnell so nebenbei? Ein guter Indikator für ein Talent ist übrigens auch, wie Sie in fremden Umgebungen reagieren. Vielleicht verspüren Sie den Impuls, etwas zu verändern, oder denken sich, das würde ich aber anders machen, das wäre doch auf diese oder jene Weise viel klüger. Das alles sind Hinweise auf Ihre Talente und Potenziale.

Die Vorgehensweise ist dieselbe wie bei den Werten. Schritt für Schritt nähern Sie sich Ihrer Essenz.

Schritt 1 – Sammeln

Im ersten Schritt sammeln Sie alles, was Ihnen zu den nachfolgenden Fragen einfällt, ohne sich dabei zu beschränken. Schreiben Sie einfach alles auf.

- Was kann ich gut?
- Bei welchen Dingen werde ich öfter um Hilfe gebeten?
- Was fällt mir leicht beziehungsweise geht mir leicht von der Hand?
- Wofür werde ich von anderen bewundert? (Gemeint ist nicht Ihr schickes Auto!)
- Bei welchen Gelegenheiten verspüre ich den Impuls, Dinge ändern zu wollen, und habe auch schon Ideen dazu?

Hier habe ich wieder ein paar Beispiele zusammengestellt:

- Das kann ich gut: kochen, schreiben, Menschen begeistern.
- Bei diesen Dingen werde ich öfter um Hilfe gebeten: Konflikte klären, bei Fragen, wie man mit Pflanzen umgeht.
- Das fällt mir leicht: improvisieren, zuhören, Menschen verbinden.
- Dafür werde ich von anderen bewundert: gute Laune, meine langjährige Beziehung, die Fähigkeit, mir so viele Witze merken und sie gut erzählen zu können, meine Kreativität.
- Bei diesen Gelegenheiten verspüre ich den Impuls, Dinge ändern zu wollen, und habe auch schon Ideen dazu: immer dann, wenn ich das Gefühl habe, dass man etwas vereinfachen könnte.

Nutzen Sie ruhig Ihr Umfeld, um die Punkte, die Sie gefunden haben, zu überprüfen. Meistens ist es so, dass wir noch weitere Fähigkeiten ergänzen können, weil wir zu bescheiden sind oder sie in der Tat nicht wahrnehmen.

Schritt 2 – Talente erkennen

Welche Talente stecken hinter den einzelnen Aussagen? Das ist die Aufgabe, die es jetzt zu erledigen gilt bei den Dingen, die Sie nicht konkret benannt haben. Welche Stärke beziehungsweise welche Fähigkeit ist damit gemeint?

Hier wieder ein Beispiel, wie Sie vorgehen können:

Meine Formulierung	Mein Talent
Wie ich mit Pflanzen umgehe	Grüner Daumen, Gespür für Pflanzen und Blumen
Gute Laune	Selbststeuerung
Die Fähigkeit, mir Witze zu merken und sie gut zu erzählen	Humor und Merkfähigkeit
...	...

Schritt 3 – Bewerten

In welchem Ausmaß nutzen Sie Ihre Talente heute schon und welche davon wollen Sie in Zukunft ausbauen?

Auch hier wieder ein Beispiel für Sie:

Talent	Bewertung – so ist es heute	Bewertung – so hätte ich es gerne in Zukunft
Gespür für Pflanzen und Blumen	7	7
Reden halten	3	9
Humor und Merk-fähigkeit	6	9
...	...	...

Machen Sie diese Bewertung für alle Talente, die Sie gefunden haben.

Schritt 4 – Auswählen

Schauen Sie sich die Punkteskala an und kreisen Sie die fünf Talente ein, die eine besonders hohe Bewertung für die Zukunft erhalten haben.

Schritt 5 – Bedeutung

Schreiben Sie hier auf, wieso dieses Talent eine hohe beziehungsweise eine höhere Bewertung erhalten hat. Das klärt Ihre Sehnsucht dahinter.

Meine Talente	Wieso ist mir das wichtig?	Wie möchte ich dieses Talent zukünftig in mein Leben integrieren?
Reden halten Humor und Merkfähigkeit	Ich möchte mein Wissen humorvoll weitergeben	Bühnen finden und humorvolle Vorträge anbieten. Diese Fähigkeit mehr nutzen, um Konflikte zu lösen. Impro-Theater machen

Schritt 6 – Übertragen

Übertragen Sie nun die fünf wichtigsten Talente in die entsprechende Säule.

4.7   Die Freude als Gesunderhalter

Kennen Sie das Buch „Big Five for Life" von John Strelecky (2011)? Der Protagonist fragt sich immer wieder: „War das heute ein guter Museumstag?"

Was meint er damit? Stellen Sie sich vor, Sie sind am Ende Ihres Lebens und haben die Möglichkeit, durch Ihr eigenes Museum zu gehen und Ihr Leben durch Bilder, Gegenstände und vielleicht sogar Filme Revue passieren zu lassen. Was sehen Sie? Sind Sie fröhlich gestimmt, wenn Sie durch Ihr Museum gehen? Erfreuen Sie sich an dem, was Sie da sehen? Ist es eine Sammlung, die Ihr Herz aufgehen lässt und berührt? Oder haben Sie eher das Gefühl, dass da viel Schwere ist, die Sie traurig macht und runterzieht? In diesem Museum wird nichts geschönt, sondern alles dargestellt, was Sie erlebt haben in Ihrem Leben.

Wenn Sie auf ein Museum schauen wollen, das Sie erheitert und mit Stolz erfüllt, dann hat das ganz viel mit Freude zu tun. Was sind die Dinge, Taten und Begebenheiten, die Ihnen Freude bereiten? Wann sind Sie begeistert? Darum kümmern wir uns mit dieser Säule Ihres Zukunftshauses. Wenn Sie schon recht im Einklang mit sich selbst leben, dann werden Sie einige Überschneidungen zwischen Ihren Freuden und Talenten entdecken. Aber nicht jedes Talent ist eine Freude und nicht jede Freude ist ein Talent. Ich zum Beispiel singe und tanze sehr gerne, aber es sind keine Talente von mir. Andere Dinge kann ich einfach besser. Dennoch bringen mich Gesang und Tanz stark ins Hier und Jetzt und lassen mich den Augenblick genießen – in jedem Fall etwas für mein Museum!

4.7.1 Im Kontakt mit mir

Bei Freude geht es allerdings nicht nur um den Freizeitbereich, sondern auch um das, was Ihren Tagesrhythmus bestimmt. Auf was freuen Sie sich, wenn Sie in den Tag starten? Welche Dinge sind es, die Ihnen bei der Arbeit Spaß machen? Wie stellen Sie sicher, genug davon im Alltag zu leben? Wenn Sie davon zu wenig haben, dann kann es sein, dass sich das Leben schal anfühlt. Als ob jemand den Stecker gezogen hätte und Ihnen die Lebensfreude ausgeschaltet hat.

Wir wissen mittlerweile, dass ein wichtiger Bestandteil unseres inneren Wohlergehens die Schaffensfreude ist. Zur Schaffensfreude gehört es, sich einzulassen auf eine

Sache und sich die Zeit zu nehmen, sich wirklich zu vertiefen und mit Hingabe dabei zu bleiben. Das geschieht immer seltener. Ich glaube, es ist ein Phänomen unserer Zeit, dass wir uns durch zu viele Termine, Verlockungen, E-Mails, Verpflichtungen etc. ablenken lassen. Die Vielfalt unserer Welt macht uns buchstäblich zu schaffen, wir haben Angst, etwas zu verpassen. FOMO (Abkürzung für den englischen Begriff „fear of missing out") nennt man diesen Zustand, der in Wikipedia wie folgt beschrieben wird: „Die Angst, etwas zu verpassen, ist eine Form der gesellschaftlichen Beklemmung/Angst/Besorgnis. Das Phänomen beschreibt die zwanghafte Sorge, eine soziale Interaktion, eine ungewöhnliche Erfahrung oder ein anderes befriedigendes Ereignis zu verpassen und nicht mehr auf dem Laufenden zu bleiben. Dieses Gefühl geht besonders mit modernen Technologien wie Mobiltelefonen und sozialen Netzwerken einher bzw. wird von diesen verstärkt."

Wir sind Getriebene geworden und treiben uns selbst. Deshalb ist das Zukunftshaus so wertvoll. Wenn Sie für sich, und nur für sich, festgelegt haben, was Ihnen wichtig ist und Freude bereitet, dann können Sie auch leichter entscheiden, was Sie weglassen wollen. Es fokussiert, ohne einzuengen, und bringt Sie mit Ihrer Essenz in Berührung.

4.7.2 Vom Müssen zum Wollen

Für Freude können wir uns aktiv entscheiden, wenn wir auf unsere Worte achten. Wenn wir immer „müssen", dann machen wir uns eine Menge Druck. Ich „muss noch" einkaufen gehen, kochen, den Sohn zur Geburtstagsparty fahren, ins Büro gehen. Wer hat Ihnen das befohlen? Für die meisten Dinge haben wir uns entschieden. Nehmen wir mal an, Sie wollen ein leckeres Essen auf dem Tisch haben – dazu gehört dann wahrscheinlich, dass Sie vorher einkaufen und kochen, oder? Was würde passieren, wenn Sie mal keine Lust haben, einzukaufen? Vielleicht würden Ihre Kinder dann maulen. Ihr Partner könnte enttäuscht oder verärgert sein. Es hätte also Konsequenzen. Und weil Sie die nicht wollen, fahren Sie einkaufen und kochen für alle. Wenn Sie sich das klargemacht haben, dann wissen Sie plötzlich: „müssen" tun Sie die wenigsten Dinge. Deswegen empfehle ich Ihnen, das Wort entweder einfach wegzulassen oder durch „wollen" zu ersetzen: „Ich will noch einkaufen gehen" klingt doch ganz anders. Außerdem sind Sie dann selbstbestimmt, und das ist viel freudvoller, als im Müssen-Modus durch den Tag zu hetzen.

Ich empfehle übrigens auch Teams, wenigstens für einen Tag das Wort MÜSSEN aus ihrer Kommunikation zu streichen. Was meinen Sie, fällt das leicht? Nein. Tut es nicht. Wir sind es so gewohnt „zu müssen", dass wir es noch nicht einmal mehr merken. Spannend ist es, wenn wir das an einem Workshop-Tag vereinbaren, wo jeder auf den anderen achtet. Die ersten zwei Stunden gibt es ständig Unterbrechungen, weil das Wort müssen so oft fällt. Und am Abend stellen die Teilnehmer dann fest, wie wohlwollend die Atmosphäre geworden ist und wie leicht und selbstbestimmt es sich plötzlich für einen selbst anfühlt, wenn einfach nur auf das Wörtchen müssen verzichtet wird. Probieren Sie es doch mal an Ihrem Arbeitsplatz oder in Ihrer Familie aus. Sie werden erstaunt sein.

Es gibt noch eine Aussage, die ich sehr häufig höre und die uns Druck macht, uns aber nicht in Bewegung bringt: „man sollte mal …", oder noch besser „wir müssten mal …". Das passiert mir und meinem Mann auch hin und wieder. Besonders wenn es um ungeliebte Aufgaben geht. „Wir sollten mal den Keller aufräumen …" Wenn wir uns dabei ertappen, lachen wir jedes Mal herzlich. Entweder wir parken die Idee dann bewusst oder wir packen miteinander eine Stunde lang an und sind begeistert, was wir in dieser kurzen Zeit alles geschafft haben. Es macht also Freude, aus dem „wir sollten mal" ein „wir tun es jetzt" zu machen oder die Idee bewusst zu streichen und ehrlich zu sagen, dass uns das jetzt nicht so wichtig ist wie etwas anderes.

4.7.3 Sinnvolles Tun

Oft glauben wir, wenn wir uns in einer Art Dauerurlaub befinden würden, ginge es uns richtig gut. Spaß und Freude den ganzen Tag. Vielleicht stimmt das für eine gewisse Zeit, bis wir wieder Energie gesammelt haben, aber dann wird der Müßiggang langweilig. Wir wollen wieder etwas tun. Wollen uns mit etwas Sinnvollem beschäftigen. Etwas, bei dem wir uns spüren. Dazu kann es gehören, Sport zu machen, sich einer Herausforderung zu stellen oder bei etwas mit anzupacken. Je nachdem, welcher Typ Sie sind, kann es sein, dass Sie die höchste Freude aus der Begegnung mit anderen Menschen ziehen beziehungsweise wenn Sie für oder mit anderen etwas bewegen. Es ist deshalb nicht verwunderlich, dass sich viele Menschen im Ehrenamt engagieren. Es fördert unser Gefühl von Freude und macht uns zufriedener. Vielleicht ist Ihnen auch schon aufgefallen, dass Menschen, die sich sozial engagieren, meist sehr geerdet sind und wenig jammern. Manchmal kann so ein Engagement auch helfen, Durststrecken und Krisen im Leben zu überwinden. Ich kann mich gut erinnern, dass wir in unserem Chor einmal ein großes Jubiläumskonzert ausgerichtet haben. Einer unserer Sänger war damals gerade arbeitslos. Er hat sich besonders für dieses Projekt engagiert und viel Planungs- und Koordinationsarbeit übernommen. Viele Male hat er danach erklärt, dass ihm die Arbeit für das Jubiläum geholfen hat, seine Freude und sein Selbstwertgefühl zu erhalten, weil er sich sonst sehr bedauert hätte und es möglicherweise viel schwerer geworden wäre, eine neue Stelle zu finden. Daher kann ich Ihnen nur empfehlen: Bringen Sie sich ein und engagieren Sie sich. Menschen, die ein großes und stabiles soziales Netzwerk haben, empfinden mehr Freude als solche, die sehr zurückgezogen sind.

Auch bei unserer Arbeit wollen wir Sinn verspüren, es verstärkt die Freude ungemein. Je jünger die Menschen sind, die in die Unternehmen kommen, umso selbstverständlicher ist für sie der Anspruch, Sinn erleben zu wollen. Es muss für sie Sinn machen, damit sie sich mit Spaß und Begeisterung einbringen. Ich finde diese Forderung sehr berechtigt. Sie hilft damit auch Firmen, neben der Pflicht das große Ganze und die Freude in den Mittelpunkt zu rücken. Und das geht besonders gut, wenn wir wissen, wofür wir etwas tun und das Gefühl von Beteiligung auf der einen Seite und der Gestaltungsmöglichkeit auf der anderen Seite haben. Interessant dabei ist der Effekt: Unternehmen, die darauf achten, haben weniger Krankheitsfälle, kreativere Teams, mehr Spaß und letztendlich eine höhere Produktivität. Ich kann Sie also nur ermuntern, auch bei Ihrer Arbeit auf diese Komponente zu achten und wenn notwendig, diese einzufordern.

4.7.4 Raum und Zeit vergessen

Wenn Talent und Freude zusammenkommen, sind wir ganz nah an unserem Genie, und die Dinge, die wir anpacken, werden richtig gut. Menschen spüren die Freude, die wir an unserem Tun haben – die Sache wird zur Leidenschaft und wir werden zu Überzeugungstätern. Es ist wie eine Potenzierung des Talents, und dadurch kann etwas Exzellentes entstehen.

Es gibt viele Wege, seiner Vision näher zu kommen. Am schönsten und inspirierendsten ist es sicher, mit Lust und Leidenschaft dorthin zu gelangen. Und das heißt, im Tun aufzugehen. Sabine Asgodom hat in diesem Zusammenhang gesagt: „Ich habe es einfach gemacht." Ein wichtiger Faktor für diesen Weg besteht darin, auf das eigene Bauchgefühl zu hören und den Spaß bei der Sache ebenso gelten zu lassen wie rationale Gründe. Es ist mittlerweile erwiesen, dass wir mit Spaß sehr viel kreativer und leistungsfähiger sind als ohne.

Auf etwas Lust zu haben und sich dann auch zu gestatten, dem nachzugeben, ist schon fast die hohe Kunst des Lebens. Gerade in unserem Kulturkreis gehört das nicht zu den Tugenden. Fleiß, Disziplin, Notwendigkeit – das sind eher die Maßstäbe und Werte, die wir üblicherweise ansetzen.

Dass Lust sein darf, besonders bei der Arbeit, lernen wir gerade erst. Umso schöner, dass es Vorbilder gibt, die genau das angetrieben hat, ein florierendes Business aufzubauen. Viele meiner Interviewpartner haben sich davon leiten lassen.

Wenn wir uns vollkommen einlassen und Raum und Zeit vergessen, entsteht Flow. Wir erleben dieses Gefühl sehr intensiv, wenn wir etwas zum ersten Mal tun und aus der üblichen Routine ausbrechen. Manchmal reicht dazu übrigens eine kleine Veränderung des Üblichen. Probieren Sie etwas Neues aus und machen zum Beispiel Ihre Besorgungen mal mit dem Fahrrad statt mit dem Auto. Das fördert die Freude ungemein.

Wann empfinden wir Stolz? Wenn wir Herausforderungen meistern, uns aus der Komfortzone bewegen, uns trauen, etwas Unbekanntes auszuprobieren. All das braucht unsere hundertprozentige Aufmerksamkeit und katapultiert uns fast automatisch ins Hier und Jetzt und somit in den Flow. Das funktioniert allerdings nur, wenn wir uns nicht überfordern, sondern fordern. Bei mir persönlich funktioniert das perfekt. Ich stelle mich gerne Herausforderungen oder Unbekanntem. Zunächst habe ich Respekt vor der Aufgabe und frage mich schon mal, wieso ich mir das antue. Aber ich kenne ja den Lohn. Das Gefühl der tiefen Freude, das mich hinterher erfüllt, ist es wert, sich immer und immer wieder auf den Weg zu machen. Es treibt mich an, macht mich stolz und lässt mich mutig den nächsten Schritt wagen.

Wenn Sie Flow und Freude erleben wollen, dann empfehle ich Ihnen: Betreten Sie häufiger Neuland. Wenn das Leben in zu vielen Routinen versinkt, wird das Erleben von Freude immer seltener und ein Tag gleicht auch immer mehr dem anderen. Übrigens haben wir dann auch das Gefühl, das unser Leben viel zu schnell an uns vorbeifließt. Es fehlt die Erstmaligkeit, die garantiert, dass wir uns an etwas intensiv erinnern. Gretchen Rubin, die Autorin des Buches „Das Happiness-Projekt", hat sich ein ganzes Jahr lang ihrer Freude und Zufriedenheit gewidmet. Jeden Monat hat sie sich mit einer konkreten Sache beschäftigt, ist viele neue Wege gegangen und hat viele neue Erfahrungen gesammelt. Als Fazit dieses Jahres hat sie am Ende ihres Buches geschrieben: „Das Jahr ist vorbei und ich bin wirklich glücklicher" (Rubin 2010).

4.8   Mach's einfach – Sabine Asgodom

Kennen Sie den Satz: „Wir sind Wissensriesen, aber Umsetzungszwerge"? Ich kann dem uneingeschränkt zustimmen. Ganz häufig höre ich bei Coachings und in Workshops: „Ich muss noch ganz viel lernen, bevor ich in dem Bereich durchstarten kann." Die meisten müssen fachlich aber gar nichts mehr dazulernen, das einzige, was sie tun müssen, ist starten, sich trauen und loslegen. Wir sind bewaffnet bis an die Zähne mit Ausbildungen, Fortbildungen und sonstigem Wissen. Dieses ewige Warten auf den perfekten Zeitpunkt raubt uns die Freude am Tun und Ausprobieren. Ergreifen Sie die Chancen, die Ihnen das Leben bietet, so wie Sabine Asgodom.

Kurz nachdem mein Mann und ich uns mit der Beratungsfirma ArtVia net.consult selbstständig gemacht hatten, bin ich zu einem Vortrag des Marketing Clubs München gegangen. Sabine Asgodom war angekündigt und der Saal war brechend voll. Gehört hatte ich schon viel von ihr, vor allem von ihren Büchern. Selbst-PR war das Thema, und das konnten wir grade gut brauchen in unserer Anfangsphase. Von der ersten bis zur letzten Minute hat mich diese kluge Frau begeistert mit ihrer alltagstauglichen Weisheit, ihrem Humor und ihrer Menschlichkeit. Viele Jahre später sind wir uns wieder begegnet, und sie hat mich sofort wieder fasziniert und berührt. Sie ist eine Frau, die aus den Chancen, die ihr das Leben bietet, etwas macht. Sie hat mit knapp 60 sogar noch eine Coaching-Akademie gegründet und ein eigenes Parfum herausgebracht. Eine unglaublich inspirierende Frau, der alles zu gelingen scheint und die immer wieder Neues wagt.

Interview mit Sabine Asgodom – vielfache Best-sellerautorin, Coach und Managementtrainerin. Inhaberin der Asgodom Coach Akademie

Nimm das, was ist, und mach dein Leben draus.

Hatten Sie einen Traum, eine Vision, die Sie verwirklichen wollten?
Nicht bewusst. Ich bin nicht durch die Welt gelaufen und habe gesagt: Oh, ich hab da noch einen Traum, den ich ver-wirklichen möchte. Ich bin anders gestrickt. Ich habe Dinge getan, die sich mir eröffnet haben. Ich bin fest davon über-zeugt, dass unser Leben ganz viele Chancen bietet, und ich habe sie ergriffen.

Ich habe mit 13 angefangen, Gedichte zu schreiben, und dann habe ich ein Gedicht an die Schaumburger Zeitung, unsere Heimatzeitung, geschickt. Und die haben das Gedicht veröffentlicht. Darunter stand mein Name, was mir gut gefallen hat: Sabine Kynast, 13 Jahre. Und das Gedicht war so, wie ich auch heute noch bin: heiter!

Schreiben, Gedanken und Gefühle ausdrücken, das war einfach in mir. Der Umgang mit Sprache war mein Thema. Ich wusste schon immer, dass ich gut schreiben kann, und bald habe ich herausgefunden, dass ich auch gut reden kann. Und dann habe ich angefangen, meine ersten Seminare zu machen, nebenbei. Ich habe ganz viel neben-bei gemacht. Das gehört für mich auch zum Umsetzen von Träumen und Visionen: Tue es!

Nicht kündigen und einen Plan machen: Wie werde ich mal eine große Rednerin? Das halte ich für völlig irre. Ich wundere mich über Menschen, die so an solche Berufe herangehen. Ich bin das nicht. Ich habe es einfach gemacht. Ich wurde gefragt, ob ich ein Seminar mit einem Kollegen zusammen machen will – das war wieder so eine Gelegenheit. Ja, mach ich, hab ich gesagt, und an ein paar Abenden entwickelt, was ich da machen werde. Dann hab ich das Seminar gehalten. Und so hab ich es immer in meinem Leben gemacht. Ich habe es einfach getan.

Gibt es ein Schlüsselerlebnis auf dem Weg zum Erfolg für Sie?
Ich erinnere mich an ein Erlebnis. Ich war als 25-jährige Journalistin im Kriegsgebiet in Eritrea. Die Eritreer haben einen Befreiungskampf gegen die Äthiopier geführt. An einem Tag waren zwei weitere Frauen und ich in einem einsamen Tal im Sahel, um uns ein Krankenhaus an einem Stützpunkt anzusehen. Wir saßen in diesem Tal in so einem weißen Zelt, und plötzlich kommt unser Guide und sagt, wir müssen aufpassen. Migs, also Kampfflugzeuge, sind im Anmarsch, und wir werden beschossen werden. Wir sollen in diesem Zelt sitzen bleiben und sollen uns die Finger in die Ohren stecken und den Mund offenlassen, damit uns das Trommelfell nicht platzt, wenn eine Rakete in der Nähe reinkracht. Wir saßen da auf unseren Pritschen, und in diesem Augenblick hat sich was verändert. Ich hatte plötzlich keine Todesangst mehr. Im Nachhinein glaube ich, dass dies die Sekunde der Angstlosigkeit in meinem Leben geworden ist. Ich habe keine Angst, dass ich morgen sterbe, keine Minute, weil ich lebe, wie ich leben will.

Die Erkenntnis für mich: Es kann in jeder Sekunde vorbei sein. Du kannst hier und jetzt tot umfallen.

Und deswegen sehe ich mit großer Traurigkeit, wie Menschen planen und planen, und dann fallen sie tot um. Und ich denke, das ist der falsche Weg. Nimm das, was ist, und mach dein Leben draus.

Ich mache, was ich machen will. Und manchmal mögen Menschen das nicht, aber ich tu's. Und ich habe niemals das Gefühl, hätt ich doch, wär ich doch, und das finde ich faszinierend. Das gibt große Freiheit. Ich bin eine Frau, die sich selbst erfunden hat, mehrfach sogar!

Welche Fähigkeiten und Talente haben Sie bei Ihrem Vorhaben unterstützt?
Die Dinge so hinzunehmen, wie sie sind. Es gibt einen klugen Satz, der heißt: Jammere nicht über das, was du verloren hast, sondern freue dich über die Zeit, in der du es gehabt hast. Und ich glaube, so bin ich.

Was braucht es, um durchzuhalten und nicht mittendrin aufzugeben?
Risikobereitschaft angesichts des Wissens, es könnte schiefgehen. Also einen klaren Blick. Es gibt von dem amerikanischen Professor Snyder den Begriff des High Hopers, und ich bin ein High Hoper. Also diese Zuversicht: Ich kriege das hin. High Hoper heißt ja nicht, sich zurückzulehnen und zu hoffen, dass es gut geht, sondern die Zuversicht zu haben, dass es sich lohnt, mich mit voller Kraft einzusetzen. Und dieses Bild gefällt mir gut.

Und es braucht noch etwas: große Hoffnung! Ricarda Huch, deutsche Schriftstellerin, hat schon vor 200 Jahren etwas Zauberhaftes gesagt: „Um wirklich glücklich zu sein, braucht der Mensch Menschen, die er liebt, eine Aufgabe und eine große Hoffnung." Mehr braucht es nicht. So einfach kann es sein. Ich habe diesen Satz vor 20 Jahren gelesen, und ich wusste, das ist mein Satz.

Was hat Sie auf Ihrem Weg begeistert?
Ich habe grandiose Menschen getroffen. Oft Coaching-Kunden – was die alles können! Wie viel in Menschen steckt, das begeistert mich. Das rauszukitzeln und dann zu sehen, was die damit machen – umwerfend! Menschen begeistern mich.

Was sind Ihre wichtigsten Werte?
Selbstbestimmtes Leben, Gerechtigkeit, Freiheit, Freude.

Was ist der wichtigste Tipp, den Sie gerne weitergeben würden?
Tu's. Mach's einfach. Und dazu passt der Spruch aus meiner Coaching-Sendung: Mach's einfach, und dann mach's einfach. Wir machen es uns oft so mörderschwer. Ich sage oft, probiere es aus, mach den ersten kleinen Schritt, und dann schau mal, was passiert. Und dann mach weiter, und du wirst merken, es ist alles beherrschbar.

Hier geht es direkt zum Podcast-Interview mit Sabine Asgodom

4.9   Übungsteil – Ihre Freuden aktiv wahrnehmen

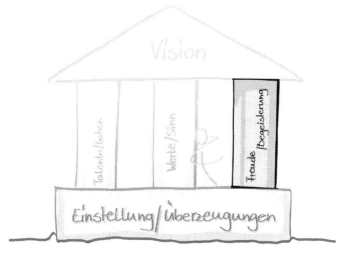

Freude-Säule des Zukunftshauses (Illustration: Martina Lauterjung)

Freude steht uns meist ins Gesicht geschrieben: Wir wirken entspannt, begeistert und sind gut gelaunt. Freude kann voller Aktivität oder ganz still sein. Spüren Sie hin: Was ist es, was Sie erfreut, begeistert und Sie vielleicht sogar Zeit und Raum vergessen lässt?

Es macht übrigens nichts, wenn Sie ähnliche Begriffe bereits bei Ihren Talenten finden. Eher im Gegenteil: Je mehr Deckungen sich ergeben, desto höher ist die Wahrscheinlichkeit, dass Sie diese Dinge bereits leben und öfter mit leuchtenden Augen unterwegs sind als andere. Jörg Löhr, Persönlichkeits- und Managementtrainer, bestätigt das: „Der Spaß an einer Sache und die Begeisterung für eine Sache sind Indikatoren für die Beteiligung von Talenten, weil uns Freude macht, was uns leicht fällt."

Mit der Vorgehensweise bei der Übung sind Sie schon vertraut, denn sie ist wie bei den letzten beiden Säulen. Schritt für Schritt nähern Sie sich dem an, was Ihr Herz innerlich hüpfen lässt.

Schritt 1 – Sammeln

Jetzt geht es wieder darum, zu sammeln, was Ihnen zu den nachfolgenden Fragen einfällt, ohne sich zu beschränken. Schreiben Sie einfach alles auf.

- Was gibt mir Energie?
- Was vermittelt mir ein gutes Gefühl?
- Bei welchen Aktivitäten vergesse ich Zeit und Raum?

Versuchen Sie, auf jede dieser Fragen so viele Antworten wie möglich zu finden.

Hier habe ich wieder ein paar Beispiele von meinen Klienten zusammengestellt:

- Das gibt mir Energie: Austausch mit Freunden, in der Natur sein.
- Das vermittelt mir ein gutes Gefühl: für andere da zu sein, Musik machen, Laufen gehen.

- Bei diesen Aktivitäten vergesse ich Zeit und Raum: beim Schreiben und Malen, wenn ich im Garten bin und mich um meine Pflanzen kümmere.

Wenn Ihnen die Beantwortung der Fragen erst einmal schwerfällt, dann beobachten Sie sich eine Woche lang. Mithilfe der Fragen können Sie dann jeden Abend Bilanz ziehen und die gefundenen Dinge aufschreiben. Sie werden erstaunt sein, wie viele Punkte Sie finden.

Schritt 2 – Bewerten
Welche Freude hat heute schon Platz in Ihrem Leben? Wovon wollen Sie in Zukunft mehr haben?

Auch hier wieder ein Beispiel:

Freude	Bewertung – so ist es heute	Bewertung – so hätte ich es gerne in Zukunft
In der Natur sein	3	5
Musik machen	6	7
...	...	...
...	...	...

In diese Liste tragen Sie bitte alle Freuden ein, die Sie gefunden haben.

Schritt 3 – Auswählen
Schauen Sie sich die Punkteskala an und kreisen Sie die fünf Freuden ein, die eine besonders hohe Bewertung für die Zukunft erhalten haben.

Schritt 4 – Bedeutung
Schreiben Sie hier auf, wieso diese Freude Ihnen so wichtig ist und wie Sie dieser Freude in Zukunft mehr Raum geben können. Das klärt die Bedeutung Ihrer wichtigsten Kraftquellen.

Meine Freude	Was genau heißt das für mich?	Wie will ich das in Zukunft leben?
In der Natur sein/ Laufen	Bewegung im Freien gibt mir Energie und macht mich ruhig. Dadurch schaffe ich einen guten Ausgleich zu meinem Alltag und tue gleichzeitig etwas für meine Gesundheit	Ich schließe mich einem Lauftreff an Am Wochenende gehe ich am frühen Morgen laufen
…		

Schritt 5 – Übertragen

In die Freudesäule in Ihrem Zukunftshaus tragen Sie nun Ihre Auswahl ein.

4.10 Die Wirkung der gelebten Säulen

Jetzt sind alle Säulen gefüllt und Sie können schon ein erstes Bild Ihres Hauses wahrnehmen. Sie wissen nun, was Ihnen wichtig ist, was Sie gut können, was Sie nutzen wollen und welche Freuden in Ihrem Leben nicht fehlen dürfen.

Vielleicht geht es Ihnen jetzt auch schon so wie vielen meiner Klienten, wenn dieser Schritt abgeschlossen ist: Sie fühlen sich sicherer und treten anders auf. Die Auseinandersetzung mit den einzelnen Säulen bringt viel Klarheit, die Sie und auch andere spüren. Einmal prägt es das eigene Innenbild, denn mit den erarbeiteten wichtigsten Talenten, Werten und Freuden haben Sie Handlungsrahmen und Entscheidungshilfen für sich geschaffen. Das gibt viel Sicherheit, Motivation und Vertrauen in die eigenen Fähigkeiten.

Aber auch unser Umfeld wird es merken. Es passiert nicht selten, dass mir meine Klienten erzählen, dass ihre Familie, Freunde oder auch Kollegen sie anders wahrnehmen. Sie wirken kompetenter, oft gelassener und überzeugender.

Eine Klientin war mitten in einem Bewerbungsprozess, als wir gestartet haben, ihr Zukunftshaus zu bauen. Sie kam zu mir, weil sich alles so mühsam anfühlte. Sie hat sich bei den Bewerbungsgesprächen extrem unwohl gefühlt und oft nicht gewusst, was sie auf die Fragen der Recruiter antworten soll. Als wir ihre Säulen erarbeitet hatten, konnte ich schon an ihren leuchtenden Augen sehen, dass sie sich viel besser fühlte. Aber nicht nur das, sie hatte plötzlich eine andere Haltung. „Jetzt weiß ich glasklar, was ich will und wo ich mich mit Sicherheit nicht mehr bewerben werde. Ist ja kein Wunder, dass mir das so schwergefallen ist. Ich hab ja gar nicht mehr gewusst, wer ich bin und was mich ausmacht." Als sie dann zur nächsten Sitzung kam, hatte sie ihren Traumjob schon fast in der Tasche. Es fehlte nur noch der Vertrag.

Die Erkenntnis dahinter ist eigentlich ganz einfach: Wenn ich genau weiß, was ich will und brauche, dann kann ich mich auch darum kümmern. Und das hat meine Klientin getan.

Ich wünsche Ihnen, dass Sie die Kraft Ihrer Säulen auch bereits spüren und nun mit viel Entdeckerfreude an die nächsten Schritte gehen.

Literatur

Dweck C (2011) Selbstbild: Wie unser Denken Erfolge oder Niederlagen bewirkt, 3. Aufl. Piper Verlag, München

Rubin G (2010) Das Happiness-Projekt: Oder: Wie ich ein Jahr damit verbrachte, mich um meine Freunde zu kümmern, den Kleiderschrank auszumisten, Philosophen zu lesen und überhaupt mehr Freude am Leben zu haben. Fischer, Frankfurt a. M., S 366

Senftleben R (o. J.) Wie finde ich heraus, was mir wichtig ist? http://www.zeitzuleben.de/wie-finde-ich-heraus-mir-wichtig-ist/. Zugegriffen: 30. Nov. 2021

Strelecky J (2011) The Big Five for Life: Was wirklich zählt im Leben, 6. Aufl. Deutscher Taschenbuch Verlag, München

Literaturempfehlung

Asgodom S (2020) Queen of fucking everything: So bekommst du das großartige Leben, das zu dir passt. Deutscher Taschenbuch Verlag, München

Arbeitsblätter

www.silvia-ziolkowski.de/bonusmaterial-zukunftshaus

5

Das Fundament

Kennen Sie den Ausdruck: „Das ist auf Sand gebaut"? Damit ist gemeint, dass etwas keine stabile Grundlage hat. Das ist auch für Ihr Zukunftshaus entscheidend. Wenn die Grundlage instabil ist, das Fundament nichts taugt, dann droht Ihr Haus zu kippen. Somit sind wir jetzt an dem Punkt angelangt, der für das Gelingen unseres Vorhabens am wichtigsten ist. Wenn das Fundament stabil ist, kann obendrüber schon mal der Sturm wehen; das wird weder den Säulen noch dem Dach etwas anhaben können.

Im Grunde wissen wir, dass es eine vernünftige, tragfähige Basis braucht, um durchzustarten. Für uns ist diese Basis das eigene Selbstwertgefühl, das sich in unserer Haltung, Einstellung und unseren Überzeugungen widerspiegelt. Was denke ich über mich? Wie spreche ich mit mir? Aber auch, was denke ich von den anderen? Mit welchen Gedanken bin ich unterwegs, und was darf sich in meinem Kopf einnisten? Auch wenn der Kopf ganz oben sitzt, so ist er doch die Basis für alles. „Gewonnen

© Springer Fachmedien Wiesbaden GmbH, ein Teil von Springer Nature 2022
S. Ziolkowski, *Bau Dir Deine Zukunft*,
https://doi.org/10.1007/978-3-658-37033-6_5

und verloren wird zwischen den Ohren", soll der Tennis-spieler Boris Becker nach einem Spiel einmal gesagt haben. Und ich bin überzeugt, dass das stimmt. Hier entscheidet es sich, ob ich auf der Siegertreppe stehe oder ewig auf der Zuschauerbank sitze und den anderen beim Leben zuschaue.

Dieser Siegerwille hat sehr viel mit unserem eigenen Selbstwertgefühl zu tun. Die Verhandlungsexpertin Claudia Kimich nimmt das Wort gerne auseinander, um noch deutlicher zu machen, was sich dahinter verbirgt: Selbst – Wert – Gefühl (vgl. Kimich 2015). Es ist eine Macht, die mit Ihnen als Person zu tun hat, mit dem Wert, den Sie sich selbst geben, und Ihren Gefühlen dazu. Wussten Sie, dass das Gelingen eines Vorhabens zu 80 % von einem ungebrochenen Selbstwertgefühl abhängt? Als ich das das erste Mal gehört habe, war ich verblüfft: „80 %! Du lieber Himmel. Kann das stimmen?" Doch je länger ich darüber nachdachte, desto einleuchtender war diese Erkenntnis für mich. Es ist weniger der eiserne Wille, der uns zu Siegern macht, als vielmehr die Art von Gedanken, die uns begleiten. Ich kann mich gut erinnern, wie sehr mich früher kleine verbale Ausrutscher getroffen haben, und wie oft ich geglaubt habe, andere seien viel klüger, besser, richtiger als ich. Ich war ein Meister im Beleidigtsein und im Interpretieren. Interpretiert habe ich besonders dann, wenn mir selbst ein Ausrutscher passiert war.

Bis heute ist mir eine Situation im Gedächtnis geblieben, die mir vor vielen, vielen Jahren den ganzen Weihnachtsurlaub verhagelt hat. Auf der Weihnachtsfeier unseres Unternehmens habe ich einem Kollegen gegen-über einen flapsigen, nicht sehr charmanten Satz von mir gegeben, den ich, direkt nachdem er meinen Mund ver-lassen hatte, gerne zurückgenommen hätte. Ging aber nicht mehr, war ja schon draußen. Mein Kollege hat mich dann auch entsprechend angesehen, den Kopf geschüttelt und sich abgewandt, ohne ein Wort zu sagen.

Im Weihnachtsurlaub habe ich dann durchgehend gelitten und mir zig Varianten überlegt, wie ich die Sache jetzt sagen würde und wie ich mich entschuldigen werde. Der Druck und das schlechte Gewissen deswegen begleiteten mich die ganze Zeit. Eigentlich wollte ich im Weihnachtsurlaub ein Konzept für eine Marketingoffensive entwerfen. Leider war ich zu sehr damit beschäftigt, die Situation zu interpretieren, mich schlecht zu fühlen und mich zu beschimpfen, sodass ich nichts zu Papier brachte. Gruselig. Vor meinem ersten Arbeitstag war mir sogar richtig schlecht, weil ich mir in den wildesten Farben ausgemalt hatte, was passieren würde. Doch was soll ich sagen: Nichts ist passiert. Der Kollege hatte den Zwischenfall längst vergessen und meinte: „Auf so einer feuchtfröhlichen Weihnachtsfeier sagt man schon mal was Unbedachtes", und so falsch wäre ich ja nicht gelegen. Und dafür hatte ich mir das Hirn zermartert!

Ich habe gleich mehrere Lehren aus diesem Ereignis gezogen:

- Wenn ich interpretiere und mich abwerte, blockiere ich mich dauerhaft.
- Wenn ich zu meiner Aussage gestanden hätte, dann hätte ich mir auch verzeihen können.
- Ein Anruf beim Kollegen und eine ehrlich gemeinte Entschuldigung hätten die Sache schnell vom Tisch geräumt.

All diese Punkte haben mit dem eigenen Selbstwertgefühl zu tun und mit der Überzeugung, dass ich okay bin, so wie ich bin, und mir auch ein Ausrutscher passieren darf, ohne dass gleich die Welt untergeht. Ich hätte also souverän reagieren können, wenn ich es denn damals schon gekonnt hätte. Ich musste noch so einiges lernen, bevor mir das gelang. Dabei war mir nicht bewusst, dass ich dafür aktiv etwas tun kann. Ich saß buchstäblich in der Falle. Martin Seligman (2009), der Begründer der positiven Psychologie, nennt das „erlernte Hilflosigkeit". Das meiste davon kommt aus unserer Kindheit. Glaubenssätze, Werte, Selbsteinschätzungen, all das sind frühe Prägungen, die uns von unseren Eltern und unserem Umfeld vorgelebt wurden oder uns von Schule und Freunden als Richtschnur mitgegeben wurden. Wenn wir diese ungefiltert übernommen haben, dann bestimmen sie unser Leben und Erleben auch heute noch. Ich habe nach und nach gelernt, mit der Kraft der Gedanken zu arbeiten. Anfangs haben mir dabei zwei Sätze geholfen: „Ich muss mir ja nicht alles von mir gefallen lassen!" und „Ich kann mich den ganzen Tag ärgern, verpflichtet dazu bin ich nicht." Diese Sätze schenke ich heute gerne meinen Klienten. Sie helfen, mit einem Augenzwinkern auf Situation zu schauen und unnötige Gedankenkarusselle zu unterbrechen. Ich kann Ihnen die zwei Sätze nur ans Herz legen – es sind quasi „Erleichterungssätze" und machen eben so Manches was uns passiert leichter.

> **Zwei Sätze, die den inneren Kritiker und Grüblergedanken entwaffnen**
>
> • Ich muss mir ja nicht alles von mir gefallen lassen.
> • Ich kann mich den ganzen Tag ärgern, verpflichtet dazu bin ich nicht.

An unserem Selbstwertgefühl können wir also arbeiten. Es ist ein altes Geheimnis, das schon der römische Kaiser Marc Aurel gelüftet hat: „Das Leben eines Menschen ist das, was seine Gedanken daraus machen." Hier liegt der Schlüssel für Erfolg und Glück. Denn Gedanken lösen Gefühle aus, Gefühle Handlungen und Handlungen

Ergebnisse. Und die Ergebnisse… Genau, die lösen wieder Gedanken aus. Es ist ein nicht endender Kreislauf, den ich mit meinen Gedanken in die eine oder andere Richtung steuern kann. Die Ursache für all unser Handeln steckt also in unseren Gedanken. Deshalb ist das Fundament unseres Zukunftshauses auch so elementar.

5.1 Wie sieht es mit Ihrer Haltung aus?

Kennen Sie die Peanuts? Die legendäre Comicserie von Charles M. Schulz fasziniert immer wieder durch einfache und schnell nachvollziehbare Sketches. Wenn es um Haltung geht, hat Charlie Brown für uns die ultimative Erklärung. In nur vier Bildern (finden Sie im Internet unter „Charlie Brown deprimiert") teilt er uns seine Erkenntnis mit: „Wenn man so richtig deprimiert sein will, muss man den Kopf hängen lassen und eine bestimmte niedergedrückte Haltung einnehmen." Im dritten Bild sagt er: „Das Verkehrteste, was du tun kannst, ist aufrecht und mit erhobenem Kopf dazustehen, weil du dich dann sofort besser fühlst." Herrlich und so wahr!

Wie oft passiert es Ihnen, dass Sie vorsichtshalber schon mal den Kopf hängenlassen und die Schultern einziehen, weil Sie sich gerade unwohl fühlen in Ihrer Haut? Was glauben Sie, was da mit Ihrer Ausstrahlung passiert? Genau, sie verschwindet quasi. Wenn Sie allerdings eine andere Haltung einnehmen, die Schultern straffen und den Kopf heben, signalisieren Sie Ihrem Unterbewusstsein, dass es Ihnen gut geht. Verrückt, aber es wird Ihnen wenig später tatsächlich etwas bessergehen. Probieren Sie es ruhig aus.

Es gibt noch so eine interessante Übung, die Ihre Haltung bzw. Ihren Gemütszustand schnell ändern kann. Sie nennt sich die Bleistift- oder Lächelübung, die ich einmal auf einem Seminar von der großartigen Vera F. Birkenbihl (1946–2011) kennengelernt habe. Wenn Sie gerade schlecht drauf sind, genügt es, 60 Sekunden am Stück zu lächeln. Damit das leichter gelingt, kann man sich einen Bleistift zwischen die Zähne klemmen. Damit werden die Mundwinkel automatisch nach oben gezogen und dem Gehirn wird signalisiert, dass es Ihnen gut geht. Verblüffend, funktioniert aber wirklich. Das zeigt einmal mehr, wie sehr wir unsere Haltung beeinflussen können. Für mich gilt deshalb der Satz: Äußere Haltung prägt innere Haltung und innere Haltung prägt äußere Haltung.

5.2   Trauen Sie sich über den Weg?

Was heißt das eigentlich: sich selbst über den Weg trauen? Im Prinzip ist es ganz einfach: das, was Sie sich vornehmen, auch zu tun. Dinge, die Sie anderen gegenüber versprechen, einhalten.

Lassen Sie es mich an einem einfachen Beispiel deutlich machen. Stellen Sie sich vor, Sie treffen auf einer Veranstaltung einen Bekannten. Es ergibt sich kaum Zeit zum Reden, und Sie verabschieden sich mit den Worten: „Ich melde mich in den nächsten Tagen bei Ihnen." Doch daraus wird nichts, denn Sie sind zu beschäftigt und schieben Ihr Vorhaben: „Ach, das hat morgen auch noch Zeit." Und plötzlich ist so viel Zeit vergangen, dass das schlechte Gewissen immer größer wird. Und dann passiert etwas Interessantes: Wir fangen nämlich an, unser Verhalten uns selbst gegenüber zu verteidigen oder wir verharmlosen unser Versäumnis: „Ich bin halt zu beschäftigt." „Es war eh nicht so wichtig." „Der erinnert sich sowieso nicht mehr an mein Versprechen." Wir erzählen uns also Geschichten.

Das Fatale an diesem Verhalten ist, dass wir uns nicht treu sind. Wir können uns nicht auf uns verlassen. Wenn sich das addiert, dann lähmt uns das zunehmend. Diese gebrochenen Versprechen, egal, ob uns selbst oder anderen gegenüber, poppen immer wieder in unserem Kopf auf und blockieren uns. Sie klingen dann wie eine Schallplatte mit Sprung in unserem Kopf, und unsere Gedanken bleiben immer wieder an derselben Stelle hängen.

Wenn wir diesen Zusammenhang erkannt haben, können wir es ändern. Als ich Anfang der 1990er Jahren angefangen habe, mich mit Persönlichkeitsentwicklung und Lebensgesetzmäßigkeiten zu beschäftigen, ist mir gerade dieser Punkt schmerzhaft bewusst geworden. Ich habe plötzlich verstanden, was es bedeutet, sich immer wieder Dinge vorzunehmen und diese nicht umzusetzen. Bildlich gesprochen macht man Schubladen auf, lässt sie offenstehen, stößt sich an ihnen und verliert schließlich den Glauben an sich selbst.

Folgendes habe ich verändert, um mir selbst treu zu sein: Ich verspreche anderen viel seltener etwas. Ich nehme mir weniger vor, und ich versuche, innerhalb von 72 h mein Vorhaben entweder zu erledigen oder einen ersten Schritt zu tun, um dranzubleiben.

Für mich und für viele meiner Klienten ist diese Verlässlichkeit sich selbst gegenüber zu einer großen Kraft geworden, die auch unserem Selbstwertgefühl dient. Denn mit jedem erledigten Punkt schließen wir eine offene Schublade, können uns innerlich zunicken und sagen: „Ich kann mich auf mich verlassen."

Wiesław Kramski, mein nächster Interviewpartner, antwortete mir auf die Frage, was seine größte Ressource sei, sogar: „Dass ich mir vertrauen kann. Wenn ich etwas sage, und wenn ich mir etwas vornehme, dann tue ich es auch."

5.3   Welche Überzeugungen prägen Sie?

Was diesen Punkt betrifft, bin ich immer wieder erstaunt, wie ähnlich wir Menschen uns doch sind. In meinen Workshops und Coachings höre ich häufig dieselben Zweifel und Überzeugungen: „Ich kann das nicht", „die anderen sind besser", „ich bin nicht gut genug", und so weiter. Auf der einen Seite ist es beruhigend, dass wir alle mit denselben Glaubenssätzen kämpfen, denn das macht uns zutiefst menschlich und bewahrt uns vor Größenwahn. Auf der anderen Seite dienen diese inneren „Zweifler" niemandem. Folgende Sätze, die oft Nelson Mandela zugeschrieben werden und von Marianne Williamson stammen, bringen es für mich auf den Punkt: „Wenn Sie sich kleinmachen, dient das der Welt nicht. Es hat nichts von Erleuchtung an sich, wenn Sie sich so schrumpfen lassen, dass andere Leute sich nicht mehr durch Sie verunsichert fühlen. Wir sollen alle so leuchten wie die Kinder" (Williamson 1995).

Lesen Sie sich diese wenigen Sätze gerne mehrmals durch. Ich finde, man begreift ihre Dimension erst nach und nach. Oberflächlich verstehen wir schon beim ersten Mal, was da steht, aber die tiefere Bedeutung ist schwerer zu fassen. Jedes Mal, wenn ich diese Stelle lese, bin ich wieder davon berührt.

Allein die Vorstellung, wie es wäre, wenn wir alle leuchten würden, lässt mein Herz hüpfen. Wenn wir leuchten, sind wir erfüllt und ganz bei uns. Es ist nicht mehr nötig, auf andere zu schielen, und wir können voll Großzügigkeit sein: „Wenn wir unser eigenes Licht leuchten lassen, erlauben wir auch unbewusst anderen Menschen, das gleiche zu tun" (Williamson 1995).

Die Menschen, die Sie als Beispiele in diesem Buch finden, leben nach diesem Selbstverständnis. Sie leuchten und ermuntern andere, es auch zu tun. Das können Sie auch, und zwar sofort, oder?

Woher kommen diese inneren Zweifler, die uns zurückhalten und verhindern, dass wir leuchten? Ganz viele davon sind in unserer Kindheit und Herkunft begründet. In unserer Kultur sind wir eher kritisch und loben nicht besonders häufig; darum ist es auch nicht erstaunlich, dass wir immer noch mit denselben Glaubenssätzen zu kämpfen haben, wenn wir erwachsen sind.

Die erfolgreichen Menschen haben allerdings gelernt, diesen Autopiloten auszuschalten, indem sie die Kraft der Gedanken nutzen. „Chefsache Kopf" (Heimsoeth 2015) nennt die Expertin für mentale Stärke Antje Heimsoeth das und hat dem Thema ein ganzes Buch gewidmet. Und noch mal, weil's so wichtig ist: Gewonnen und verloren wird zwischen den Ohren, und das gilt ganz besonders für die eigene Zukunftsgestaltung. Wenn ich mich von alten Gedankenmustern bestimmen lasse, ist es so, als ob ein erwachsener Elefant immer noch am Pfosten für Baby-Elefanten angebunden ist und glaubt, nichts daran ändern zu können.

Wenn der Vorteil doch auf der Hand liegt, wieso bleiben viele Menschen dennoch in der Falle sitzen? Weil es auch bequem ist. Wenn ich doch bin, wie ich bin, oder wenn ich mir ständig sage, ich kann das nicht, dann muss ich mich auch nicht bewegen und keine Verantwortung für mich und mein Leben übernehmen. Lassen Sie das nicht zu. Es ist viel spannender sich auf den Weg der Eigenverantwortung und Selbsterfüllung zu machen als in der Falle sitzen zu bleiben.

5.4   Leben Sie Dankbarkeit

Dankbarkeit vertreibt Angst, heißt ein kluger Satz, den ich sehr wichtig finde. Wenn wir dankbar dem Leben und den Situationen gegenüber sind, die uns begegnen, dann können wir anders auf Herausforderungen blicken. Grundsätzlich hilft uns Dankbarkeit dabei, demütiger dem Leben gegenüber zu werden und uns dessen bewusst zu werden, was wir alles haben. Das erfüllt uns mit Zuversicht und hilft, unangenehmen Situationen mit dem Bewusstsein zu begegnen, dass darin auch Chancen stecken.

Es gehört zu meinen Standardübungen im Coaching, meine Klienten zu bitten, alles aufzuschreiben, wofür sie dankbar sind. Manche schaffen nur mit Mühe fünf Punkte, und dann fällt ihnen nichts mehr ein, und andere füllen in Windeseile ein ganzes Blatt. Wenn ich dieselben Menschen bitte, die Punkte aufzuschreiben, die ihnen Angst machen, dann ist es meist so, dass denen, die viele Dankbarkeitspunkte gefunden haben, viel weniger Angstpunkte einfallen, und umgekehrt. Für mich ist das ein Beweis für den oben zitierten Satz: Dankbarkeit vertreibt Angst. Oft kann ich vorher schon sagen, wie es ausgeht, denn die „Dankbaren" strahlen eine andere Zuversicht aus. Sie haben häufig ein großes Vertrauen ins Leben und sind zukunftsgerüstet.

Probieren Sie es für sich aus. Es ist eine wertvolle Übung, um zu erkennen, wo Sie stehen. Und wenn Ihre Liste mehr Angst- als Dankbarkeitspunkte hat, empfehle ich Ihnen die sogenannte „Three-Blessings-Übung" aus der positiven Psychologie.

Three-Blessings-Übung nach Martin Seligman

Schreiben Sie jeden Tag drei Dinge auf, für die Sie dankbar sind, die Ihnen gut gelungen sind beziehungsweise auf die Sie stolz sind. Und wenn Sie mögen, schreiben Sie noch dazu, wieso Sie das so empfinden. Jeden Morgen lesen Sie sich dann die am Vortag gefundenen Punkte nochmals durch und lernen so nach und nach, mehr auf die Dinge zu achten, die Ihnen guttun.

Das Besondere an dieser Übung ist, dass wir den Blick bewusst auf das Gute in unserem Leben richten. Am Anfang fällt das oft schwer. Ich kann mich gut an einen Klienten erinnern, den ich gebeten habe, diese Übung konsequent 14 Tage lang zu machen. Er war völlig entsetzt und sagte: „Silvia, in meinem Leben passiert nichts Gutes. Da finde ich niemals jeden Tag drei Dinge, die ich aufschreiben kann." Er hat sich letztendlich auf die Übung eingelassen und war völlig euphorisch, als er ins nächste Coaching kam. Mehrere Seiten hatte er vollgeschrieben mit freudvollen Ereignissen und Dingen, für die er dankbar war. Seine Erkenntnis daraus war, dass sehr viel mehr Gutes in seinem Leben ist, als er überhaupt wahrgenommen hatte. Es hat ihn ungemein gestärkt und zuversichtlich auf seine nächsten Schritte schauen lassen.

Bei meinen Interviewpartnern habe ich genau dieses Vertrauen ins Leben und diese Zuversicht gefunden. Mir fällt immer wieder auf, dass Menschen, die in sich ruhen, ganz oft auch sehr dankbar sind. Und mir ist weiterhin aufgefallen, dass es häufig sehr erfolgreiche Menschen sind, die dankbar sind dem Leben gegenüber. Dankbarkeit hat auch mit einer dienenden Haltung zu tun. Für Andreas Nau ist es ein wichtiges Element, das er gleich am Morgen für sich nutzt: „Ganz wichtig ist mir der Start in den Tag mit einem Gebet und ganz viel Dankbarkeit.

Dann bin ich gerüstet, auch wenn ich weiß, es wird ein schwieriger Tag."

Ich glaube, wenn wir bewusst danken können, dann wird es leichter, auch in Situationen, die uns zu schaffen machen. Wir erkennen dann eher die Chancen, die sich darin verbergen.

5.5 Die Kraft der Gedanken nutzen – Wiestaw Kramski

Der Unternehmer Wiestaw Kramski zeichnet sich nicht nur dadurch aus, dass er sich Dinge vorstellen kann, die für andere völlig unrealistisch sind, sondern auch dadurch, dass er ganz bewusst die Kraft der Gedanken nutzt und weiß, was sie bewirken können.

Begegnet bin ich Herrn Kramski bei einem Unternehmerforum. Am Galaabend waren wir zufällig Tischnachbarn. Neben mir sitzt ein sehr aufgeweckter älterer Herr mit blitzenden Augen, was mir gleich gefällt. Seine Gattin, die auch dabei ist, scheint der ruhende Pol zu sein. Als erstes fragt er mich, ob ich Golf spiele. Als ich verneine, macht ihm das gar nichts aus. Er schiebt mir die Broschüre mit den Kramski-Puttern rüber und meint: „Na ja, bestimmt kennen sie jemanden, dann können sie die Infos ja weitergeben, denn unsere Putter sind revolutionär." Er erzählt mir dann mit leuchtenden Augen und ganz fasziniert von seinen Puttern. Was das Besondere an ihnen ist und dass er mit ihnen um die ganze Welt reist und schon in Korea im Fernsehen war. Ich höre ihm gespannt zu. Zwar verstehe ich nichts von Puttern, aber dass dieser Mensch seinen Traum lebt, das alleine ist es schon wert, ihm zuzuhören. Er steckt mich an mit seiner Energie und seiner Leidenschaft für sein Thema. Nun dachte ich eigentlich, das wäre sein Business, bis er mir sagt: „Nein, nein, das mache ich nebenbei. In der Hauptsache habe ich ein Produktions-Unternehmen für automotive Bauteile mit mehreren Auslandsgesellschaften und heute über 750 Mitarbeitern."

Ach, nebenbei? Wie beseelt muss man sein, um nebenbei ein weltweites Business aufzubauen?

Interview mit Wiestaw Kramski – Unternehmer und Erfinder des Kramski-Putters

Der Mensch ist zu unwahrscheinlichen Dingen fähig, wenn er es sich denn nur zutraut. Sie müssen an Ihre Sache glauben, und es braucht Fleiß, Überzeugung und Tatendrang.

Hatten Sie einen Traum, eine Vision, die Sie verwirklichen wollten?
Am Anfang nicht. Mich hat die Unzufriedenheit mit einem gekauften Golf-Putter dazu gebracht, etwas Eigenes zu entwickeln. Anfangs wollte ich keinen Putter verkaufen, sondern nur einen für mich selbst kreieren. Getreu dem Motto: Schuster, bleib bei deinen Leisten. Ich komme ja aus der Metall- und Kunststoff-Industrie.

Wie ist denn dann das Bild von Ihrem heutigen Erfolg entstanden?
Als ich mich darauf eingelassen hatte, war für mich klar: Wenn ich schon anfange, dann baue ich den besten Putter der Welt. Das war meine Triebfeder.

Wie haben Sie dieses Bild lebendig gehalten?
Man muss das, was man plant, auch zu Papier bringen. Was ich festgestellt habe, ist: Das Ziel auszusprechen und so zu tun, als ob es schon realisiert wäre, das ist das Wichtigste! Es dann aufzuschreiben, ist eine weitere, sehr wertvolle Sache. Das dann immer mal wieder zu lesen, schadet auch nicht, denn dadurch wird es kontinuierlich in den Fokus gerückt.

Für mich ist klar: Wer eine Vision hat, muss unheimlich überzeugt sein von seiner Idee, der darf sich nicht beirren lassen und muss sie gegen alle Widerstände festhalten.

Das Wichtigste ist die Hartnäckigkeit, das durchzustehen und dabei die Begeisterung zu erhalten.

Dabei helfen die oben genannten Strategien. Ich habe bei einem Vortrag vor Studenten erst kürzlich gesagt: Passt auf eure Gedanken auf. Wenn ihr gute Gedanken denkt, verwirklichen sich diese, und wenn ihr schlechte denkt, dann verwirklichen sich eben die schlechten.

Gedanken sind wie ein Blumenbeet, wie eine wilde Wiese. Wenn ich keine guten Gedanken in meinen Kopf bekomme, dann habe ich mit Kraut und Unkraut alles Mögliche in der Wiese. Wenn ich aber förderliche Gedanken habe und diese auch pflege, dann bekomme ich ein schönes Blumenbeet mit blühenden Blumen in mein Gedankenhirn. Mein Buchtipp: Heile Deine Gedanken von James Allen.

Nutzen Sie Rituale oder Techniken, um am Ball zu bleiben?
Ja. Eins, das mich gut unterstützt, nenn ich mal Meditation: Zum Beispiel stehe ich morgens eine Stunde früher auf und mache es dann wie Martin Luther, der gesagt hat: „Ich habe heute schwierige Probleme zu diskutieren oder zu lösen – und da muss ich morgens früher Andacht halten." Unter Andacht hat er gemeint, den Tag anzudenken, und das ist es, was ich auch gerne mache. In Gedanken gehe ich meinen Tag durch: Was habe ich heute alles auf meinem

Tagesplan, welche Probleme will ich lösen, welche Herausforderungen meistern und so weiter, und dabei komme ich in eine Art Meditationszustand und lasse meine Gedanken frei laufen. Plötzlich kommt die Blitzidee – das Wichtigste dabei ist, aufnahmebereit zu sein, den Empfänger nicht abzustellen. Das heißt für mich, an nichts zu denken und dem Gehirn die Freiheit zu lassen, „rumzusurfen", und plötzlich ist die Lösung da.

Haben Sie sich aktiv Unterstützer gesucht, die Ihnen auf Ihrem Weg nützlich waren?
Ich habe eine Überzeugung, und die lautet: Wer suchet, der findet. Was ich damit meine, ist, dass Menschen, Lösungen und wichtige Inspirationen ins eigene Leben kommen, sobald man sich auf den Weg macht. Ganz automatisch.

Und so ist es auch mir passiert. Meine Unterstützer waren gute Golfer, die plötzlich nichts mehr getroffen haben. Mit denen zusammen in die Analyse einzusteigen und zu erkennen, woran es liegt, das hat mich sehr angefeuert.

Was braucht es, um durchzuhalten und nicht mittendrin aufzugeben?
Sie müssen gegen alle Widerstände an der Idee festhalten. Das fängt in der eigenen Familie an und hört bei den Freunden nicht auf. Die Negativdenker finden Sie überall. Am Anfang bin ich sehr belächelt worden. Der Prophet im eigenen Land gilt nichts und so war es auch bei mir. Sie müssen das mental packen und brauchen eine Energie wie ein Pferd.

Als zweites kommt irgendwann die finanzielle Belastung hinzu. Und jetzt kommt es darauf an, dass man davon überzeugt ist, dass man es umgesetzt bekommt, sonst verlassen einen der Mut und die Begeisterung.

Wenn ich von etwas überzeugt bin, dann bin ich nicht mehr zu bremsen. Manche sagen, ich wäre überheblich und eingebildet. Stimmt aber nicht, ich vertrete nur zu 100 % meine Überzeugung. Wenn man Erfolg haben will, muss man überzeugt sein.

Was ist der wichtigste Tipp, den Sie gerne weitergeben würden?
Gedanken sind eine Kraft, und man muss die Gedanken so sortieren und aussprechen, als wenn das Projekt und die Idee schon umgesetzt wären.

5.6   Übungsteil – So stärken Sie Ihr Fundament

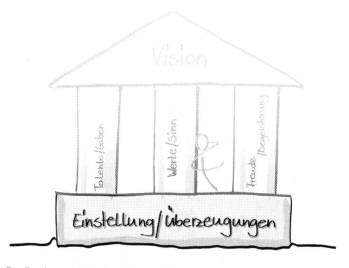

Das Fundament des Zukunftshauses (Illustration: Martina Lauterjung)

Ich möchte Ihnen hier zwei Übungen vorstellen, die Ihr Fundament stark machen. In der einen geht es darum, Ihre Zweifel zu identifizieren, und in der anderen, die Gedanken, die Ihnen am meisten Stress machen, mit einem Prozess, der sich „The Work" nennt, zu bearbeiten.

5.6.1 Übung 1 – Aus Zweifeln Inspirationen machen

Schritt 1 – Grüblergedanken identifizieren

Machen Sie eine Liste mit zwei Spalten und schreiben Sie links allen negativen „Gedankenmüll" auf, der Sie täglich belastet. Sie können auch von „Quatschi-Beiträgen" sprechen, das ist ein wenig liebevoller. Dazu gehören Ihre inneren Zweifler, Ihre Ängste, Ihre Grüblergedanken und negativen Glaubenssätze. Denken Sie auch an die Fälle, in denen Sie sich mit anderen vergleichen. Was sind das für Gedanken? Drücken Sie diese ruhig unverblümt aus. Notieren Sie, was Sie zu allen möglichen Gelegenheiten kritisch vorwurfsvoll hinzudenken. Je ehrlicher und offener Sie hier sind, desto besser können Sie gegensteuern.

Fragen Sie sich zum Beispiel:

- Wovor habe ich Angst?
- Welche Zweifel habe ich?
- Welche Gedanken halten mich immer wieder klein?
- Welche Probleme sehe ich auf mich zukommen?

Beispiele:

Meine Grüblergedanken
Die anderen sind viel besser als ich
Bevor ich nicht alles andere erledigt habe, kann ich nicht starten
Ich muss hart arbeiten, damit ich etwas erreiche
Die anderen machen es mir bestimmt schwer
...

Schritt 2 – Drehen Sie die Gedanken um

Nutzen Sie dann die rechte Spalte und machen Sie aus Ihren „Quatschi-Beiträgen" Ihre persönlichen Inspirationssätze und innere Mutmacher. Dazu drehen Sie die Gedanken ins Positive um und fragen sich, welche Gedanken Sie wirklich unterstützen. So schaffen Sie es, aus Zweifeln stärkende Impulse zu machen.

Vielleicht fragen Sie sich gerade, ob es wirklich so einfach sein kann. Ja und nein. Die negativen Gedanken sind auch „nur" Gedanken. Nun können Sie die Kraft der Gedanken nutzen und über diese Übung den Automatismus der negativen Gedanken ausschalten lernen. Denn wenn Sie das eine (negativ) denken können, dann können Sie auch lernen, das andere (positiv) zu denken. Das braucht Übung und Wiederholung, aber das braucht es auch in anderen Bereichen, wenn Sie anfangen, sich mit etwas ganz Neuem zu beschäftigen.

Wissenschaftlich ausgedrückt: Für die hinderlichen Gedanken haben Sie bereits neuronale Autobahnen angelegt, und für die förderlichen finden sich bestenfalls Trampelpfade in Ihrem Hirn. Das kehren wir mit dieser Übung um.

Meine Grüblergedanken	Meine Inspirationssätze
Die anderen sind viel besser als ich	Ich vertraue meiner Kompetenz
Bevor ich nicht alles andere erledigt habe, kann ich nicht starten	Ich habe alles, um loszulegen
Ich muss hart arbeiten, damit ich etwas erreiche	Es darf leicht sein
Die anderen machen es mir bestimmt schwer	Ich habe viele wertvolle Unterstützer an meiner Seite
…	…

Schritt 3 – Wählen Sie aus

Welche der gefundenen Sätze sind Ihnen besonders wichtig? Wählen Sie bitte die drei aus, die Sie in Ihrer momentanen Situation besonders unterstützen und die in Ihrem Inneren die größte Resonanz erzeugen. Lassen Sie sich dabei von dem Gedanken leiten: Wenn das zutrifft, dann ist alles möglich! Und diese drei gefundenen Sätze schreiben Sie jetzt in das Fundament Ihres Zukunftshauses.

Schritt 4 – Üben Sie

Wie bereits erwähnt, braucht es Übung, um die stärkenden Gedanken in den Fokus zu rücken. Ich empfehle Ihnen deshalb, diese gefundenen Sätze jeweils auf eine Karte zu schreiben und jeden Tag damit zu arbeiten. Auch der ehemalige US-Präsident Abraham Lincoln hat sich in jungen Jahren so geholfen, zu dem zu werden, der er sein wollte. Er hat sich dazu eine Liste der Eigenschaften angefertigt, die ihm erstrebenswert schienen, und schrieb diese einzeln auf je eine Karte. Jeden Morgen nahm er eine Karte in die Hand und orientierte sich bei seinem Tun und Denken den ganzen Tag lang an dieser erstrebenswerten Eigenschaft. Tun Sie's Abraham Lincoln gleich und stärken Sie damit Ihr Fundament.

Eine ergänzende Möglichkeit, Ihr Fundament zu stärken, ist es, täglich aufzuschreiben, auf was Sie stolz sind, für was Sie dankbar sind und was Sie vorwärtsgebracht hat. Dazu können Sie auch unseren kostenlosen Onlineservice nutzen. Wir haben den Smile Collector entwickelt (Abb. 5.1), weil es uns ein Herzensanliegen war und ist, Menschen etwas an die Hand zu geben, um die schönen Momente des Lebens zu bewahren und wieder abrufbar zu machen, ganz unabhängig von Zeit und Ort. Auf www.smile-collector.com können Sie alle stärkenden Gedanken online sammeln.

Abb. 5.1 SmileCollector

Probieren Sie es aus: Mit dem Smile Collector stärken Sie ganz nebenbei Ihr Selbstwertgefühl und damit die Tragfähigkeit Ihres Zukunftshauses.

Ich gratuliere Ihnen, denn Sie haben jetzt einen der wichtigsten Punkte für Ihr Zukunftshaus erstellt. Die Basis fürs Vorwärtskommen sind unsere Gedanken und Sie wissen nun, wie Sie diese zu Ihrem Nutzen einsetzen können.

Manchmal gibt es jedoch sehr stressige Gedanken, die sich nicht einfach umdrehen lassen, weil wir vielleicht schwer verletzt wurden oder dieser hinderliche Glaubenssatz tief in uns verankert ist.

5.6.2 Übung 2 – Hartnäckigen Glaubenssätzen auf den Leib rücken

Hier stelle ich Ihnen eine sehr bewährte Methode vor, um hartnäckige Glaubenssätze und belastende Überzeugungen zu bearbeiten. Die Methode ist ein Prozess der Selbsterkenntnis, heißt „The Work" und wurde Ende der 1980er

Jahre von der US-Amerikanerin Katie Byron (o. J.) entwickelt. Katie, die selbst schwer an Depression erkrankt
war, hat über diese Entdeckung wieder zu Erfüllung und
Lebensfreude gefunden. Mehr zur Methode und Byron
Katie finden Sie unter www.thework.com.

Schritt 1 – Stressige Gedanken identifizieren

Schauen Sie sich Ihre Liste noch mal an. Welcher Ihrer
Grüblergedanken begleitet Sie schon lange und macht
Ihnen großes Unbehagen? Welcher beeinflusst vielleicht
sogar alle anderen Gedanken und Sie wissen, wenn Sie
diesen Glaubenssatz loslassen könnten, dann würde Ihr
Fundament noch fester stehen?

Genau diesen Gedanken schreiben Sie jetzt noch mal
extra auf. Vergegenwärtigen Sie ihn sich.

Schritt 2 – Gedanken untersuchen

In „The Work" gibt es vier Fragen, die einfach zu
beantworten sind. Wenn Sie es wirklich, wirklich zulassen,
dann werden Sie die Geschichte hinter Ihrem Glaubenssatz erkennen und loslassen können. Die Untersuchung
der stressigen Gedanken folgt der Frage: „Was wärst du
ohne deine Geschichte?" Und untersuchen meint, den
belastenden Gedanken zu hinterfragen und dem Prozess
zu vertrauen.

Beantworten Sie sich jetzt die folgenden vier Fragen zu
Ihrem Glaubenssatz:

1. Ist das wahr?
2. Können Sie mit absoluter Sicherheit wissen, dass das
   wahr ist?
3. Wie reagieren Sie/was passiert, wenn Sie diesen
   Gedanken glauben?
4. Was wären Sie ohne diesen Gedanken?

Lassen Sie sich Zeit dabei. „The Work" ist wie eine Meditation. Schauen Sie, ob hinter der ersten Antwort, die der Verstand für Sie parat hält, noch eine andere auftaucht. Warten Sie auf die Antwort Ihres Herzens. Gehen Sie Frage für Frage vor und seien Sie offen für unerwartete Antworten (Rudolph o. J.).

Sammeln Sie bei den Punkten 3 und 4 so viele Argumente, wie Sie finden können. Bleiben Sie beim Zusammentragen Ihrer Punkte ganz nah an den Fragen, ohne etwas auszuschmücken.

Hier ein Beispiel aus meiner Praxis anhand des Glaubenssatzes „Die anderen machen es mir schwer, erfolgreich zu sein."

Glaubenssatz: „Die anderen machen es mir schwer, erfolgreich zu sein."

1. **Ist das wahr?**
   Ja, natürlich!
2. **Können Sie mit absoluter Sicherheit wissen, dass das wahr ist?**
   Nein, nicht wirklich.
3. **Wie reagieren Sie, was passiert, wenn Sie diesen Gedanken glauben?**
   - Ich traue den anderen nicht über den Weg.
   - Ich versuche alles mit mir selbst zu klären.
   - Ich mache meinen Erfolg von den anderen abhängig.
   - Es ist schwer, Unterstützer zu finden, die es ehrlich meinen.
   - ...
4. **Was wären Sie ohne diesen Gedanken?**
   - Ich könnte Menschen einfach ansprechen, von denen ich lernen will.
   - Ich würde mich frei fühlen und könnte meine Talente zeigen.
   - Ich weiß, was ich kann und wer mich unterstützt.
   - ...

Schritt 3 – Kehren Sie den Gedanken um

Ihren stressigen Gedanken kennen Sie ja sehr gut, aber wie sieht es aus, wenn Sie sich trauen, diesen umzukehren? Was könnten Sie dabei entdecken? Meiner Erfahrung nach meistens, dass vieles von dem, was wir anderen zuschreiben, auch für uns selber gilt.

Hier Ihre Aufgabe: Kehren Sie Ihren Gedanken um, auf so viele verschiedene Arten wie möglich: in Bezug auf sich selbst, auf den/die anderen, ins Gegenteil. Je nachdem, welche Art von Gedanken Sie untersuchen wollen, können Sie alle drei Umkehrungen anwenden. Finden Sie zu jeder Art von Umkehrung mindestens drei konkrete Beispiele, bei denen diese Umdrehung auch wahr ist beziehungsweise wahr sein könnte. Lassen Sie sich Zeit und suchen Sie auch in der Vergangenheit nach Beispielen.

Hier die Umkehrungen und jeweils drei Beispiele, die wahr sind, anhand des Beispielsatzes: „Die anderen machen es mir schwer, erfolgreich zu sein."

Ich mache es den anderen schwer, erfolgreich zu sein.

- Dadurch, dass ich misstrauisch bin, biete ich den anderen keine Hilfe an.
- Ich spiele Erfolge anderer öfter herunter, weil ich neidisch bin.
- Dadurch, dass ich so mit mir beschäftigt bin, ermuntere ich andere nicht.

Ich mache es mir schwer, erfolgreich zu sein.

- Ich lehne Hilfe oftmals ab.
- Ich denke zu viel und tue zu wenig für meine Ziele.
- Ich bin mein größter Kritiker und lasse kleine Erfolge oft nicht gelten.

Die anderen machen es mir leicht, erfolgreich zu sein.

- Meine Familie glaubt an mich.
- Eine Kollegin hat mich gefragt, ob ich mit ihr zusammenarbeiten will.
- Kunden empfehlen mich weiter.

Bei den Umdrehungen wird uns oft bewusst, welche Wahrheiten sonst noch in unseren belastenden und einschränkenden Überzeugungen stecken. Meinem Klienten ist vor allem bewusstgeworden, dass er mit seinem Verhalten verhindert, dass ihn andere gut unterstützen können, und vor allem, dass auch er die Erfolge anderer nicht fördert.

Schritt 4 – Den förderlichen Glaubenssatz identifizieren

Oft steckt in den Umdrehungen der entscheidende Satz, der Sie vorwärtsbringen kann. Welchen Gedanken wollen Sie statt Ihres untersuchten stressigen Glaubenssatzes denken? Welcher Satz unterstützt Sie und Ihr Fundament gut? Diesen Inspirationssatz ergänzen Sie dann in Ihrer Liste.

Bei unserem Beispiel haben wir den förderlichen Glaubenssatz indirekt in den Umdrehungen entdeckt. Er lautete: „Ich mache es mir leicht, erfolgreich zu sein." Mein Klient hatte erkannt, dass er der Hauptblockierer für seinen Erfolg war und es eher weniger mit den anderen zu tun hatte.

Schritt 5 – Üben Sie!

Wie oben gilt: Üben Sie! „The Work" wird umso wirkungsvoller, je öfter Sie die Arbeit anwenden. Manche meiner Klienten haben für sich auch erkannt, dass es manchmal reicht, sich eine der Fragen zu stellen, um aus dem Autopiloten auszusteigen. Ich persönlich stelle mir gerne zwei Fragen, wenn sich mal wieder ein Zweifler-gedanke anschleicht: Ist das wahr? Und: Was wäre ich ohne diesen Gedanken? Meist hilft mir das, den Blick wieder in die richtige Richtung zu lenken.

Literatur

Byron K (o.J.). www.thework.com. Zugegriffen: 30. Nov. 2021

Kimich C (2015) Verhandlungstango: Schritt für Schritt zu mehr Geld und Anerkennung. Beck, München, S 35

Heimsoeth A (2015) Chefsache Kopf: Mit mentaler und emotionaler Stärke zu mehr Führungskompetenz. Springer Gabler, Wiesbaden

Seligman M (2009) Der Glücks-Faktor: Warum Optimisten länger leben, 5. Aufl. Verlagsgruppe Lübbe, Bergisch Gladbach

Rudolph I (o. J.) https://inarudolph.de/coacht-methode-was-ist-thework/. Zugegriffen: 30. Nov. 2021

Williamson M (1995) Rückkehr zur Liebe, 10. Aufl. Wilhelm Goldmann Verlag, München, S 180

Arbeitsblätter

www.silvia-ziolkowski.de/bonusmaterial-zukunftshaus

6

Das Dach

Kennen Sie das Gefühl, wenn Sie auf einer Dachterrasse stehen und in die Ferne schauen – und plötzlich Dinge entdecken, die Sie von unten nicht wahrgenommen haben?

Mit Weitblick lassen sich Zusammenhänge erkennen, die sonst verborgen bleiben, und vieles, das aus der Nähe vielleicht beeindruckt hat, verliert an Bedeutung. Plötzlich erkennen Sie den Weg, den Sie unten auf der Straße noch gesucht haben. Sie sehen ein Gesamtbild, das Ihnen eine gute Orientierung gibt. Genau das passiert, wenn Sie sich bei Ihrem Zukunftshaus mit dem Dach beschäftigen. Das Dach symbolisiert die eigene Vision. Es hat Leuchtturm-funktion, und von dort oben wirkt alles leichter und freier.

Mit diesem Gefühl von Weite und Leichtigkeit ermuntere ich Sie ausdrücklich dazu, groß zu denken und keck zu sein. Packen Sie Ihre Beseelt-und-Bekloppt-Quali-tät aus und den inneren Kritiker erst einmal weg – zu

© Springer Fachmedien Wiesbaden GmbH, ein Teil von Springer Nature 2022
S. Ziolkowski, *Bau Dir Deine Zukunft*,
https://doi.org/10.1007/978-3-658-37033-6_6

dem kommen wir später wieder. Also: Wie wollen Sie in Zukunft arbeiten und leben und was wollen Sie erleben?

Meiner Erfahrung nach bescheiden wir Menschen uns viel zu oft, um nicht aufzufallen. Darum geht es hier nicht. Vielmehr geht es um das Bild Ihrer idealen Zukunft, und das darf frech und größenwahnsinnig sein, selbst wenn das für Sie heißt, aus dem gut bezahlten Bürojob auszusteigen, um Bäckerin zu werden, wie eine meiner Klientinnen. Entscheiden Sie, ob Sie kleine oder große Brötchen backen wollen. Wachsen Sie über sich hinaus und trauen Sie sich, anspruchsvoll zu sein. Gönnen Sie sich einen Fixstern, der Ihnen immer wieder Orientierung gibt. Wenn es Ihnen bei dem Gedanken an Ihre Ideen die Nackenhaare aufstellt, sind Sie auf dem richtigen Weg. Dann hat Ihre Vision Anziehungskraft, dann ist sie groß genug, um jede Menge Energie freizusetzen. Spüren Sie den Beat in sich – es geht um Ihre Sehnsüchte.

Erinnern Sie sich daran, als Sie das erste Mal so richtig verliebt waren? Wenn Sie diesem Gefühl nachgehen, wird ziemlich schnell klar, was ich meine. Welche Hürden haben Sie genommen und welche Dinge haben Sie auf sich genommen, um den anderen zu erobern? Da fanden Sie das Aufstehen um 5 Uhr morgens plötzlich gar nicht mehr schwierig, auch wenn Sie eigentlich ein Langschläfer sind. Plötzlich fanden Sie Bergsteigen sensationell, obwohl es Ihnen vorher eher gleichgültig war. Und irgendwie haben Sie sich Zeitfenster geschaffen, um die Geliebte/den Geliebten zu sehen, was vorher unmöglich schien. Genau die gleiche Sehnsucht und Energie löst eine große Vision aus. Die Prioritäten ergeben sich dann wie von selbst, und der Fokus liegt darauf, die große Idee zu verwirklichen und dem Fixstern zu folgen.

Gerald Hüther (2014), der bekannte Neurobiologe, hat etwas Interessantes herausgefunden: Es gibt zwei Grundsehnsüchte, die uns von Geburt an begleiten. Im Mutterleib haben wir folgende Dinge gelernt: erstens, dass wir verbunden sind; zweitens, dass wir ständig wachsen. Genau dasselbe wollen wir, wenn wir auf der Welt sind. Für mich ist das vollkommen nachvollziehbar. Als ich das gehört habe, war mein erster Gedanke: Genau das sind die beiden Antriebselemente jeder Vision, die uns dazu bringen, den von Geburt an in uns vorhandenen Traum erfüllen zu wollen.

1. Verbundenheit: Eine Vision entwickelt besonders viel Kraft, wenn sie größer ist als wir selbst und andere mit einschließt, zum Beispiel weil sie ein brennendes Problem löst, das Leben von anderen leichter macht, andere zum Lachen bringt oder inspiriert.

2. Wachstum: Um eine Vision zu verfolgen, ist viel Raum nach oben notwendig. Wenn wir zu klein denken, kickt uns unsere Idee nicht genügend. Dann handelt es sich eher um ein Strohfeuer und wir schmeißen nach kurzer Zeit hin. Eine Vision ist wie ein Leitstern, nach dem wir streben. Daher ist es zweitrangig, ob wir sie erreichen. Wichtig ist, dass sie uns antreibt und Orientierung gibt. Eine richtig große Vision bringt uns eher in Bewegung als der brave Wille, der mehr der Vernunft gehorcht als der Überzeugung und der Lust darauf.

Doch wie lässt sich die eigene Vision aufspüren? Indem wir uns Zeit nehmen in uns hineinzusehen und hineinzuspüren. Bei der Vision geht es um die Sehnsucht in uns, die von unseren Werten genährt wird, von dem, was uns Spaß macht und was wir können. Dies erklärt auch, wieso wir manche Probleme wahrnehmen, die andere gar nicht sehen oder die für diese ohne Bedeutung sind. Wenn uns etwas stört, hat das mit unseren Werten zu tun, aber auch mit dem, was wir aufgrund unserer Fähigkeiten und Talente wahrnehmen können. All unsere Eindrücke, Gefühle und Erfahrungen nähren wiederum unsere Sehnsucht und führen zu dem inneren Verständnis, dass wir an einer bestimmten Stelle etwas bewegen können, dass wir genau da richtig sind. So kann sich aus der Auseinandersetzung mit einem Thema eine Vision entwickeln, so wie aus Verliebtheit Liebe wird, wenn es der richtige Partner ist.

Ich glaube, dass die Sehnsucht, ein gelungenes Leben zu führen – wie auch immer das für den Einzelnen aussieht –, tief in uns steckt, uns antreibt und begleitet, von Geburt an. Ich glaube auch, dass wir als Kinder die damit verbundenen Träume auch ausgedrückt haben. Wir wussten nämlich nicht, dass es irgendwelche Einschränkungen gibt. Wir konnten alles werden und haben uns ausgemalt, wie es sein wird, wenn wir mal groß sind. Wir haben Gedankenkonstrukte erschaffen, wieder verworfen und einfach neue gebaut. Einmal wollten wir Astronaut werden und zum Mond fliegen, dann berühmt wie Romy Schneider sein oder uns für die Armen in der Welt einsetzen. Wir konnten uns alles vorstellen und haben daran geglaubt. Es war gar nicht in unserer Vorstellung, dass etwas nicht geht. Und das ist gut so. Haben unsere Eltern mitgespielt, wurden wir darin bestärkt, Visionen und Träume zu entwickeln. Dann haben sie uns geholfen, unsere visionäre Kraft zu stärken.

Wir mussten damals nichts beweisen und durften einfach vor uns hin träumen. Sabine Asgodom zum Beispiel hat als Dreizehnjährige davon geträumt, Eiskunstweltmeisterin zu sein und wie Marika Kilius gefeiert zu werden. Immer wieder hat sie sich gesehen, wie Menschen ihr zujubeln, sie für ihre Leistung bewundern. „Ich wollte Eiskunstweltmeisterin werden. Ich war ein Fan von Marika Kilius und Hans-Jürgen Bäumler. Und abends im Bett habe ich mir das dann ganz genau überlegt: Licht auf mich, Musik, Publikum, Aufmerksamkeit, Zuwendung.

Die gucken mich an, schauen ganz genau hin, was ich tue. Ich bin so grandios, dass ich hinterher dafür einen Preis kriege." Sie hat sich Bilder kreiert, große Bilder, damit ihr Unterbewusstsein gefüttert und so ihren Zukunftsmuskel trainiert. Es ist also gar nicht verwunderlich, dass das, was die bekannte Rednerin sich als Kind immer und immer wieder ausgemalt hat, dann auch passiert ist. Gut 40 Jahre später hat sich in den USA ihr Kindheitstraum erfüllt. Vor mehr als 2000 Menschen hat sie als erste Deutsche die Auszeichnung als „Certified Speaking Professional" (CSP) verliehen bekommen. Ihre Wahrnehmung damals beschreibt sie so: „Als ich 2010 in Phönix, Arizona, auf der Bühne stand und während einer Veranstaltung der National Speakers Association (dem amerikanischen Rednerverband) meinen CSP verliehen bekam, dachte ich: Ja, genau dieses Bild, 2000 bis 3000 Amerikaner vor mir, der NSA-Präsident, der mir die Medaille umhängt, der mich küsst und mir gratuliert. Und dann stehen diese vielen Menschen auf und klatschen. Und heute weiß ich, dass ich dafür alles gemacht habe. Die Vision hat sich zu 100 % erfüllt – nur ohne Eislaufen. Meine Sehnsucht war da, sie war immer da und hat sich am Ende erfüllt."

6.1 Richtungswechsel: Wo wollen Sie in Zukunft hin?

Welche Sehnsucht ist bei Ihnen da, immer schon? Mit welchem Thema beschäftigen Sie sich vielleicht schon länger, ohne etwas damit gemacht zu haben? Im tiefsten Inneren wissen Sie, dass die aktuelle Umgebung nicht mehr die richtige für Sie ist. Dass Sie sich in Ihrem Haus, da, wo es jetzt steht und wie Sie darin leben, nicht mehr ganz wohlfühlen. Aber was würde sich besser anfühlen?

Oft geht einer Veränderung ein monate-, manchmal sogar jahrelanger Prozess voraus. Während dieser Zeit stellen wir uns mehr als einmal die Frage, ob es so weitergehen kann wie bisher.

Mir ging es so nach meinem Sabbatical, das ich mir nach zehn Jahren Firmenzugehörigkeit gegönnt hatte. Als ich zurück in den Job kam, war ich energiegeladen und hochmotiviert. Doch nach einiger Zeit machte sich ein unbestimmtes Gefühl in mir breit. Es war wie ein kleines Pflänzchen, das angefangen hatte, sich zu regen. Viele Fragen und Gedankenfetzen gingen mir durch den Kopf, zum Beispiel: „Wie lange willst du das noch machen? Wird es nicht langsam Zeit, etwas anderes zu tun? Während deiner Auszeit hast du so viel erlebt, wozu du jetzt wieder keine Zeit hast." Die Stimmen in mir wurden immer nachdrücklicher und lauter, dennoch bin ich in der Situation geblieben. Schließlich hatte ich das Unternehmen, in dem ich arbeitete, selbst mit aufgebaut, ich war Gesellschafterin und Vorstand. Da konnte ich doch nicht einfach so weggehen. Ich fing an, darüber nachzudenken, ob ich noch an dem Platz war, an dem ich meine Zukunft verbringen wollte. Diese Zweifel haben mich geplagt, und ich hatte keine so rechte Idee, wohin meine Reise gehen sollte.

Mit dem Gefühl der Unsicherheit habe ich mich schließlich auf den Weg gemacht, meine eigenen Träume und Wünsche zu erforschen. Dieser Prozess hat mich mehr als ein Jahr lang beschäftigt. Und je intensiver ich mich mit meiner möglichen Zukunft auseinandergesetzt habe, umso mehr kam ich in Bewegung; allerdings sowohl in die eine Richtung – ich ändere nichts, alles ist gut – als auch in die andere – ich habe Lust, mich noch einmal auszuprobieren und von vorne anzufangen. Diese Phase ist eine Herausforderung, aber meist unumgänglich. In diesem Zwischenzustand bereiten wir uns innerlich darauf vor, den nächsten Schritt im Außen zu tun. Durch meine intensive Arbeit mit dem Thema Zukunftsentwicklung weiß ich mittlerweile, dass das dazugehört.

Damals war ich Ende 30, und das Thema Zukunft hat mich mehr als beschäftigt. Irgendwie war ich der Meinung, es ginge nur mir so. Doch dem war und ist nicht so. In meine Workshops und Coachings kommen viele Menschen, die eine ähnliche Gefühlslage umtreibt. Es gibt einen Zeitraum, in dem uns verstärkt das Bedürfnis packt, sich mit der eigenen Lebensvision auseinanderzusetzen. Ende 30 bis Mitte 50 sind die Jahre, die uns zu schaffen machen. Midlife Crisis heißt das im Volksmund. Ehe, Kinder, Karriere – diese Träume sind oft „erledigt", und dann kommt eine gewisse Leere, die der Satz „Das kann doch nicht alles gewesen sein" bestens beschreibt. Für Frauen heißt das häufig: Ich will noch einmal durchstarten, will mich jetzt endlich selbst verwirklichen, mag nicht mehr nur Rücksicht auf die Familie nehmen. Und bei Männern kommt oft die Erkenntnis, dass der Beruf das Leben nicht ersetzt. Sie entdecken neue Hobbies, manchmal auch eine neue Frau und häufig einen neuen Weg für sich. Ist Ihnen schon aufgefallen, wie viele Menschen sich in diesem Alter selbstständig machen? Vielleicht haben auch Sie schon hin und wieder mit dem Gedanken gespielt, aus der jetzigen Situation auszusteigen, haben ihn aber wieder verworfen, und doch treibt Sie die latente Unzufriedenheit um?

Wer aber die eigene Unzufriedenheit wie ein Mantra ständig wiederholt, wird immer frustrierter. Es ändert sich nichts, und ein Gefühl der Aussichtslosigkeit stellt sich ein. Wir ergeben uns unserem Schicksal, weil wir glauben, selbst nichts tun zu können. Wir haben aufgegeben. Lassen Sie das nicht zu! Sie können jeden Tag neu anfangen. Installieren Sie ein neues Mantra. Wie wäre es damit, sich jeden Morgen zu fragen, was Sie mal werden wollen, wenn Sie groß sind? Das ist der Lieblingssatz eines Kollegen, der sagt, dass er damit neugierig und offen für Neues bleibt.

Gönnen auch Sie sich einen Blick weit in die Zukunft. Für mich bedeutete das damals den entscheidenden Durchbruch. Mein Coach hatte mich auf eine Zeitreise geschickt, und ich schrieb einen Brief aus meiner guten Zukunft an eine liebe Freundin. Ich war fast wie in Trance und schrieb und schrieb. Als der Brief fertig war, konnte ich es nicht fassen: Ich hatte mein ideales Zukunftsbild entworfen und wusste danach, dass ich das Unternehmen verlassen und mich noch einmal auf den Weg machen würde. Meine Vision hatte mich erwischt, ich war verliebt!

Dieser Moment war der Startpunkt für mein heutiges Tun, denn damals hat sich meine Sehnsucht offenbart. Ich war so überzeugt von der Kraft der Vision, dass ich gespürt habe, diese Erkenntnis möchte ich gerne weitergeben. Ich will andere infizieren, sich zu trauen, groß zu denken und ihre Persönlichkeit zum Strahlen zu bringen. Menschen, die groß denken, erschaffen auch große Dinge. Dieses Strahlen, das dadurch entsteht, lässt uns viele Momente des Glücks kreieren, an die wir uns gerne erinnern und unser Lebens-Museum mit bunten Bildern füllen.

Wenn Sie jetzt denken, dass bei Ihnen aber alles ganz anders ist und Sie sich so etwas gar nicht vorstellen können, braucht es möglicherweise noch einen Zwischenschritt. Denn besonders, wenn es um Beziehungen und Sicherheiten geht, halten uns die Angst vor der eigenen Courage und die Angst, etwas nicht zu schaffen, zu versagen, zurück. Soll ich wirklich meinen Partner samt Haus und Hof verlassen? Soll ich den gut dotierten Job tatsächlich aufgeben? Kann ich auf die Sicherheit verzichten, die ich dadurch aufgebe?

Um das herauszufinden, können Sie erstens den Schmerz verstärken und sich bewusst machen, wie viel Stress und Bauchweh Ihnen der Frust in Ihrer aktuellen Situation schon eingebracht hat. Denken Sie darüber nach, wie es enden wird, wenn Sie nichts verändern. Wie wird Ihr Leben in einem Jahr aussehen, wie in drei oder fünf Jahren? Wollen Sie das? Wenn nicht: Was wollen Sie dann? Als zweites empfehle ich Ihnen, sich Ihr Leben in allen Farben auszumalen. Wie wäre der ideale Zustand, den Sie sich für Ihr Leben wünschen? Überlegen Sie dann, ob das, was Sie sich von Herzen wünschen, erreichbar ist, wenn Sie nichts ändern. Nein? Also: Nehmen Sie sich ernst und treffen Sie eine Entscheidung. Stehen Sie zu sich und übernehmen Sie Verantwortung für Ihr Leben. Denn das kann und wird kein anderer für Sie tun.

6.2 Im Beseelt-und-Bekloppt-Modus – Wie Sie groß denken

Coco Chanel hat einen Satz geprägt, der mir gut gefällt: „Der schlimmste Fehler von Frauen ist ihr Mangel an Größenwahn." Ich verstehe Größenwahn als die Fähigkeit, sich etwas zuzutrauen und an sich selbst zu glauben, ganz nach dem Motto: „Auch mir ist es gegeben, etwas Großes zu bewegen." Ich glaube, dass dieser Satz nicht nur für Frauen gilt, sondern für ganz viele Menschen, vor allem in Deutschland. Größenwahn wird hier nicht gerne gesehen. Wenn sich doch einer traut, wird er schnell als Spinner und Angeber abgestempelt. Erst kürzlich erzählte mir eine Kursteilnehmerin, Ende 60, die sich eine Ausbildung zur zertifizierten Erzählerin gönnt, dass sie sich in ihrem Freundes- und Bekanntenkreis andauernd rechtfertigen muss. Eine Ausbildung in ihrem Alter, das sei ja wohl unnötig. Nach einigem Überlegen reagiert sie nun folgendermaßen auf solche Einwände: „Ihr gönnt euch teure Urlaube und ich gönne mir diese Ausbildung." Damit sei Ruhe, triumphiert sie, keiner sagt mehr etwas.

> Der schlimmste Fehler von Frauen ist ihr Mangel an Größenwahn.
> (Coco Chanel).

Und wie reagieren Sie, wenn eine Person in Ihrem Umfeld etwas Neues für sich entdeckt und ihre Ideen anpackt? Finden Sie das toll und ermuntern Sie die- oder denjenigen, oder gehören Sie zu den Zweiflern und Kritikern, die die Euphorie des anderen gleich im Keim ersticken? Wenn Sie der zweiten Gruppe angehören, sollten Sie davon ausgehen, dass Ihre Reaktion ganz viel mit Ihnen und Ihren innersten Sehnsüchten zu tun hat. Wer negativ auf die Träume anderer reagiert, fühlt sich häufig schlicht und einfach bedroht. Es sind die eigenen verpassten Chancen, die sich hier bemerkbar machen. Wir sehen im anderen uns selbst und fühlen uns bedrängt, auch endlich in Bewegung zu kommen. Also bremsen wir den Überschwang des anderen eher ein, als uns davon mitreißen zu lassen. Stellen Sie sich vor, wie es wäre, zum Ermunterer zu werden und sich von der Energie einer Freundin oder eines Bekannten mitreißen zu lassen. Spinnen Sie gemeinsam; das macht nicht nur Spaß, sondern hilft auch, neue Welten für sich zu entdecken und das innere Feuer anzuzünden.

Menschen bleiben oft in ihrer Komfortzone, was auch damit zu tun hat, dass sie nicht auffallen wollen.

Man könnte sich ja blamieren. Das ist ganz menschlich und begegnet mir immer wieder. Seit Jahren bin ich im Ehrenamt aktiv und unter anderem Karrierementorin für Marketingstudenten. Einmal kam Katharina, eine begabte junge Frau, zu mir und meinte: „Ich habe auf Ihrer Website gesehen, dass Sie Zukunftsentwicklerin sind. Muss ich jetzt eine Vision haben? Ich hab Angst davor; nachher erfüllt sie sich nicht, und dann habe ich das Gefühl, dass ich größenwahnsinnig bin und mich voll blamiere."

Ja, und? Wie schon erwähnt: Eine Vision ist nicht in erster Linie dazu da, erfüllt zu werden, sondern uns eine Richtung zu geben, in die wir streben. Als ich Katharina das erklärte, war sie sehr erleichtert und brachte in Windeseile ihre Träume und Wünsche zu Papier. Bei genauerem Hinschauen zeigte sich, dass sie das ein oder andere auf ihrer Liste bereits angepackt hatte. Danach strahlte sie über das ganze Gesicht. Sie war inspiriert und sehr motiviert durch ihr Zukunftsbild.

Auch Ihnen sei gesagt: Ihre Ideen lassen sich umso leichter verwirklichen, je besser Sie sich ausmalen können, wie Ihr Leben sein könnte, und noch einmal leichter, wenn Sie schon ein klares Bild vor Ihrem inneren Auge haben. Nicht ohne Grund arbeiten viele Coaches, Trainerinnen und Trainer mit der Kraft der Visualisierung in Form von Zielcollagen oder Phantasiereisen. „Das Gehirn denkt in Bildern", wie auch Antje Heimsoeth (2015) bestätigt. Mike Fischer sagt sogar, dass er seine Ziele riechen, schmecken und sehen kann.

Trainieren Sie also Ihren „Zukunftsmuskel", indem Sie die Technik der Visualisierung so oft wie möglich anwenden. Im Kap. 13 Werkzeugkasten finden Sie noch weitere wirkungsvolle Tools für Ihr Zukunftsmuskeltraining. Trauen Sie sich, nicht nur ein Reihenhaus zu erträumen, sondern eine Villa am See oder ein Loft in New York. Nach einem Vortrag kam einmal ein junger Mann, Anfang 20, zu mir und sagte: „Frau Ziolkowski, halten Sie mich jetzt bitte nicht für verrückt, aber ich träume tatsächlich von einer Villa. Nein, eher von einem Herrenhaus. Ich sehe mich in meinem roten Sportwagen die Allee hinauffahren und das Auto direkt vor dem Eingangsportal parken, so wie im Film. Es erfüllt mich mit Stolz, wenn ich dieses Bild vor meinem inneren Auge aufbaue, und ich weiß, ich kann das schaffen. Meine Kumpels gehen gerne weg und nennen mich oft Spielverderber, weil ich lieber zum Kunden fahre, statt mit ihnen rumzuhängen. Aber die haben nie einen Euro übrig, und ich baue eben mein Vermögen auf, denn ich habe noch viele Pläne." Ob dieser junge Mann sein „Herrenhaus" bekommen wird? Ich bin davon überzeugt, denn er weiß genau, wofür er sich ins Zeug legt. Und ganz wichtig, er hat ein Bild davon. Er hat sich seine Zukunft schon in den schönsten Farben ausgemalt.

6.3   Die Vision ist der Schlüssel – Andreas Nau

Den Zukunftsmuskel zu trainieren, hatten die Inhaber von easySoft, einem mittelständischen IT-Unternehmen, verlernt gehabt. Sie waren insolvenzgefährdet. Und doch: Sie haben es mit der Kraft der Vision geschafft, wieder ein profitables Unternehmen aufzubauen. Heute gehört das regelmäßige Zukunftsmuskeltraining zur Routine für die erfolgreiche und mehrfach ausgezeichnete Software-schmiede.

Kennengelernt habe ich Andreas Nau, einen der Inhaber, bei einem Vortrag über sein Unternehmen und darüber, wie sie den Turnaround geschafft haben. Gerade war er an dem Punkt angekommen, zu erzählen, dass er ein Glas Rotwein gegen die Wand geworfen hatte vor Verzweiflung. Der Mann, in dessen Vortrag ich gerade gehuscht war, sah allerdings alles andere als verzweifelt aus.

Ich wusste, er ist ein Unternehmer, der es geschafft hat, dank seiner Vision kurz vor der Insolvenz doch noch die Kurve zu kriegen. Alle im Publikum lauschten mucks-mäuschenstill. Ich fand es unglaublich, welchen Wandel sein Unternehmen vollzogen hatte, und war begeistert. Vor uns stand kein geschulter Redner, sondern ein Mensch, der in aller Offenheit Einblick in seine Unter-nehmensgeschichte gewährte. Seine Augen strahlten dabei, und er sah aus wie ein Lausbub, dem ein Streich gelungen war. Sein Vortrag war so voller Überzeugung und von innerer Strahlkraft geprägt, dass wir ihm ein-fach jedes Wort glaubten – auch wenn die Story unglaub-lich erschien. Andreas Nau war jemand, der durch die Kraft der Vision sein Unternehmens- und Lebensglück gefunden hatte. Fantastisch. Mittlerweile hat der Inhaber von easySoft sogar ein Buch (Nau 2017) dazu verfasst, um seinen unglaublichen Weg und die Erkenntnisse dahinter vielen zugänglich zu machen.

Interview mit Andreas Nau – Gründer und Inhaber von easySoft

Mein mutigster Schritt war, so groß zu denken und mich zu trauen, diese Gedanken auch zu formulieren.

Hatten Sie eine konkrete Idee oder eine Vision, die Sie verwirklichen wollten?

Aus der Idee ist eine Vision geworden. Gegründet wurde easySoft 1994, und der Markt wollte unsere Software, die ich für den Aus- und Fortbildungsbereich eines Unternehmens entwickelt hatte. Ich tat mich mit Wilfried Hahn, einem Informatiker, zusammen. Damals hatten wir unseren ersten heimlichen Traum: Wir wollten zehn Mitarbeiter und ein eigenes Haus im Gewerbegebiet. 2006 hatte sich dies erfüllt. Interessant ist, was dann passierte, denn 2007 ging es mit easySoft drastisch bergab. Erst im Nachhinein kann ich sagen: Wir hatten unsere Vision umgesetzt – und keine neue mehr. Wir ließen uns damals von den Wünschen der Kunden und des Markts leiten, verloren uns in Details. Wir wussten den Weg nicht mehr. Und es kam, wie es kommen musste: unzufriedene Kunden, Beschwerden, Ausstieg von Kollegen.

Für mich brach damals ein Kartenhaus zusammen. Die Situation stresste mich sehr und kostete mich schlaflose Nächte. Am Abend vor der Gesellschafterversammlung war ich dann so verzweifelt, dass ich das Rotweinglas in die Ecke warf. Diese Reaktion weckte mich auf. Für mich war klar, ich steige aus, das bin ich nicht mehr. Mehr zufällig stieß ich in dieser Situation auf das Buch „Der Weg zum erfolgreichen Unternehmer" von Stefan Merath, das ich in nur einer Nacht durchlas. Danach wusste ich, wir brauchen eine neue Vision, die hatte uns in den Jahren zuvor komplett gefehlt.

Wie entstand das Bild von Ihrem heutigen Erfolg?
Zwei Wochen später meldete ich mich bereits zum Workshop dazu an. Ich nahm mir die Zeit, über die Zukunft nachzudenken, und fand dann in meiner eigenen Geschichte meine Grundmotive, die mich antreiben. Dazu muss ich ins Jahr 2000 zurückgehen. Damals ging es mir schlecht: Übergewicht, starke Rückenschmerzen und noch mehr gesundheitliche Probleme. Auch damals half mir ein Buch weiter, und zwar „Die 7 Wege zur Effektivität" von Stephen R. Covey. Eine Schlüsselfrage daraus packte mich unvermittelt: Welche Sache könntest du tun, die dein Leben verändern würde und einen großen positiven Effekt hätte? Ein paar Seiten weiter las ich dann: Wenn man eine Sache gefunden hat und weiß, das hat einen riesigen positiven Effekt, welchen Grund kann es überhaupt noch geben, das nicht anzugehen? Das schlug damals derartig bei mir ein, dass ich gleich meine Frau anrief und sagte: Wenn ich nach Hause komme, beginne ich sofort mit dem Laufen, egal wie viel und wie oft, aber ich starte.

Gesagt, getan. Der Effekt war umwerfend, auf körperlicher und geistiger Ebene. Von da an war mir klar: Wenn ich etwas mache, dann konsequent. Und ich erkannte, dass ich auch anderen etwas geben wollte, was dann in einen Lauftreff mündete. Diese Geschichte zeigte mir mein Grundmotiv. Ich will Bestleistung bringen. Wenn ich etwas mache, dann will ich es so gut machen, wie ich kann. Unabdingbar damit verknüpft ist für mich die Menschlichkeit, also die Menschen zu sehen, und das dritte ist die Gesunderhaltung. Dieser Dreiklang ist meine Basis. Und das galt weiterhin.

Mit dieser Erkenntnis ging ich in dem Workshop in eine Meditation. Dabei ging es um die Zukunft in 30 Jahren und Fragen wie diese: Wie bewegen wir uns fort? Wo und wie leben wir dann? Wenn ich aufwache, wer liegt neben mir? Wie frühstücke ich? Gehe ich zur Arbeit? Was sehe ich dort? Das war unglaublich. Ich sah ein blühendes Unternehmen, das für seine Kunden da ist. Und Kunden, die im Unternehmen sind. Ich nahm eine fröhliche Stimmung wahr. Dabei wurde mir klar, welchen Wert ich meinen Kunden bieten wollte. easySoft hatte plötzlich einen neuen Zweck. Ich sah damals sogar eins meiner Kinder, das mit mir im Unternehmen arbeitete. Mit diesem Bild fing alles an, das war gigantisch.

Wie haben Sie Ihre Kollegen überzeugt?
Nach dem Workshop durchlief ich gemeinsam mit meinen Kollegen diesen Findungsprozess noch einmal. Jeder prüfte, was seine Werte sind, durch welche Erlebnisse sie geprägt waren und welche Vision jeder Einzelne hatte. Gemeinsam schauten wir dann uns und easySoft in 30 Jahren an und hatten dabei 70 % Deckung in unseren Vorstellungen. Das war unglaublich und schweißte uns ziemlich zusammen. Wir wussten, jetzt können wir es schaffen.

Was haben Sie getan, um die Vision lebendig zu halten?
Der wichtige nächste Schritt bestand darin, die Ziele hinter der Vision zu formulieren, und zwar für alle meine Lebensbereiche. Ich fertigte damals eine Ziel-Traum-Mindmap an, die ich heute noch im Original habe und immer weiterentwickle. Aus den damaligen Zielen leitete ich konkrete Maßnahmen zu den Themen Kundennutzen, Umsatz und anderes mehr ab. Die Methode Ziel-Traum-Mindmap ist für mich zum Schlüssel geworden; damit fokussiere und zentriere ich mich immer wieder! Interessant ist, dass ich mit dem Aufschreiben bereits Dinge in die Wege leite und danach handle, ohne dass ich das jetzt andauernd bewusst tue.

Was hat Sie an Ihre Idee glauben lassen?
Für mich war alles so stimmig wie noch nie zuvor. Ich wusste einfach, dass es jetzt klappt. Was hatte ich schon zu verlieren? Entweder würde uns unsere Vision tragen oder eben nicht. Die Gedanken von der Verzweiflung hin zur Lösung zu lenken, das hat die erforderliche Kraft gegeben.

Wie lange dauerte es, bis Sie zum ersten Mal das Gefühl hatten, dank der Vision den Durchbruch zu schaffen?
Schon nach drei Monaten waren unsere Zahlen wieder schwarz. Wir waren natürlich skeptisch, ob nicht das nächste tiefe Loch auf uns wartete, aber da kam keines mehr. Ab da ging es nur noch bergauf. Das innere Gefühl der Zufriedenheit, der Beseeltheit war dann ab 2010 da. Das kannte ich davor eigentlich nicht.

Wie haben Sie es geschafft, sich immer wieder auf Ihr Ziel zu konzentrieren?
Aufschreiben und visualisieren, und zwar immer und immer wieder. Ich halte das für außerordentlich wichtig. Schon beim Aufschreiben tut sich bei mir unheimlich viel, was die Umsetzung von Ideen anregt und beschleunigt.

Was ist der wichtigste Tipp, den Sie gerne weitergeben würden?
Das Allerwichtigste ist: Schafft euch Klarheit bezüglich eurer Vision.

Hier geht es direkt zum Podcast-Interview mit Andreas Nau

6.4   Übungsteil – Ihr Weg zur Vision

Das Dach des Zukunftshauses (Illustration: Martina Lauterjung)

Nun will ich Sie dazu anstiften, selbst aktiv zu werden. Schauen Sie auf Ihr Warum, das sich in Ihren Sehnsüchten, Wünschen und Träumen versteckt. Sie dürfen jetzt keck und frech sein und so richtig groß denken. Das heißt nicht, dass Sie eine Erfindung machen oder die Welt retten müssen. Nein, es geht darum, Ihre Sehnsucht kennenzulernen, und die kann auch leise sein und Ihr engstes Umfeld umfassen. Manche Menschen halten andere ja schon für bekloppt, wenn sie Karrierechancen ausschlagen, weil sie lieber bei ihrer Familie sein wollen, um dort zu wirken. Wen das erfüllt, für den ist die Entscheidung gut so. Wie Ihre Vision aussieht, entscheiden Sie allein – sie muss nur für Sie allein stimmen. Erlauben Sie sich, Ihren ganz eigenen Maßstab anzulegen. Ihr Warum zählt, und nur das! Es geht um Ihr eigenes großartiges Leben.

Bevor Sie mit der Übung starten: Schaffen Sie sich Freiraum und suchen Sie sich einen guten Platz, der Sie ermuntert, frech und mutig zu sein. Gehen Sie auf einen Berg, setzen Sie sich in ein Café oder ziehen Sie sich einfach zu Hause in Ihr Lieblingseck zurück. Alles ist gut, was Sie anregt. Denn jetzt geht es um Ihr „Big Picture", das große Bild Ihrer fantastischen Zukunft. Die Haltung, mit der Sie sich Ihrer Vision nähern, beruht darauf, dass das, was Sie ersinnen, gelingt. Ein Scheitern ist ausgeschlossen.

Schauen Sie an dieser Stelle noch einmal auf Ihre bisher erarbeiteten Ergebnisse. Was steht in den Säulen, was als wichtigste Überzeugungen im Fundament? Nehmen Sie Ihre Erkenntnisse und die damit verbundenen Gefühle wahr, dann legen Sie Ihr Haus zur Seite und widmen sich ganz dem Dach.

Übung

Im Folgenden stelle ich Ihnen erprobte Visionsübungen vor. Idealerweise arbeiten Sie sich vom Brief zum Bild oder zur Collage vor. Wenn Sie eher minimalistisch veranlagt sind, können Sie auch gleich mit den zehn Visionssätzen beginnen. Suchen Sie sich aus dem Angebot den Ansatz heraus, der Ihnen am ehesten entspricht. Jede Auseinandersetzung mit Ihrer Idealvorstellung hilft, den Zukunftsmuskel zu trainieren. Außerdem machen die Übungen Spaß und bringen Sie in eine euphorische Stimmung. Je öfter Sie sie durchführen, umso höher ist die Wahrscheinlichkeit, dass Sie es für möglich halten, Ihr Ziel zu erreichen.

Schritt 1 – Träumen

Schreiben Sie einen Brief aus Ihrer idealen Zukunft an einen lieben Freund oder eine liebe Freundin. Versetzen Sie sich dazu drei bis fünf Jahre in die Zukunft und berichten Sie, was dann ist. Nehmen Sie sich maximal

20 min Zeit dafür, so hat das Gehirn wenig Zeit, zu bewerten. Schreiben Sie drauflos, ohne sich zu zensieren oder zu bremsen. Ein guter Einstieg könnte sein:

> *Liebe Klara,*
> *nun muss ich dir unbedingt erzählen, was in den letzten zwei Jahren Wunderbares bei mir passiert ist. Stell dir vor, …*

Lesen Sie Ihren Brief erst, wenn er fertig ist. Idealerweise lassen Sie ihn einige Zeit auf sich wirken und fertigen ergänzend eine Collage als visuelle Unterstützung an.

Wenn Sie mehr der gestalterische Typ sind, können Sie den Brief notfalls auch überspringen. Nehmen Sie in diesem Fall ein großes Blatt Papier und malen in bunten Farben ein Bild Ihrer erfüllenden Zukunft. Das muss weder kunstvoll noch besonders schön sein. Falls Sie nicht malen wollen, kleben Sie eine Collage. Suchen Sie sich Ihre ideale Welt aus verschiedenen Zeitschriften zusammen. Nehmen Sie ein Lieblingsbild von sich und kleben Sie es in die Mitte, und drumherum platzieren Sie alles, was für Sie zu Ihrer großartigen Zukunft gehört.

Nehmen Sie nun Ihren Brief und/oder Ihr Bild und formulieren Sie daraus zehn Sätze, die Ihre ideale Zukunft beschreiben. Formulieren Sie so, als ob das, was Sie sich wünschen, schon wahr geworden wäre.

Ein Beispiel: „Ich bin ein sehr gefragter Gast in vielen Talkshows, um über mein Thema ‚Wie wir die Natur vor dem Kollaps schützen' zu berichten."

Trauen Sie sich, alle Gedanken, die Sie in sich wahrnehmen, aufs Papier zu bringen. Das ist ein wichtiger Schritt, um die tief in Ihrem Inneren schlummernden Sehnsüchte nach oben zu holen. Es schaut ja keiner zu, und Sie müssen auch niemandem zeigen, was Sie erarbeitet haben.

Die folgenden Fragen können Sie als Anregung nutzen, um in Schwung zu kommen:

- Wofür sind Sie bekannt?
- Was macht Sie unverwechselbar?
- Wo leben Sie idealerweise?
- Wer begleitet Sie auf Ihrem Weg?
- Was haben andere davon, dass es Sie gibt?
- Welches Problem haben Sie vielleicht gelöst?
- Wie haben Sie es geschafft, die passende Lösung zu finden?

Schritt 2: Einschätzen

Nun bewerten Sie Ihre zehn Sätze. Ergänzen Sie jeweils links und rechts eine Spalte, überschreiben Sie die linke mit „Ist", die rechte mit „Soll". Prüfen Sie nun, welche Elemente Ihrer Wunschzukunft Sie vielleicht schon ansatzweise umgesetzt haben. Wo sind Sie bereits auf dem Weg? Das kommt in die Spalte „Ist".

Beispiel:

Ist	Ihre Visionssätze	Soll
6	Ich habe den idealen Platz für meine Kreativität und meine Familie	10
2	Meine Produkte sind international begehrt und erheitern das Leben vieler Menschen	6
1	Ich arbeite und lebe in einem offenen Atelier, wo Austausch und Kreativität sich vereinen	8
	...	

Nutzen Sie für die Einschätzung eine Skala von 1 bis 10. 1 bedeutet: Ich habe noch nichts dafür getan/das ist noch ein Traum. 10 heißt: Alles ist perfekt und schon umgesetzt. Meine Erfahrung sagt, dass bei ganz vielen Vorhaben bereits kleine Schritte passiert sind und die 1 deshalb gar nicht so oft vorkommt. Die 10 wird ebenso selten eingetragen. Wenn doch, dann sind entweder Teile Ihrer Vision schon Wirklichkeit oder aber Sie dürfen noch viel größer denken. Alle anderen Werte dazwischen kommen relativ häufig vor.

Sie haben die Liste ausgefüllt? Nehmen Sie sich nun Zeit, um einzuschätzen, wo Sie gerade stehen. Lassen Sie Ihr Ergebnis auf sich wirken. Erstaunt? Das wundert mich nicht. Oft sind wir weiter, als wir glauben, denn unsere Sehnsucht zieht uns unbewusst in die gewünschte Richtung.

Schritt 3: Essenz bilden

Bleiben Sie im Beseelt-und-Bekloppt-Modus. Jetzt sind vor allem Ihr Herz und Ihr Gefühl gefragt. Welcher Ihrer Sätze lässt die Musik in Ihnen am lautesten erklingen? Wobei stellen sich Ihre Nackenhaare auf? Wo spüren Sie Leichtigkeit? Wann huscht ein Lächeln über Ihr Gesicht? Wenn Sie beim Lesen eines Satzes besonders viel Unruhe oder Berührung spüren, spricht Ihr Innerstes zu Ihnen.

Auch Ihre Bewertung kann erste Hinweise geben, welche Themen die wichtigsten sind. Was haben Sie in der Soll-Spalte aus dem Herzen heraus mit 10 bewertet? Vergleichen Sie die gefundenen Sätze mit Ihrem Gefühl. Sie werden schnell erkennen, welche Ihrer Sehnsüchte jetzt gelebt werden wollen. Ein Quercheck mit den Säulen und dem Fundament Ihres neuen Hauses wird Sie in Ihrer Wahl bestätigen.

Die Sätze mit dem stärksten „Beat" (bitte maximal drei) überprüfen Sie nun noch anhand der ALM-Methode, die unsere wichtigsten intrinsischen Motive widerspiegelt:

- **A**nschlussmotiv: Haben Sie an das Miteinander gedacht? Wer oder was profitiert von Ihrer Vision?
- **L**eistungsmotiv: Steckt genügend Herausforderung in der Vision, sodass es auch langanhaltend Freude macht,

sich dafür ins Zeug zu legen und Durststrecken zu überwinden?

- **M**achtmotiv: Wo sind Sie unverwechselbar, die Nummer eins? Wo zeigt sich Ihre Einzigartigkeit?

Besonders anziehend und packend ist Ihre Vision, wenn sie alle drei Motive anspricht. Meiner Erfahrung nach wird Ihre Essenz in jedem Fall zwei der Motive abdecken. Unabhängig davon ist es wichtig, dass Ihre Vision Ihrem Anspruch gerecht wird.

6.5   So verankern Sie Ihre Vision

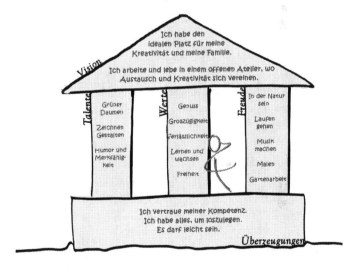

Beispiel: fertiges Zukunftshaus (Illustration: Martina Lauterjung)

Wenn Sie genügend geträumt und die Essenz, also Ihre Vision, gefunden haben, die als Dach Ihr Haus vervollständigt, verdichten Sie sie noch einmal. Dies dient der Verankerung und hilft Ihnen, sich ganz auf das Wesentliche zu konzentrieren. Vor allem Ihr Unterbewusstes wird dadurch gut versorgt und hilft mit, dass Sie sich in die gewünschte Richtung bewegen. Viele meiner Klienten schreiben sich die Essenz auf eine Karte und nutzen zusätzlich ein Symbol, um sich so oft wie möglich an ihre Vision zu erinnern. Sobald sie im Alltag verloren zu gehen droht, helfen solche sanften Stupser und visuellen Reize, um uns zu erinnern und zu orientieren.

Schauen Sie sich Ihr Haus in seiner Gänze an. Wie würden Sie es mit einem Satz beschreiben? „Die Wohlfühlvilla im Grünen" oder „Mein Stadtpalais mit Flair"? Formulieren Sie einen coolen Slogan, der den Kern Ihres Hauses erfasst. Spielen Sie mit Schlagzeilen (Was wollen Sie in drei Jahren in Ihrer Lieblingszeitung über sich lesen?), mit der Inschrift auf Ihrem imaginären Grabstein oder mit einer Werbebotschaft. Dabei geht es um eine Art Katalysator, der Sie befeuert.

Ich gebe Ihnen ein paar Beispiele. Einer meiner Klienten, der jahrzehntelang in der Chefetage eines Konzerns tätig war, hatte politisches Kabarett als Leidenschaft entdeckt. Er hat für sich den Satz gefunden: „Ich bin der Wachrüttler und Aufrüttler." Eine Klientin, deren größte Sehnsucht nach einer schweren Krankheit darin bestand, ihren alten Beruf wieder auszuüben, formulierte für sich: „Alles ist ein Weg zum Ziel." Die Inhaberin eines Designbüros, die gerne mit wertvollen Materialien umgeht, die Natur liebt und ein Faible für Tiere hat, machte für sich einen schlichten, sehr starken Satz zum Credo: „Das Leben lieben."

Wie lautet Ihr Satz?

Literatur

Heimsoeth A (2015) Chefsache Kopf: Mit mentaler und emotionaler Stärke zu mehr Führungskompetenz. Springer Gabler, Wiesbaden

Hüther G (2014) Vortrag – DenkwerkZukunft: Glücks-gefühle. https://www.youtube.com/watch?v=zW1U-JUl7tg. Zugegriffen: 30. Nov. 2021

Nau A (2017) WERTvoll in die Zukunft: Revolutionen beginnen im Kopf: Was mich und mein Unternehmen ver-änderte. GMEINER Verlag, Meßkirch

Arbeitsblätter

www.silvia-ziolkowski.de/bonusmaterial-zukunftshaus

7

Jetzt wird gebaut

Gratulation! Sie haben Ihr Zukunftshaus erstellt, und darauf möchte ich jetzt virtuell mit Ihnen anstoßen! Das ist eine großartige Leistung! Auch wenn Sie jetzt aufhören würden, hätten Sie einen guten und wichtigen Schritt getan, um für sich die Dinge zu klären, die Ihnen im Leben und für Ihre Zukunft wichtig sind. Das Unterbewusstsein hat jetzt schon Futter, mit dem es arbeiten kann, vor allem dann, wenn Sie sich Ihr Haus immer wieder ansehen.

Das tun Sie nun auch. Machen Sie es sichtbar. Nutzen Sie die Chance, es in seiner ganzen Pracht zu bewundern. Wie bei einem Bauplan liegt alles vor Ihnen. Sind Sie zufrieden? Horchen Sie in sich hinein und schauen Sie, wo es Verbindungen zwischen den Säulen gibt, die Ihnen bisher vielleicht noch gar nicht aufgefallen sind.

Hier ein Beispiel: Helga kam zu mir, weil sie den nächsten beruflichen Schritt für sich nicht sah. Das einzige, was sie wusste, war, dass sie ihre Tätigkeit mit etwas

© Springer Fachmedien Wiesbaden GmbH, ein Teil von Springer Nature 2022
S. Ziolkowski, *Bau Dir Deine Zukunft*,
https://doi.org/10.1007/978-3-658-37033-6_7

Neuem verbinden wollte. Wir bauten für sie ein Zukunftshaus, und plötzlich lag die Lösung vor ihr. In allen drei Säulen waren Hinweise für ihre Zukunft verborgen. Die Begriffe Gesundheit und Training zogen sich durch, und so hatte sie schnell erkannt, in welche Richtung es für sie gehen sollte. Gefühlt hatte sie das vorher schon, nur ausdrücken konnte sie es nicht. Jetzt hatte sie Gewissheit und Orientierung.

Wenn Sie mögen, dann machen Sie diesen Quercheck jetzt für sich: Was fühlt sich stimmig an, was vielleicht noch nicht? Wollen Sie doch noch etwas ändern? Jetzt ist die Gelegenheit dafür. Es ist völlig in Ordnung, wenn Ihnen während des Prozesses neue Erkenntnisse gekommen sind. Halten Sie es da ruhig mit Konrad Adenauer, der gesagt haben soll: „Was interessiert mich mein Geschwätz von gestern. Ich kann doch über Nacht klüger werden." Vielleicht sind Sie ja über Nacht auch klüger geworden. Dann trauen Sie sich, den einen oder anderen Wert zu verschieben oder noch etwas zu ergänzen. Aber genießen Sie auch die Leistung. Sie haben ein ganzes Haus für sich erstellt, Ihr Zukunftshaus. Mit den entscheidenden Elementen und Pfeilern. Sie können stolz auf sich sein. Es gibt nur wenige Menschen, die sich wie Sie die Zeit dafür nehmen, die Grundpfeiler für die eigene glückliche Zukunft zu erarbeiten. Als Manuel nach dem Coaching sein fertiges Zukunftshaus mit nach Hause nahm, sagte er zu mir: „Ich glaube, ich habe mich noch nie so intensiv mit mir und meinen Bedürfnissen auseinandergesetzt. Mein fertiges Zukunftshaus zu sehen gibt mir sehr viel Zuversicht und Klarheit für meinen weiteren Lebensweg." Vielleicht geht es Ihnen ähnlich wie Manuel. Lassen Sie es mich wissen. Es wäre mir eine Freude.

7.1   Wie begeistere ich meine Nachbarn?

Bevor es an die Umsetzung geht, ist es wichtig, noch einmal einen Umfeld-Check zu machen. Gibt es gute Gründe für Ihr Umfeld, Ihr Zukunftshaus abzulehnen? Bei einem echten Haus könnte es vielleicht sein, dass Sie sehr nahe an die Grundstücksgrenze Ihres Nachbarn kommen oder Ihr Haus doch sehr modern für die eher konservative Gegend ist. Dann ist es wertvoll, wenn Sie gute Argumente parat haben, um Ihre Nachbarn zu überzeugen und sie buchstäblich ins Boot zu holen. Was haben die anderen davon, wenn sie zustimmen? Wenn Sie selbst überzeugt sind und dafür brennen, werden Sie diese Gründe parat haben.

Genau dasselbe steht jetzt für Ihr Zukunftshaus an. Konzentrieren Sie sich dabei auf die Essenz in Ihrer Vision. Da stecken indirekt auch Ihre Säulen und Ihr Fundament drin. Mit Ihren Nachbarn wollen Sie schließlich auch nicht über das Mauerwerk diskutieren, sondern über das große Ganze – und das steckt in Ihrer Vision. Nutzen Sie die Strahlkraft Ihrer Vision und Ihre Überzeugungskraft, um hier zu punkten.

„Die Menschen tragen ihre Begeisterung für ihr Thema nicht genügend in die Welt," sagt Dieter Härthe. Für ihn gehört das zu den größten Fehlern, die wir bei der Verfolgung unserer Vision machen können. Und genau da liegt der Unterschied: Wenn die Kraft der Vision trägt, passiert Ihnen das nicht und Sie können auch andere dafür gewinnen. Überlegen Sie deshalb, wie Sie Ihr Umfeld begeistern können Was hat Ihre Familie davon, wenn sie zustimmt und sagt, jawohl, das tragen wir mit? Wie könnten Sie Ihre Kollegen und Ihren Chef für Ihren

Plan begeistern? Wie schaffen Sie es, die anderen zu Ihren Verbündeten oder zumindest zu Befürwortern zu machen?

Vielleicht fragen Sie sich jetzt, warum das überhaupt notwendig ist. Wenn Sie es nicht schaffen, Ihrem nächsten Umfeld ein Leuchten für Ihre Idee in die Augen zu zaubern und es berechtigte Einwände gibt, die Sie nicht ausräumen können, dann werden Sie es schwer haben, an Ihrem Haus in dieser Form festzuhalten. Und dann gibt es zwei Fragen, die Sie sich stellen sollten:

1. Stehe ich wirklich zu 100 % hinter meiner Vision?
2. Bin ich bereit, den Preis zu bezahlen, wenn mein Umfeld nicht mitzieht?

Zum Beispiel: Wenn Ihr Mann ein Sicherheitstyp ist, Sie aber so gar nicht, werden Sie beide an der Wertefront immer wieder aufeinander krachen. Auch Dinge, die Ihnen Spaß machen und ihm nicht, sind mögliche Konfliktpunkte. Spüren Sie hin: Wo könnten sich Schwierigkeiten auftun? Wo würden Sie Kompromisse eingehen und welchen Preis wollen Sie auf keinen Fall zahlen? Margit Hertlein schreibt in ihrem erfrischenden Buch „Raus aus dem Jammersumpf" (Hertlein 2014): „… denken Sie daran, auch Ihre Heimat zu finden. Es ist ein Umfeld gemeint, das die Werte und Ziele teilt, die Sie haben, oder zumindest nicht aktiv behindert."

Keiner gewinnt alleine, und wenn Sie Ihre Vision Ihrem Partner, Ihrem Team oder Ihrem Chef nicht verkaufen können, dann ist sie oft genug zum Scheitern verurteilt. Was hat also Ihr Umfeld davon, wenn Sie sich auf den Weg machen? Wenn Sie von Ihrer Vision überzeugt sind, hat sie auch genügend Strahlkraft und Sie werden mühelos Argumente finden, die auch andere inspirieren. Wenn Ihre Vision diese Hürde nicht nimmt, dann verabschieden Sie sich davon. Es war dann noch nicht das richtige

Thema oder der richtige Zeitpunkt. Ein weiterer Grund könnte sein, dass gar nicht Sie selbst das wollen, sondern andere (wie zum Beispiel Vater, Mutter, Partner). Seien Sie konsequent und streichen Sie das Ziel. Es wird Sie nicht glücklich machen.

Sie finden das hart? Nur im ersten Augenblick. Wenn Sie die Entscheidung treffen, unpassende Ziele loszulassen, stellt sich schnell heraus, wie entlastend das ist. Die alten inneren Zweifel verschwinden, und ans Licht kommt die eigentliche Vision. Beschäftigen Sie sich dazu gerne noch einmal mit dem Kap. 6 und Ihrem Dach.

7.2   Freigabe des Bauplans

Jetzt wird's ernst. Sie haben Ihr Haus entworfen, Ihr Umfeld gecheckt, eventuell den Plan noch mal korrigiert, und nun sind Sie voll und ganz zufrieden mit dem, was da auf dem Papier steht. Machen Sie „einen Knopf dran" und sagen Sie sich: Das macht mich aus, da will ich hin, und das ist mir wichtig. Punkt. Das ist so, als ob Sie eine Unterschrift unter Ihren Bauplan setzen und damit die Freigabe für die Umsetzung erteilen. Erteilen Sie auch sich selbst die Freigabe für die Umsetzung, sonst kommen Sie nie zum Starten. Am besten bestätigen Sie Ihren Entschluss tatsächlich mit Ihrer Unterschrift, um auch sich selbst klar zu machen, dass Sie an sich und Ihr Haus zu 100 % glauben. Damit haben Sie einen Meilenstein geschaffen und eine Entscheidung getroffen. Es ist gut, wie es ist, und es ist gut, wie Sie sind.

Ihr Vorhaben darf jetzt Fahrt aufnehmen und in die konkrete Planung gehen. Besondere Aufmerksamkeit richten Sie dabei auf Ihre Vision und auf das, was Sie damit erreichen wollen.

Um ins Handeln zu kommen, ist es notwendig, aus der Vision nun ein verfolgbares Ziel zu machen. Falls Sie mehr als einen Satz im Dach stehen haben, dann überlegen Sie, welcher der gefundenen Sätze den größten Hebel für Ihr Leben hat und die anderen Punkte beeinflusst. Was würde Sie richtig vorwärtsbringen? Was ist ein ehrgeiziges Ziel, das Sie näher an Ihre Vision bringt? Bei mir gehört zum Beispiel dieses Buch dazu, denn es ist ein wichtiger Beitrag zu meiner Vision, Menschen dazu anzustiften, die eigene Zukunft in die Hand zu nehmen.

Machen Sie es den erfolgreichen Persönlichkeiten nach, treffen Sie Ihre Entscheidung und marschieren Sie nach vorne. Wenn später Korrekturen nötig sind, ist das zwar schmerzhaft, aber nicht verboten. Kontrollieren und Korrigieren gehören dazu, denn wir können am Anfang nicht alle Aspekte sehen und einschätzen.

Dieter Härthe ist dafür ein gutes Beispiel. Seine Antwort auf meine Frage, wie er seine Vision lebendig gehalten hat, war: „Ich bin einfach immer nach vorne gegangen, Schritt für Schritt. Wissen Sie, wenn ich vielleicht Betriebswirtschaft studiert und dann noch einen Businessplan erstellt hätte, hätte ich gesehen, dass es dazu sehr viel Geld braucht. Aber da ich das nicht wusste, habe ich nur ein Konzept erstellt und hab mich auf dem Weg gemacht."

7.3   Bis zum Winter soll der Rohbau stehen

Sie haben sich entschieden, Ihr ehrgeiziges Ziel ist klar, und nun braucht es sichtbare Zeichen für Ihre Entscheidung. Legen Sie los und geben Sie Gas. Was können Sie in den nächsten 72 Stunden tun, um ins Handeln zu kommen?

Es geht um ein erstes sichtbares Zeichen. Eine Kleinigkeit, die einen Unterschied macht. Jetzt sind Sie proaktiv gefordert, um zu erreichen, was Sie wollen. Machen Sie sich einen Plan von den Dingen, die anstehen, um Ihrem Ziel näher zu kommen. Bewährt haben sich hier folgende Fragen:

3. Was haben Sie für Ihr Vorhaben schon getan?
   Meist haben Sie nämlich schon etwas dafür getan. Möglicherweise haben Sie es nur nicht im Zusammenhang mit Ihrer Vision gesehen.
4. Was ist der nächste kleine Schritt, den Sie anpacken werden?
   Machen Sie zum Beispiel einen Meilensteinplan, tätigen Sie einen Anruf oder schaffen Sie Platz. Tragen Sie sich entscheidende Termine in den Kalender ein. Überlegen Sie sich, bis wann Sie was erreichen wollen. Was auch immer es ist, wichtig ist, dass Sie jetzt ins Handeln kommen.
5. Was wird ein deutlicher Fortschritt sein?
   Welche Schritte müssen getan sein, damit Sie diese als Fortschritt akzeptieren?
   Schreiben Sie sie auf, denn wenn Sie dort angekommen sind, kann es gut sein, dass Sie den Punkt übersehen und sich seiner Tragweite gar nicht mehr bewusst sind. Mit dem Aufschreiben schärfen Sie gleichzeitig Ihr Bewusstsein für Erfolge.
6. Woran werden Sie erkennen, dass Ihr Rohbau steht?
   Übersetzt heißt das: Welchen Meilenstein wollen Sie bis wann erreicht haben? Wie fühlen Sie sich dann? Welcher Etappensieg macht Sie richtig stolz?

Mit der Beantwortung dieser Fragen fokussieren Sie sich auf Ihr Ziel und geben Ihrem Vorhaben eine erste Struktur. Es fühlt sich plötzlich machbar an und macht

Lust loszulegen. Es gibt Ihnen Energie für Ihr Vorhaben, auch wenn Sie sehen, dass sich das Ergebnis nicht von heute auf morgen einstellt (tut es eher selten), sondern sich Schritt für Schritt entwickeln muss. Diese Vorgehensweise bringt Sie auf die Siegerstraße und in dauerhaftes Handeln.

> 1. Was haben Sie für Ihr Vorhaben schon getan?
> 2. Was ist der nächste kleine Schritt, den Sie anpacken werden?
> 3. Was wird ein deutlicher Fortschritt sein?
>
> Welche Schritte müssen getan sein, damit Sie diese als Fortschritt akzeptieren?
>
> 4. Woran werden Sie erkennen, dass Ihr Rohbau steht?

7.4   Vom Reden ins Tun kommen

„Das müsste man mal anpacken." „Dafür müsste mal einer eine Lösung finden." „Warum gibt es denn dafür nichts Vernünftiges?" Diese Sätze haben Sie vielleicht selbst schon gesagt, gedacht oder gehört. Ich weiß, dass ich sie mehr als einmal gesagt und bestimmt noch öfter gehört habe. Nun gibt es Menschen, bei denen so ein Gedanke auf fruchtbaren Boden fällt; sie denken einfach weiter. Wie könnte man das Problem lösen? Welche Ideen braucht es, damit daraus eine Lösung wird? Und plötzlich sind sie mittendrin und haben eine Dienstleistung oder ein Produkt entwickelt. Sie machen es aus einem inneren Antrieb heraus, der sie ganz erfüllt. Wiestaw Kramski hat nur für sich einen Golfschläger entwickelt, weil ihn die Angebote auf dem Markt nicht überzeugt haben, und Mike Fischer hat sich als Unternehmer immer wieder auf neues Terrain begeben, um Angebotslücken zu schließen. Beide haben Missstände wahrgenommen und dazu Lösungen angeboten. Ihr Ideenreichtum und ihr Können haben sie zu Multiunternehmern werden lassen. Nicht halbherzig, sondern mit Leib und Seele. Diese Energie ist spürbar, wenn man in ihrer Nähe ist. In Christian Bischoffs Buch „Der Weg des Meisters" (Bischoff 2012) gibt es eine Passage, die das gut beschreibt: „Meister machen ihre Sache um der Sache willen. Sie machen ihre Sache, weil sie ihnen Spaß und Freude bereitet. Mehr als alles andere auf der Welt. Sie machen ihre Sache nicht, um damit möglichst viel Geld zu verdienen oder möglichst viel Ruhm und Anerkennung zu bekommen, sondern weil diese Sache sie erfüllt."

Und um Erfüllung geht es auch in Ihrem Zukunftshaus. Innere Erfüllung ist die Essenz, egal, wie sie in uns entsteht. Jeder Mensch ist anders, und jeder Weg, seine eigene Vision zu finden und zu leben, auch. Gehen Sie Ihren Weg und lassen Sie sich von den Zukunftsmachern und Visionären inspirieren.

7.5 Zum Macher werden – Mike Fischer

Mike Fischer ist ein unglaublich dynamischer Mann, dem der Schalk im Nacken sitzt. Er macht den Eindruck, als ob er mit dem Leben und den Chancen und Möglichkeiten, die es ihm eröffnet, spielen würde. Dabei entstehen sehr erfolgreiche Unternehmen und Geschäftskonzepte, die sich vorher noch niemand vorstellen konnte.

Als ich ihm das erste Mal begegne, denke ich: „Was für ein verrückter Typ." Ich sitze während seines Vortrags in der ersten Reihe und lausche gebannt. Er ist Multiunternehmer und erzählt im saloppen Stil, wie er das alles gemacht hat. Sein alles entscheidendes Motto: „Was zum Teufel machst du anders als alle anderen?" Mit dieser Frage fordert er sich und sein Team heraus, das Beste zu geben und den Status Quo ständig zu hinterfragen. Er steckt mich an mit seinen sprühenden Augen und seiner charmanten, kraftvollen Art. Da steht ein Unternehmer, der mit Lust und Abenteuergeist seinen Weg geht. Was ich da höre, wäre für viele von uns schon viel zu viel: Fahrschule, Pizzeria, Bauunternehmen. Aber das ist Mike Fischer nicht genug. Der Vortrag, den ich mir gerade anhöre, ist sein Prüfungsvortrag zum Professional Speaker. Das heißt, er hat sich neben all seinen Unternehmen nun auch noch ein ganzes Jahr lang in den Zertifikatslehrgang gesetzt und hat Wochenenden investiert, um sich zum professionellen Redner ausbilden zu lassen. Unglaublich.

Der Schluss seines Vortrages hat mich und auch die anderen Zuhörer gerührt. Mit einem dicken Blumenstrauß in der Hand geht er zu seiner Frau, die direkt neben mir sitzt, um sich bei ihr für das entbehrungsreiche Jahr zu entschuldigen und seine Liebe zu ihr zu bekunden. Eine Liebeserklärung „on stage". Das muss man sich erst einmal trauen. Doch Mike Fischer traut sich viel. Alles sieht leicht bei ihm aus, wie selbstverständlich, weil er die Dinge, die er sich vornimmt, konsequent in die Tat umsetzt. Seine Erkenntnisse dazu hat er mittlerweile auch in dem sehr lesenswerten Buch: Erfolg hat, wer Regeln bricht (Fischer 2014), zusammengetragen.

Interview mit Mike Fischer – Multiunternehmer und Ideenfabrikant

Ein Träumer ist genauso schlimm wie ein Workaholic. Exzellent wird's nur dann, wenn du richtige Ziele und Visionen hast und diese konsequent umsetzt.

Hatten Sie einen Traum, eine Vision, die Sie verwirklichen wollten?
Es ist nicht die eine Vision, sondern immer wieder eine Vision, die mein Leben begleitet hat. Und die Vision, die alles überstrahlt, ist: zu den Siegern zu gehören. Das ist mir das erste Mal als Kind begegnet, als ich bei den Schwimmern war und mir immer vorgestellt habe, auf der Siegertreppe zu stehen und Medaillen und Ehrungen zu erhalten.

Bewusst gehe ich mit dem Thema Visionen allerdings erst seit einigen Jahren um. Ich bin mittlerweile überzeugt, dass es notwendig ist, eine Vision zu haben, weil man sonst nicht ankommen kann. Die visionäre Denkweise kann ich erst heute in Worte fassen, 1990 hätte ich mit dem Begriff überhaupt nichts anfangen können. Aber genau das ist es, was mich immer angetrieben hat, meine visionäre Denkweise. Und so kann ich sagen, ja, mein ganzes Leben ist geprägt von Visionen. Und das hat bereits als Schüler angefangen. Für mich war es immer wichtig, an etwas zu glauben und Erster zu sein.

Welche Vision begründet heute Ihren Erfolg?

Konkret bin ich über Umwege zu der Vision gekommen, die heute meinen Erfolg begründet. Ich hatte eine Lehre als Elektriker gemacht, weil mein Vater das so wollte. Ich hatte aber keinen Spaß daran und war einer der schlechtesten Elektriker überhaupt. Mir war klar: Ich muss da weg. Ich bin mein Leben lang gerne Auto gefahren und habe immer schon gerne Menschen etwas erzählt und beigebracht. Diese Kombination, Autofahren und Menschen etwas zu erzählen, war auch zu DDR-Zeiten etwas Besonderes, vor allem wegen der langen Wartezeit von acht Jahren, bis man die Ausbildung zum Führerschein überhaupt antreten konnte. Das hat mich inspiriert, nach der Armeezeit eine Ausbildung zum Fahrlehrer zu machen. 1988 bin ich fertig geworden, 1989 kam die Wende, und da wusste ich sofort, da will ich was tun. Eine Riesenchance. So habe ich die erste Fahrschule aufgemacht.

Wie ist das Bild von Ihrem heutigen Erfolg entstanden?

Ich habe ein paar Jahre „nur gemacht", aber nach einem schweren Unfall kam so ein Bewusstsein: Was passiert denn später? Mir war schon klar, dass dieser Stau, der durch die lange Wartezeit entstanden war, sich nach und nach auflösen wird. Dann werden alle das gleiche machen, und dann will ich mich unterscheiden, irgendetwas anders machen. Mein Siegerwille hat mich bewegt.

Wie haben Sie dieses Bild lebendig gehalten?

Mir war 1993/1994 ein Satz besonders wichtig: „Ich möchte die Freiheit erlangen, das zu machen, was mir Spaß macht." Das klingt jetzt so nach Urlaub, aber wenn dann der zweite Satz kommt – „und dabei übernehme ich die volle Verantwortung" –, wird klar, was ich meine. Das war und ist mir besonders wichtig. Wenn etwas schiefgeht, hat niemand anders als ich die volle Verantwortung. Das war dann auch meine Richtschnur, diesen Freiheitsgrad zu erlangen.

Ich hatte damals, 1995, ordentliche Investitionen, und für mich war klar, wenn meine Kredite in Höhe von über 5 Mio. DM an die Bank zurückbezahlt sind, dann habe ich meine finanzielle Freiheit erlangt. Für dieses Ziel habe ich mir ein konkretes Datum vorgenommen: den 11.10.2010.

Und das habe ich mir schon 1993/94 konkret ausgemalt. Ich wusste genau, wie es wird, wenn die letzte Rate an die Bank bezahlt ist. Ich habe genau gesehen, wie die Mitarbeiterin der Bank mir ein Schreiben übergibt mit der Mitteilung, dass alle Verbindlichkeiten getilgt sind, und mir sogar einen Blumenstrauß und Sekt mitbringt. Und genauso ist es dann auch abgelaufen.

Was hat Sie an Ihre Idee glauben lassen?
Ich hatte am Anfang bereits das Ende vor meinem geistigen Auge, und ich habe eine emotionale Bindung zu meinen Visionen. Ich stelle mir wirklich das Endergebnis vor und male es mir in allen Details aus. Das lässt mich auch die Stolpersteine aus dem Weg räumen. Aber die Hauptkraft ist meine Leidenschaft. Mit Leidenschaft und dem Gefühl, dass mir eine Idee unter die Haut geht, bin ich mir sicher, dass es am Ende tatsächlich gelingen kann.

Veränderung beginnt erst, wenn uns etwas wichtig ist. Wenn wir Leidenschaft und Gefühl miteinander verbinden, dann beginnt Veränderung. Ohne Begeisterung, ohne Leidenschaft verwalten wir nur, mehr nicht.

Aber da gibt es noch eine andere Kraft, und die bedeutet auf der einen Seite, die Dinge und mich nicht so wichtig zu nehmen, und auf der anderen Seite, die Dinge wahnsinnig wichtig zu nehmen. Wenn ich etwas sage, haben Menschen manchmal das Gefühl, da geht es um Leben und Tod. Und für mich geht es da um sehr viel mehr als um Leben und Tod. Leben und Tod, was ist das schon, das ist wie gestern und morgen. Aber bei meinen Überzeugungen geht es um viel mehr. Da kriege ich grad eine Gänsehaut. Ich weiß nicht, warum das so ist, aber ich weiß, dass es so ist.

Nutzen Sie Rituale oder Techniken, um am Ball zu bleiben?
Als „Leidenschaftler" stelle ich mir immer wieder die Frage: Ist das, was ich tue, das Richtige? Um die richtigen Antworten zu bekommen, hilft der von mir entwickelte 9-Punkte-Plan. Ich nenne ihn „das 3×3 meines Erfolgs". Diese Punkte spiegeln mein Denken und Handeln wider. Wenn etwas nicht so läuft, wie ich es geplant habe, könnte die Ursache darin liegen, dass ich einen der 9 Punkte nicht erfülle. Hier meine 9 Punkte zum Erfolg:

1. Sei besessen!
2. Fokussiere dich!
3. Denke anders!
4. Langweile (dich und andere) nicht!
5. Bleibe ehrlich!
6. Trage Verantwortung!
7. Denk an dich!
8. Nimm dich nicht zu wichtig!
9. Sei dankbar!

Haben auch andere in Ihrem Umfeld eine positive Auswirkung verspürt?
Ich stelle mir gern die Frage: Was haben andere davon, dass es mich gibt?

Ein Beispiel: Ich hatte einen Pizzafahrer, der irgendwie immer zu spät kam, jedoch in der Schicht ein großes organisatorisches Geschick erkennen ließ. Schnell wurde er Store Manager. Er ist so ein Typ, der an meiner Seite mitgewachsen ist. Ich muss Lebensberater und Vorbild für meine Mitarbeiter sein. Ich habe keine andere Aufgabe in meinem Unternehmen. Seit 2015 ist dieser junge Mann nach vier Jahren „Unternehmerschule" selbstständig und hat meinen Pizzastore in Gera übernommen. Bis heute erfolgreich.

Ich suche gern die Nähe von Menschen mit positiver Ausstrahlung und visionärer Denkweise. Diese Menschen sind so verwurzelt und stehen mitten im Leben, die kann man nicht so einfach umschubsen. Die sind Leuchttürme. Ich wünsche mir, dass ich so ein Leuchtturm werde. Ob ich einer bin, entscheiden allerdings meine Mitarbeiter und meine Freunde.

Welche Fähigkeiten und Talente haben Sie bei Ihrem Vorhaben unterstützt?
Was mich immer unterstützt, ist meine Leidenschaft. Das lebe und atme ich. Eine Fähigkeit ist, aufgeschlossen zu sein für einen Rat – ich bin nicht beratungsresistent. Außerdem stelle ich gerne alles in Frage und finde dadurch immer wieder neue Antworten. Ich nenne das Umdenken und ich finde das total wichtig als Unternehmer.

Was hat Sie wirklich starten lassen?
Machen statt reden. Perfektionismus ist der Killer für Visionen. Meine Stärke war immer, nie darüber nachzudenken, was alles schiefgehen kann. Ich habe mich halt einfach damit beschäftigt, wie es gehen kann. Der Pizza-Lieferdienst hatte ein Jahr Vorbereitung, unter dem Motto: Was zum Teufel machen wir anders als die anderen? Wenn das klar ist, dann kann es losgehen. Es ist manchmal so einfach, es ist wirklich einfach.

Was braucht es, um durchzuhalten und nicht mittendrin aufzugeben?
Man muss auf Menschen hören können, denen man vertraut, und man braucht viel Selbstvertrauen, Vertrauen in das eigene Ich. Man muss auch mal mit sich selbst ins Gericht gehen und sagen, das war jetzt nicht richtig, und dafür dann wiederum die Verantwortung übernehmen. Diese Haltung, diese Selbstverantwortung ist wichtig, dann traut man sich auch, was anzufangen.

Wie haben Sie es geschafft, sich immer wieder auf Ihr Ziel zu konzentrieren?
Ich glaube, dass die kleinen Schritte zum Erfolg führen, und es geht auch darum, die kleinen Schritte zu feiern. Ich nehme mich auch gern komplett aus dem Geschäft heraus. Heilfasten ist eine gute Erfahrung, um wieder nach unten zu fahren. Ich nutze viel Zeit zum Nachdenken. Was ist wirklich wichtig und was nicht? Ich denke, das klingt einfacher, als es dann tatsächlich ist. Leider sind die täglichen „Zeitfresser" und „Einladungen", die einen vom Wege abbringen, immer vielfältiger und bunter geworden. Ich glaube schon fast, dass es eine Kunst ist, sich im richtigen Moment zu fokussieren. Das Gute: Fokussierung kann man lernen. Nein zu sagen gehört zum Erfolgreich-Sein dazu.

Was war und ist Ihre stärkste Ressource, auf die Sie sich jederzeit verlassen können?
Um es kurz zu fassen: mein Instinkt und meine Bauernschläue. Und das Entscheidende ist immer Praxis, also nicht Phrasendreschen, sondern die praktische Umsetzung. Ich bin ein Macher, und ich erwarte auch Macherqualitäten bei meinen Mitarbeitern.

> **Was ist der wichtigste Tipp, den Sie gerne weitergeben würden?**
> Auf jeden Fall: „Lebe deine Träume". Dazu gehört vor allem: Beschäftige dich mit dir und deinen Träumen mehr als mit allem anderen. Nur dann kann es gut werden.

Literatur

Bischoff C (2012) Der Weg des Meisters: Wie man große Visionen verwirklicht. Draksal Fachverlag, Leipzig, S 36

Hertlein M (2014) Raus aus dem Jammersumpf: Heiter und humorvoll ans Ziel kommen. Ariston Verlag, München, S 251

Literaturempfehlung

Fischer M (2014) Erfolg hat, wer Regeln bricht: Wie Leidenschaft zu Spitzenleistung führt. Linde Verlag, Wien, Ein Ausnahmeunternehmer packt aus

Teil III

Bauaufsicht – so erhöhen Sie die Machbarkeit

Die Zukunft soll man nicht voraussehen wollen, sondern möglich machen.
(Antoine de Saint-Exupéry)

8

Der Rohbau steht – und jetzt?

Nun sind Sie auf dem Weg, und die nächsten Schritte sind ziemlich konkret geworden. Sie haben einen Handlungsplan erstellt, wissen, welche Meilensteine Sie bis wann erreichen wollen, haben Ihr Zukunftshaus als Kompass sichtbar gemacht und sind erste Schritte gegangen. Wenn Sie so wollen, steht jetzt der Rohbau. Sichtbar, nachvollziehbar und für Sie und andere erkennbar. So weit, so gut. Bevor Sie mit dem Innenausbau starten, ist es jetzt an der Zeit, Resümee zu ziehen. Was fällt Ihnen leicht, was nicht? Wo brauchen Sie Unterstützer? Welche Erfahrungen aus der Vergangenheit sind wertvoll? All das sind Punkte, die uns jetzt interessieren, damit Sie möglichst leicht am Ziel ankommen können. Wenn Sie sich einen echten Rohbau vorstellen, dann würden Sie nun anfangen, den Innenausbau vorzubereiten. Welche Handwerker werden noch gebraucht? Welche Arbeiten sind nach und nach zu tun?

© Springer Fachmedien Wiesbaden GmbH, ein Teil von Springer Nature 2022
S. Ziolkowski, *Bau Dir Deine Zukunft*,
https://doi.org/10.1007/978-3-658-37033-6_8

Wichtig ist auch, wie Sie bis zum Ende Ihre Energie erhalten können, denn je näher Sie Ihrem Ziel kommen, umso kleinteiliger und vielleicht nerviger wird es, wenn Sie nicht vorbereitet sind. Und genau um diese Vorbereitung geht es jetzt. Es gibt eine Handvoll Dinge, die Sie vordenken und vorbereiten können, um die Wahrscheinlichkeit zu erhöhen, dass Ihre Vision Wirklichkeit wird. Wie bei einem Haus sieht man die nächste Zeit von außen nicht viel, denn ganz viel geschieht im Inneren. Und um dieses Innere geht es in den nächsten Kapiteln. Nehmen Sie sich die Zeit, hinzuspüren und Gedanken entstehen zu lassen, die Ihrem Ziel dienen. Ich habe oft das Gefühl, dass wir uns selbst durch den Tag hetzen, um mit der Geschwindigkeit der Zeit und dem schnellen Rhythmus mithalten zu können. Wir leben in einer „Zuvielisation" und haben oft Angst, etwas zu verpassen. Ihr Haus kann Ihnen dabei helfen, fokussiert bei der Sache zu bleiben und so manche Verführung am Wegesrand einfach liegen zu lassen.

8.1   Welche Abschlussarbeiten stehen noch an?

Wenn ich mir ein Haus im Rohbau anschaue, weiß ich, dass es noch notwendige Abschlussarbeiten gibt, bevor es richtig weitergehen kann. Da fehlt noch ein Bauteil, das zwar bestellt wurde, aber noch nicht geliefert ist. Da haben wir uns verkalkuliert und müssen nachbessern. An anderer Stelle waren wir vielleicht zu blauäugig.

Wenn ich an dieses Buch denke, dann ging es mir genauso. Ich hatte meine Vision, wusste, warum ich es machen will, und habe mir einen Plan gemacht. Viele Interviewpartner waren gefunden und einige Interviews bereits geführt. Beim Rohbau bin ich dann hängen geblieben. Mitten in diesem Prozess habe ich nämlich festgestellt, dass ich viel mehr Zeit für die Verarbeitung der Interviews brauche als gedacht und dass ich viel weniger Zeit zur Verfügung hatte, als ich wollte. Es war der richtige Zeitpunkt, um noch Korrekturen anzubringen beziehungsweise aus dieser Bauphase zu lernen. Vielleicht stehen Sie mit Ihrem Projekt gerade an einem ähnlichen Punkt und stellen fest, dass es noch nicht so richtig fluppen will. Dass es irgendwo klemmt.

Hier möchte ich Sie ermuntern, nachzubessern und zu überlegen, was Sie aufgrund der gemachten Erfahrungen eventuell noch lernen dürfen, damit es vorwärts geht. Was gilt es zu verbessern und was aus der Vergangenheit vielleicht sogar abzuschließen? Für mich hatte ich die Antwort schnell gefunden: Mir fiel auf, dass ich geglaubt hatte, mein Buch nebenbei schreiben zu können. Ich kann Ihnen sagen, das ist keine gute Idee. So durfte ich lernen, mit sehr viel mehr Disziplin und realistischer Planung vorwärtszugehen, und habe mir dadurch jede Menge inneren Druck genommen. Verabschieden durfte ich mich von dem Gedanken, dass sich die Zeit für mein Buch irgendwie schon finden lässt. Mitnichten. Auch mein Alltag ist voll genug. Ohne klare Zielsetzung bin ich nicht wirklich vorwärtsgekommen, sondern musste immer wieder einen neuen Anlauf nehmen. Das war unglaublich anstrengend und hat nicht nur mich, sondern auch mein Umfeld genervt. Also nochmal hingesetzt, Zeiten reserviert und jeden Tag daran gearbeitet. Und dann war es auch nicht mehr anstrengend. Jeden Tag konnte ich kleine Erfolge verbuchen, die mich weiter angespornt haben.

Hier ein weiteres Beispiel: Michael, Personalleiter in einem mittelständischen Unternehmen, hatte sich ein großes Ziel gesetzt und war mit Vollgas gestartet. Die Energie war erst mal super, doch nach einiger Zeit ging ihm etwas die Luft aus. Beim gemeinsamen Prüfen der Situation habe ich ihm drei Fragen gestellt: Was wollen Sie vielleicht noch lernen, um vorwärtszukommen? Was möchten Sie verbessern? Was sind Sie bereit aufzugeben?

Seine Antworten waren verblüffend schnell da, denn er sagte. „Oh Mann, da haben Sie recht. Lernen will ich, dass Dinge ihre Zeit brauchen und es wenig Sinn macht, mit dem Kopf durch die Wand zu wollen." Ja, ja, das Gras wächst eben nicht schneller, wenn man dran zieht.

Auch beim Verbessern und Aufgeben ist ihm sofort etwas eingefallen. „Ich möchte meinen Ehrgeiz etwas zügeln. Ich spüre, dass ich mir zu viel Druck mache, und dann ist der Spaß weg." Besonders schön fand ich die Aussage: „Mein Ehrgeiz hat jetzt Urlaub." Vielleicht hilft auch Ihnen dieser Hinweis. Das heißt übrigens nicht, dass Sie Ihre Leidenschaft für Ihr Vorhaben zügeln sollen, sondern nur den verbissenen Willen, Dinge mit Gewalt durchsetzen zu wollen. Beim Aufgeben kam ihm auch eine wertvolle Erkenntnis: „Ich dachte, jeder findet dieses Ziel genauso erstrebenswert wie ich. Mittlerweile kann ich akzeptieren, dass es mein Baby ist, und mich freuen, wenn ich die anderen für meine Sache gewinnen kann. Das ist aber etwas anderes, als es einzufordern."

> 1. Was wollen beziehungsweise dürfen Sie noch lernen?
> 2. Was möchten Sie verbessern?
> 3. Was sind Sie bereit aufzugeben?

Gehen Sie in die Vogelperspektive, um mit etwas Abstand auf Ihr Projekt zu schauen. Möglicherweise finden Sie interessante Antworten, und dann geht es mit viel Elan weiter voran.

8.2 Welche Innenarchitekten, Gärtner und sonstigen Helfer brauchen Sie noch?

Um etwas alleine in Gang zu setzen, braucht man viel Zeit und Energie. Und ganz ehrlich, alles kann man auch nicht selbst machen. Wie wäre es, wenn Sie sich ein paar Berater zur Seite stellen? Wenn wir keine Allrounder sind, werden wir auch beim Hausbau auf Fachkräfte zurückgreifen. Für Ihr Ziel heißt das: Wer kann Sie unterstützen, damit Sie gut vorwärtskommen? Wer kann Ihnen den Rücken stärken, mit Ihnen Lösungen durchdenken und Ihnen in schwachen Momenten auch mal unter die Arme greifen?

Doch Achtung: Denken Sie gut nach und wählen Sie sorgfältig aus. Gerade wenn eine Idee noch jung ist, wird sie schnell durch die Skepsis der anderen kaputt gemacht. Da hören wir dann: „Willst du dir das wirklich antun?", „Was sagt denn deine Familie dazu?", und so weiter. Das ist nicht sehr hilfreich und frustet uns eher. Ganz empfindlich ist unser Visionspflänzchen, wenn wir selbst noch das ein oder andere Fragezeichen im Kopf haben und dann Freunde, Bekannte oder Kollegen befragen, die gerade greifbar sind. Glauben Sie mir, jeder wird eine Meinung haben, und das ist dann wie in dem Song von Reinhard Mey „Mein achtel Lorbeerblatt" (Mey 1972), wo er davon singt, dass dem einen seine Nase zu weit rechts, dem anderen zu weit links und dem dritten zu sehr in der Mitte sitzt. Wenn Sie Gelegenheit dazu haben, dann hören Sie sich den Song an, er ist sehr erheiternd und erdend.

Auch mir ist das schon passiert. Als ich angefangen habe, für dieses Buch zu recherchieren und meine Interviews zu führen, war ich noch unsicher, wie ich das Buch aufbauen würde. So habe ich den einen oder anderen Kollegen gefragt, wie er oder sie es angehen würde. Ich erhielt mehr als eine Meinung, und die wenigsten waren nützlich. Irgendwann war ich so verwirrt, dass ich meine eigene Idee fast aus den Augen verloren hätte. Ich hatte plötzlich anderen mehr geglaubt als mir selbst.

Letztendlich hat mich dann eine Freundin auf das Offensichtliche hingewiesen: „Du brauchst keine Ratgeber, du brauchst Experten, die was vom Bücherschreiben verstehen und dich bei Fragen gut unterstützen." Mein Gott. Meinen Klienten empfehle ich genau das, und ich selbst bin voll in die Falle getappt! Deshalb ist es wertvoll, wenn ein guter Geist von außen mal drauf schaut. Also habe ich mich hingesetzt und geschaut, wen ich wirklich brauche, um mit ihm meine Gedanken zu teilen. Ich habe mir eine Sparringspartnerin an die Seite gestellt, die was vom Schreiben versteht und die meine Idee nicht in Frage gestellt hat, sondern, ganz im Gegenteil, den Ansatz richtig gut fand und mit mir weitergedacht hat. Das war dann der Turbo, um richtig vorwärtszukommen.

Und diesen Turbo können Sie auch einbauen. Wenn Sie die richtigen Verbündeten an Ihrer Seite haben, dann öffnet sich so manche Tür fast von alleine. Das ist allerdings nicht der einzige Grund, denn ein gut ausgewählter Unterstützerkreis kann noch mehr: Er hat genügend Abstand und sieht so Dinge, die wir gar nicht mehr wahrnehmen. Er ermuntert uns und glaubt an uns, was besonders wertvoll ist in Phasen, in denen wir mal durchhängen. Unser Commitment erhält eine neue Qualität, weil wir automatisch einen Controller eingebaut haben. Mein Tipp: Suchen Sie sich Menschen, die wie Sie alles für möglich halten und die Sie stärken.

Ich empfehle Ihnen, sich mehrere Personen zur Seite zu stellen, die unterschiedliche Funktionen ausfüllen (Ziolkowski 2015a, b). Das können Experten sein, vor allem aus dem Feld, das Sie im Auge haben. Das können aber auch Motivatoren (so wie meine Freundin) oder Mentoren sein. Am einfachsten ist es, wenn Sie sich einem Netzwerk anschließen, das etwas mit Ihrer Vision zu tun hat. Als ich mich 2009 entschieden habe, meine Botschaft auf die Bühne zu bringen, habe ich mich der German Speakers Association (GSA), dem deutschen Rednerverband, angeschlossen. Habe dort an einem sagenhaften Mentoringprogramm teilgenommen und dadurch sehr schnell verstanden, was es bedeutet, Rednerin zu sein. Durch den Einblick und das viele Insiderwissen konnte ich mich gezielt weiterentwickeln. Mittlerweile begleite ich das Mentorenprogramm der GSA im Ehrenamt und profitiere kontinuierlich von einem starken Netzwerk.

Stellen Sie sich einen Unterstützerkreis mit unterschiedlichen Funktionen zusammen:

- Motivator: Ist immer an Ihrer Seite und ist auch Tröster und Ermunterer
- Mentor: Steht Ihnen mit Rat und Tat zur Verfügung. Spornt Sie an
- Experten: Haben Fachwissen, wo es Ihnen noch fehlt
- Visionsteam: Gruppe Gleichgesinnter, die vor allem beim Vorwärtskommen helfen

Als ich Sabine Asgodom gefragt habe, ob sie sich Unterstützer gesucht hat, antwortete Sie mir: „Ich glaube, um seine Träume umsetzen zu können, braucht es Ermöglicher, und die werden einem auch vom Leben geschickt."

Machen Sie die Augen auf, vielleicht ist so ein Ermöglicher auch in Ihrer Nähe, und Sie müssen ihn oder sie nur ansprechen. Falls dem nicht so ist, dann suchen Sie sich aktiv welche.

Christine Lassen hat seit Jahren einen Coach, mit dem sie sich regelmäßig austauscht: „Alle zwei Monate gönne ich mir einen zweistündigen Termin bei meinem Coach. Da halte ich auch dran fest. Der Mann hat mich schon durch viele Krisen begleitet. Solange ich beruflich aktiv bin, bleibe ich auch dabei. Durch seine Begleitung kriege ich viele Antworten, und er bringt mich immer wieder auf den Weg. Ich gehe auch eine Verpflichtung ein und bekomme Aufgaben. Die Vereinbarung, wenn ich etwas erledigt habe, eine SMS zu schicken, ist wertvoll für mich. Dinge, die sonst liegen bleiben würden, kriegen dadurch die nötige Priorität. Es bringt mich in die Gänge."

Für mich steckt darin auch das Geheimnis, ob Sie vorwärtskommen oder nicht. Trauen Sie sich, Ihre Komfortzone zu verlassen und das ‚Weltwissen' anzuzapfen, oder meinen Sie, Sie müssten alles alleine schaffen? Meist ist es die Angst, die uns davon abhält, interessante und für uns wertvolle Menschen anzusprechen.

Erinnern Sie sich an den Hausbau? Sie würden garantiert nicht auf die Idee kommen, alles selbst zu machen, und sich gute Fachleute an die Seite stellen. Tun Sie das auch, um mit Ihrer Vision zielgerichtet vorwärtszukommen? Dabei meine ich nicht, dass Sie jeden Unterstützer einkaufen sollen. Denken Sie an Ihr Umfeld, auch an das etwas entferntere:

- Wer kann Sie auf Ihrem Weg motivieren?
- Wer kann Sie als Mentor begleiten?
- Welche Experten können Sie befragen? Und:
- Wo können Sie sich einbringen?

Suchen Sie Gleichgesinnte, die ebenso wie Sie auf dem Weg sind, und bilden Sie gemeinsam ein Visionsteam, das sich regelmäßig trifft und gegenseitig motiviert. Mittlerweile gibt es auch im Netz viele Möglichkeiten, sich einer Gruppe anzuschließen. Am besten suchen Sie nach Mastermind oder Erfolgsteam, um für sich einen geeigneten Kreis zusammenzustellen. Wenn Sie bereit sind, selbst etwas einzubringen, werden Sie garantiert auch etwas zurückbekommen.

Als wir 2003 die Beratungsfirma ArtVia net.consult gründeten, habe ich mir einen Kreis Gleichgesinnter gesucht, und wir haben gemeinsam ein Visionsteam gegründet. Wir waren vier Leute, die sich alle vier Wochen einen Nachmittag lang getroffen haben. Die Unterstützung, die Reflexion und auch die Kontrolle durch das Team waren gerade zum Start sehr hilfreich. Als Ort haben wir uns damals ganz bewusst das feinste Hotel in München ausgesucht. Groß denken kann man am besten in einer inspirierenden Umgebung, und diese hatte Anspruch, Flair und Klasse. Genau das Richtige für Visionäre.

Und Andreas Nau hat sich einem Unternehmerkreis angeschlossen: „Eine kontinuierliche Unterstützung habe ich für mich mit dem Unternehmerkreis installiert. Eine wertvolle Runde, die sich vier Mal im Jahr trifft und gemeinsam mit einem Berater den ganzen Tag an den weiteren Zielen arbeitet. Hier zählt für mich, dass ich mit Unternehmern zusammentreffe, die schon weiter sind als ich (zumindest in einigen Bereichen), um von ihnen zu lernen. Ich nehme jedes Mal Impulse mit, um weiter zu wachsen und dazuzulernen."

Sie sehen, es macht sehr viel Sinn, sich einen Unterstützerkreis an die Seite zu stellen. Machen Sie sich eine Liste Ihrer möglichen Begleiter, und trauen Sie sich, diese Menschen einzuladen, Ihr Sparringspartner für eine gewisse Wegstrecke zu sein. Gönnen Sie sich ein starkes Netzwerk – es ist einfacher, als Sie glauben!

8.3   Keine halben Sachen machen – Svea Kuschel

70, denke ich. Die Frau, die da vorne den Festvortrag hält, kann unmöglich 70 Jahre alt sein! Sie wirkt jugendlich auf mich, fast spitzbübisch. Sie erzählt, wie sie ihr Unternehmen, Svea Kuschel Finanzdienstleistungen von Frauen für Frauen, gegründet hat und wie sie für das Thema durch ganz Deutschland gereist ist, um die Frauen dafür zu begeistern, sich selbst um ihr Geld zu kümmern. Hartnäckig, unentgeltlich, immer wieder, bis endlich die Medien auf sie aufmerksam wurden und sie so manches Mal bei dem Frauenmagazin Mona Lisa im Fernsehen zu bewundern war. Rückblickend gesehen, hat sie das in einer Zeit gemacht, in der Frauen eher in der Küche standen, als ihr eigenes Ding zu machen. Für Svea Kuschel aber war ihr Weg mit allen Aufs und Abs völlig selbstverständlich, ihre Vision ganz klar und ihre Mission eindeutig: „Frauen, kümmert euch um eure Finanzen", und dafür ist sie aufgestanden. Genau solche Menschen können Vorbild sein für viele von uns. Sie zeigen mit ihrem Beispiel, dass es sich lohnt, für die ureigene Idee einzustehen und sich auf den Weg zu machen. Dadurch kommen wir bei uns selbst an und können aus uns heraus in die Welt hinaus strahlen – so wie Svea Kuschel das tut. Was mich besonders freut, ist, dass mein Interview mit dazu beigetragen hat, dass sie das Bundesverdienstkreuz am Bande erhalten hat. Was für eine Ehre!

**Interview mit Svea Kuschel – Pionierin und Finanz-
expertin für Frauen**

Die Vision erst mal für sich leben und sich nicht von
tausend Leuten reinreden lassen. Suche dir Unterstützer,
aber keine Bremsklötze.

**Hatten Sie einen Traum, eine Vision, die Sie verwirklichen
wollten?**
Ja, und der ist heute wie damals gleich: Frauen auf dem
Weg zur finanziellen Unabhängigkeit zu begleiten und
sie auch reich zu machen. Zu so einer Vision kommt man
nur durch eigene Erfahrung: Wo steh ich? Wo wär ich
jetzt gerne gewesen? Und das ist dann der Antrieb, um
zu sagen: Was kann ich tun, um Frauen diesen Weg zu
erleichtern? Mir war es total wichtig, andere Frauen zu
unterstützen, damit sie nicht denselben Fehler machen wie
ich selbst. Ich habe früh geheiratet, hatte zwei Kinder und
war über zehn Jahre lang Hausfrau und Mutter. Ich wollte
immer gerne berufstätig sein, aber dazu brauchte ich die
Zustimmung meines Mannes, und der hat sie nicht erteilt,
weil er befürchtete, dass dies seinem Ruf als Unternehmer
schadet. Als diese Ehe gescheitert war, musste ich feststellen, dass ich keinerlei Informationen hatte, die sich mit
finanzieller Absicherung für Frauen beschäftigten. Das war
einfach kein Thema, man hat nicht über Geld gesprochen,
schon gar nicht als Frau.

Was hat Sie wirklich starten lassen?

Meine eigene Situation. Ich habe versucht, diese Idee in dem Versicherungskonzern, in dem ich angestellt war, zu etablieren. Ich wollte gerne, dass die sich um das Thema Frauen kümmern. Das ist aber danebengegangen, weil die das nicht ernst genommen haben. Und dann habe ich gesagt, eh die das kapieren, mache ich es lieber selbst.

Hatten Sie ein klares Bild von Ihrer Zukunft?

Ich habe immer ganz klare Bilder. Egal ob ich in Urlaub fahre oder mir etwas kaufe. Ich gehe in einen Laden und sage ganz konkret, was ich möchte. Ich lasse mich auch nicht so leicht von etwas abbringen, selbst wenn andere sagen, dass das Ganze unsinnig ist, dass es nichts bringt und auch nichts wird. Es ist nicht so leicht, Geld zu verdienen, wenn Sie in Deutschland unterwegs sind und überall kostenlos Vorträge halten – ich habe damals sogar meine Lebensversicherung beliehen, um überhaupt über die Runden zu kommen. Aber ich wusste genau, was ich wollte: Ich wollte nie mein Büro verlassen, um zu einer Beratung zu gehen. Die Leute sollten zu mir kommen, und es sollte professionell aussehen. Von Anfang an!

Was hat Sie an Ihre Idee glauben lassen?

Der Zuspruch der Frauen. Jede Frau, mit der ich darüber gesprochen habe, hat gesagt, dass sie das toll findet, dass es jetzt eine Finanzberatung für Frauen gibt. Meine Geschichte wurde in der Presse von den Frauen sehr gut aufgenommen, und das war der am meisten unterstützende und größte Verteiler, den man sich vorstellen kann.

In der Firma, in der ich noch angestellt war, waren ja in der Hauptsache Männer, und die haben mir überhaupt keinen Mut gemacht. Die haben mir alle „liebevoll" prophezeit, dass das nichts wird und nichts werden kann.

Hatten Sie einen positiven Gewinn davon?

Materiell nicht, das war eine große Durststrecke, aber ich hatte so viele Glücksmomente, wenn ich Vorträge gehalten habe und die Frauen hinterher kamen und sagten, sie hätten viel mitgenommen. Ich hatte auch einen Gewinn für meine Eitelkeit. Ich war so viel im Fernsehen und in den Zeitungen, da kann man richtig süchtig werden. Das war für mich ganz toll, plötzlich eine Frau mit Bedeutung zu sein.

Ich habe mich später auch mit anderen Frauen zusammengetan, die begonnen hatten, in diesem Feld unterwegs zu sein, zu den Finanzfachfrauen bundesweit. Wir waren damals fünf, und als wir uns in Bremen getroffen haben, waren wir sehr glücklich, dass wir in diesem Beruf arbeiten dürfen und uns gegenseitig unterstützen können.

Was mussten Sie auf Ihrem Weg zum Erfolg lernen?
Ich musste etwas ganz Wesentliches lernen. Meine Mutter hat immer, wenn irgendetwas war, zu mir gesagt: „Da bin ich aber enttäuscht." Und dieser Satz hat mich durchaus begleitet. Mit was ich überhaupt nicht klarkam, war, wenn eine Kundin zu mir sagte: „Da bin ich jetzt aber enttäuscht."

Ich musste lernen, dass auch im Geschäftlichen, besonders von Frau zu Frau, dieses persönliche Betroffen-Machen viel häufiger vorkommt. Die gleiche Frau geht nicht zum Banker, setzt sich vor den hin und sagt: „Da bin ich aber enttäuscht."

Wichtig für mich war es, zu lernen, mich abzugrenzen und nicht so furchtbar empfindlich zu sein.

Gab es Menschen in Ihrem Leben, die Sie auf Ihrem Weg ermutigt haben?
Mein zweiter Mann war vom ersten Augenblick an davon überzeugt, dass ich Erfolg haben werde. Und da war noch Maria von Welser. In ihrer Mona-Lisa-Sendung war ich etwa acht Mal. Ich hatte sehr viele Begleiter und Begleiterinnen, die für mich da waren und die Idee aufgegriffen haben. Auch Mentoren hatte ich einige.

Haben Sie sich aktiv Unterstützer gesucht, die Ihnen auf Ihrem Weg nützlich waren?
Ich habe mich gleich von Anfang an sehr stark vernetzt, aber immer unter dem Motto „Geben und Nehmen".

Ich bin auch zum Frauenrat nach Bonn gefahren und habe gesagt, ich habe mich jetzt selbstständig gemacht und berate Frauen in finanziellen Fragen – die wussten gar nicht, dass es so etwas noch nicht gab. Ich bin auf den Frauenrat gekommen, weil ich den größtmöglichen Verteiler gesucht habe. Die haben mich ermuntert, die Verbände anzusprechen und zu erwähnen, dass der Frauenrat mich und das Thema Finanzen für Frauen empfiehlt. Diese Referenz war bei der Anbahnung von Vorträgen sehr wertvoll.

Welche Fähigkeiten und Talente haben Sie bei Ihrem Vorhaben unterstützt?
Meine Kreativität einerseits und dass ich mir Dinge vorstellen kann, die für andere noch gar nicht vorstellbar sind. Andererseits lerne ich wahnsinnig gerne, und das ist mir sehr zugute gekommen. Es ist so spannend für mich, wenn ich Zusammenhänge erkenne.

Was ist der wichtigste Tipp, den Sie gerne weitergeben würden?
Die Vision erst mal für sich selbst leben und sich nicht von tausend Leuten reinreden lassen. Suche dir Unterstützer, aber keine Bremsklötze.

Literatur

Mey R (1972) Mein achtel Lorbeerblatt. https://www.youtube.com/watch?v=Tm3KQMQP0hA. Zugegriffen: 10. März 2016

Ziolkowski S (2015a) Wissen, wo's lang geht! Profilers Publishing, Bielefeld, S 56

Ziolkowski S (2015b) Workbook Future Zooming: Wissen wo's langgeht. Books on Demand, Norderstedt

9

Wie gehen Sie mit Baustopps um?

„Brickwalls are there for a reason: they let us prove how badly we want things." („Mauern sind aus einem bestimmten Grund da: Wir können an ihnen überprüfen, wie sehr wir Dinge wirklich wollen.") Diesen Satz hat der verstorbene Hochschulprofessor Randy Pausch (2007) bei seiner letzten Vorlesung gesagt. Er war schwer krebskrank und wusste, dass er nur noch wenige Monate zu leben hatte. Um seinen Kindern und den jungen Studenten seine wichtigsten Lehren mit auf den Weg zu geben, hat er von der Tradition Gebrauch gemacht, eine letzte Vorlesung zu halten. Der Vortrag ist sehr berührend, und man spürt, dass Randy sich seiner „großen Baustelle" gestellt hat, ohne aufzugeben.

Wer schon einmal ein Haus gebaut oder umgebaut hat, weiß, wovon Randy Pausch spricht. Da hören wir nicht mittendrin auf, weil ein Hindernis auf dem Weg liegt oder uns ein Handwerker versetzt hat. Der Wunsch, dieses Haus nach unseren Vorstellungen fertigzustellen, ist so

© Springer Fachmedien Wiesbaden GmbH, ein Teil von Springer Nature 2022
S. Ziolkowski, *Bau Dir Deine Zukunft*,
https://doi.org/10.1007/978-3-658-37033-6_9

stark, dass uns nichts bremsen kann. Eine liebe Kollegin baut gerade ein Haus und schrieb mir kürzlich eine Mail mit dem Abschluss „von der verzweifelten Bauherrin". Ja, verzweifelt kann man schon mal sein, wenn es nicht so vorwärtsgeht, wie wir das gerne hätten. Aber aufgeben? Ganz bestimmt nicht.

Aufgeben kam auch für Stephan Landsiedel nie infrage. Für ihn waren die ersten Jahre als selbstständiger Trainer begleitet von Pleiten, Pech und Pannen. Gefloppte Geschäftsbeziehungen, falsche Investitionen, wenig Geld und dazu noch die Trennung von Frau und Kind. Manchem von uns würde eins davon schon reichen, um hinzuschmeißen. Doch Stephan Landsiedel ist aus einem anderen Holz geschnitzt. Er sagt dazu: „Wieder war es Zeit für einen Neuanfang." Er hat sich im Laufe der Zeit eine gute Setback-Strategie zurechtgelegt und reagiert mit Optimismus auf die Stolpersteine des Lebens. Die Leidenschaft für sein Thema hat ihn all die Hürden nehmen lassen.

9.1 Was können Sie vorher schon bedenken?

Nicht alles, was uns bei der Erfüllung unserer Vision behindert, kommt überraschend. Einiges davon können wir gut im Vorfeld durchdenken und uns eine Setback-Strategie, also eine „Rückschlags-Strategie" zurechtlegen, so wie es Stephan Landsiedel getan hat.

Es gibt zwei Arten von Rückschlägen: Dinge, die von außen kommen und die wir erst mal wenig beeinflussen können, und Situationen, die wir selbst verursachen und die wir im Vorfeld durchspielen können. Deshalb sollten Sie sich am Anfang Ihres Weges bereits mit den Punkten beschäftigen, die Sie im Laufe der Strecke behindern könnten. Hilfreich sind hier folgende Fragen:

- Was müsste ich tun beziehungsweise unterlassen, um mit meinem Vorhaben zu scheitern?
- Was könnte mein Ziel erfolgreich sabotieren?
- Was tue ich, wenn die Dinge nicht so eintreffen, wie ich mir das wünsche?

Sammeln Sie Gründe und schauen Sie genau hin. Vor allem bei den Punkten, die Sie selbst beeinflussen können. Welches Bein könnten Sie sich selbst stellen?

Neigen Sie vielleicht dazu, zu nett zu sein, und kommen vor lauter Gefälligkeiten nicht zu Ihrem eigenen Projekt? Oder gehören Sie zu der Fraktion, die lieber schon mal loslegt, statt zu planen, und dann überrascht ist, dass sich das gewünschte Ergebnis nicht einstellt? Welche Dinge fallen Ihnen ein, die hier eine Rolle spielen könnten?

Lassen Sie sich von den Dingen, die Sie auf dem Weg behindern können, nicht überraschen, sondern planen Sie im Vorfeld, wie Sie damit umgehen wollen. Was machen Sie, wenn der Wintereinbruch früher kommt als erwartet? Erschrecken Sie furchtbar, oder haben Sie einen Plan B parat und machen eben im Innenausbau weiter und vertagen die nötigen Außenarbeiten auf den Frühling? Als Hausbauer sind Ihnen diese Problematiken bewusst, und Sie werden das aller Wahrscheinlichkeit nach vorher durchdacht haben. Dasselbe können Sie auch für Ihr Zukunftshaus machen. Was tun Sie zum Beispiel, wenn einer Ihrer Unterstützer nun doch keine Zeit für Sie hat? Sich ärgern? Das verursacht nur Falten ;-). Seien Sie vorbereitet und haben Sie eine Alternative parat, statt sich zu ärgern. Das hält Sie handlungsfähig und stattet Sie mit einer Portion Gelassenheit aus, wenn etwas Unerwartetes passiert.

9.2   Wieso Baustopps auch hilfreich sein können

Erstellen Sie eine „Sabotage-Liste" und überlegen Sie dann, wie Sie gegensteuern könnten und welcher Gewinn vielleicht sogar in einem Rückschritt für Sie liegen könnte.

Zum Beispiel könnten Sie sich zu viel aufladen, und der Gewinn bestände dann darin, zu erkennen, dass alles seine Zeit braucht und es in Ordnung ist, kleine Schritte zu gehen, um gesund zu bleiben. Passen Sie dann Ihre Planung an, um genügend Spielraum zu haben. Nutzen Sie die Botschaften und Informationen, die Sie erhalten, um diese auf Ihrem Weg zu berücksichtigen und einzubauen. Das hält Sie vorbereitet und hilft, die Frustrationstoleranz zu erhöhen. Das ist gut und hilfreich, dennoch wird es Rückschläge geben, die von außen kommen und die wir nicht vorwegnehmen können. Die Frage ist hier, wie Sie damit umgehen. Rückschläge können Sie als Hindernisse, verlorene Zeit und vergeudete Energie ansehen. Oder Sie können Rückschläge als wertvolle Botschaften ansehen, um daraus etwas für die Zukunft zu lernen.

Um mit Rückschlägen gut umgehen zu können, kommt es vor allem darauf an, welche Fragen Sie sich stellen beziehungsweise wie Sie mit sich sprechen. Die meisten von uns beschimpfen sich und werten sich ab: „Ich Depp, das hätte ich doch vorher schon sehen können." „Ist ja klar, dass das wieder mir passieren musste." Der Kritiker in uns ist oft erbarmungslos. Wenn Sie einen sehr starken Kritiker haben, dann überlegen Sie mal, ob Sie so auch mit Ihrer besten Freundin oder Ihrem besten Freund sprechen würden. Wir stellen uns auch gerne die unsägliche Warum-Frage, die in diesem Zusammenhang immer vergangenheitsorientiert ist und uns so gar nicht weiterhilft: „Warum habe ich nur die falsche Entscheidung getroffen?" „Warum hat mich der Partner so enttäuscht?" Um aus diesem Modus auszusteigen, empfehle ich Ihnen, andere Fragen zu stellen. Die ersten beiden Fragen habe ich von Brian Tracy, dem Autor des Buches „Thinking Big", übernommen – er nennt sie dort Zauberfragen (Tracy 1998). Sie gefallen mir deshalb so gut, weil sie beide das Gute betonen:

- Was habe ich richtig gemacht?
- Was würde ich nächstes Mal anders machen?
- Was lerne ich daraus?

Nutzen Sie diese Fragen, um für zukünftige Situationen eine Strategie zu haben. Sie helfen Ihnen auch, konstruktiv auf Fehler und Rückschläge zu schauen. Oder um es mit Reinhold Messner, dem Extrembergsteiger, zu sagen: „Wir lernen weniger aus dem Gelingen, sondern aus Fehlern und aus dem Scheitern."

Wenn wir Rückschläge als hilfreiche Wegweiser betrachten, wie es nicht geht, was unbedingt noch zu beachten ist und auf welche aktuellen Ereignisse Bezug zu nehmen ist, dann gewinnen wir gleichzeitig Informationen darüber, wie es gehen kann. Es hilft uns zu sehen, welche Strategien erfolgreich sein können und welche Wege sich sonst noch anbieten.

Bei allen Hindernissen und Umwegen, die auf unserem Weg liegen, können Sie ein Drama oder ein Lernen daraus machen – Sie entscheiden. Am leichtesten ist es, wenn Sie über sich oder die Umstände auch mal lachen können. Mir hilft da der Tucholsky-Satz: „Umwege erhöhen die Ortskenntnis."

9.3   Wenn der Wille stärker ist als jede Hürde

Weiter oben haben wir schon vom Hausbau gesprochen, und dass uns (fast) nichts davon abbringen kann, durchzuhalten. Wir nennen das dann gerne Willenskraft, denn die ist wie eine starke Batterie, die uns am Laufen hält. Viele hätten sie gerne, um ihre Ziele schnellstmöglich zu erreichen. Und je mehr wir wissen, warum wir etwas tun und wie wir mit vermeintlichen Rückschlägen umgehen wollen, umso mehr wird unsere Willenskraft gestärkt. Hürden werden zu Durchgangsstationen auf dem Weg, denn dahinter wartet der Lohn. Willenskraft ist kein ungerichteter Kraftakt, um etwas durchzusetzen, sondern sie wird befeuert von unserer Vision. Die innere Gewissheit, auf dem richtigen Weg zu sein, lässt uns nach dem Stolpern wieder aufstehen, wachsen und weitergehen.

> Hürden werden zu Durchgangsstationen auf dem Weg, denn dahinter wartet der Lohn.

So ging es damals auch Christine Lassen und ihrem Mann Arthur. Als ich Christine fragte, was es braucht, um durchzuhalten und nicht mittendrin aufzugeben, wenn die Stolpersteine kommen, hat sie zu ihren gemeinsamen Anfängen zurückgeblickt: „Die unerschütterliche Vision, die du immer wieder auflädst. Mein Mann zum Beispiel hat mir im ersten Gran-Canaria-Jahr viele Briefe geschrieben, die heute in unserem Ausstellungsraum nachzulesen sind. Manchmal waren es drei Briefe am Tag. Und jeder dieser Briefe war voller Zuversicht: ‚Ich freue mich auf unsere Zukunft, unsere Zukunft wird wunderbar, du brauchst nur zu vertrauen, und wenn wir in Gottes Hand sind, kann eh nichts schiefgehen.' Das waren lauter Motivationsbriefe. Die hat er in der Hauptsache an sich selbst geschrieben. Damit hat er seine Vision immer wieder aufgeladen. Es war ja schon dramatisch damals, weil sein altes Business durch Lieferengpässe und sein fehlendes kaufmännisches Interesse zusammengekracht war. Er war quasi mittellos und versuchte auf Gran Canaria mit dem neuen Thema ‚Heute ist mein bester Tag' Fuß zu fassen. Doch die meisten Hotels, denen er seine Vision vorgestellt hat, wollten die Idee nicht. Haben ihn regelrecht vom Hof gejagt. Wenn er dann doch mal Orte gefunden hatte, wo er seinen Vortrag halten konnte, hat er Plakate aufgehängt, aber keiner kam. Dann hat er vor mir seinen Vortrag gehalten. Bis der Erfolg kam, dauerte es unendlich lang. Zwischendurch hat er Aufträge für Illustrationen angenommen. Eigentlich war unklar, wie es überhaupt gehen soll. Und das war die Zeit, in der er mir diese vielen Briefe geschrieben hat. In Palm Beach gab es dann einen Hoteldirektor, der sagte, sie können hier ruhig ihre Vorträge halten. Dort hat er dann die Firmenchefs getroffen, die ihn später für Seminare gebucht haben. Nach drei Jahren unentwegten Versuchens begann dann der Erfolg."

Diese Hartnäckigkeit, es immer wieder zu versuchen und sich nicht entmutigen zu lassen, ist die Gabe der Gewinner. Wenn es so herum nicht geht, dann eben anders 'rum. Es ist die Stehaufmännchen-Qualität, die den Visionär und Macher vom Träumer unterscheidet.

Auch bei der Pilotin Anke Wirnsperger gab es mehr als einen Stolperstein auf ihrem Weg. Dass sie als Frau Pilot werden wollte, war schon Grund genug, sie zu bekämpfen. Viel Neid und Missgunst musste sie auf ihrem Weg erfahren. Doch ihr Ziel war klar – sie wollte selber fliegen, sie wollte beweisen, dass eine Frau ebenso Pilot sein kann wie ein Mann. Sie hat erkannt, dass Enttäuschungen zum Leben gehören, einen nicht umbringen und dass man, wenn man daraus lernt, gestärkt die nächsten Schritte gehen kann.

9.4 Das Ziel fest im Visier – Anke Wirnsperger

Christa, Gast in dem Hotel, in dem auch wir untergebracht sind, erzählt uns immer wieder begeistert von ihrer Freundin Anke, die hier in Tunesien lebt. Grade sei Anke aber nicht da, sie fliege wieder. „Anke wird eine Stewardess sein und zwischen Tunesien und Deutschland hin- und herfliegen", denken wir. Von wegen. Anke ist Pilotin und fliegt für den Inhaber einer Hotelkette in Tunesien. Als wir Anke kennenlernen, begegnen wir einer sehr bodenständigen, sympathischen jungen Frau, die für ihren Beruf sogar ausgewandert ist. Es ist ihre Passion zu fliegen – genau das will sie machen –, und wenn nicht in Deutschland, dann eben dort, wo sie fliegen kann. Grandios.

Interview mit Anke Wirnsperger – Pilotin

Die Wege des geringsten Widerstands sind nur am Anfang asphaltiert!

Hatten Sie einen Traum, eine Vision, die Sie verwirklichen wollten?
Ich war 20 Jahre alt, hatte gerade als Stewardess angefangen, da kam der Traum, dass ich selber fliegen will! Ich habe mich stark und selbstbewusst gefühlt. Nichts und niemand konnte mich aufhalten, und ich war sicher, dass ich absolut alles erreichen kann.

Anfangs hatte ich auch eine ganz klare Vorstellung, schließlich habe ich gesehen, wie meine Kollegen leben, und wusste ungefähr, welchen Weg sie gegangen sind.

Was mussten Sie auf dem Weg zum Erfolg lernen?
Ich hätte es nie für möglich gehalten, dass ich in sehr, sehr kurzer Zeit, so unglaublich viel lernen würde. Erstens, was den Beruf selbst angeht, aber auch, was zwischenmenschliche Beziehungen betrifft. Lernen durch Schmerzen habe ich das immer genannt. Durchhaltevermögen, auch wenn etwas schiefgeht, oder gerade dann. Geduld. Geduld. Geduld. Schon während der Ausbildung, aber erst recht bei der Jobsuche und auch später im Beruf. Willenskraft und der Glaube an mich und meine Fähigkeiten.

Wie haben Sie dieses Bild lebendig gehalten?
Einfach war das nicht. Ich hatte mich für die Ausbildung auch verschuldet, und durch die Abhängigkeit von der Bank gab es nur einen Weg: Du musst es schaffen. Du kannst und darfst niemals aufgeben. Das Wichtigste dabei: Ich habe mir immer wieder versucht vorzustellen, wie es wohl sein wird und sich anfühlt, wenn ich endlich angekommen bin. Das hat mir sehr geholfen.

Was hat Sie an Ihre Idee glauben lassen?
Ich habe einen sehr starken Willen. Wenn ich mir einmal etwas vorgenommen habe, dann ist das meiner Meinung nach so gut geplant und durchdacht, dass ich es auch zu Ende bringen werde und kann. Mit der Zeit musste ich aber feststellen, dass ich nicht allein die Kontrolle habe. Erst kam der 11. September 2001, dann SARS, der Irakkrieg und was noch alles folgen sollte. Ich musste mir immer wieder etwas Neues einfallen lassen, um Geld zu verdienen und einen Job als Pilotin zu finden. Es war nötig, immer wieder Steine aus dem Weg zu räumen, große Hürden zu nehmen und sehr viel Geduld und Durchhaltevermögen zu zeigen.

Gibt es ein Schlüsselerlebnis auf dem Weg zum Erfolg für Sie?
Ich bin einige Male frontal gegen eine Wand gelaufen, was mich gelehrt hat, bescheiden zu sein (finanziell und auch beruflich), durchzuhalten und geduldig zu sein. Erfolg kommt nicht einfach auf einen zugeflogen, aber ich wusste, egal, welchen Job ich gerade mache, es sind alles kleine Schritte und Puzzleteile, und irgendwann wird sich alles zu einem Gesamtbild fügen.

Ich hatte eine andere Vorstellung, wie mein Leben nach meiner Ausbildung zur Pilotin verläuft. Uns wurde von der Flugschule immer das Gefühl gegeben, ihr seid die Besten und Größten und ihr bekommt sofort einen super Job bei einer tollen Airline. Dem war natürlich nicht so, und ich musste sehen, wo ich bleibe und wie ich mit der Situation klarkomme.

Ich bin ausgewandert, habe losgelassen, und so, wie es gekommen ist, ist es einfach noch viel, viel besser.

Welche Fähigkeiten und Talente haben Sie bei Ihrem Vorhaben unterstützt?
Ich bin selbstbewusst und weiß, was ich will. Ich kann schnell Entscheidungen treffen, habe viel Ausdauer und bin extrem stressresistent. Außerdem hat sich schnell gezeigt, dass ich in meinem Beruf voll und ganz aufgehe.

Was waren die größten Hürden auf dem Weg?
Die weltweite Wirtschaftssituation. Also etwas, was ich selber nicht beeinflussen konnte. Und natürlich die Tatsache, dass selbst heute noch zu viele Menschen glauben, eine Frau gehört nicht ins Cockpit eines Verkehrsflugzeugs, sondern hinter den Herd!

Was war Ihre größte Niederlage?
Zweimal von der gleichen Firma betriebsdingt gekündigt zu werden! Ich habe mich noch nie so elend und verraten gefühlt. Aber das war rückblickend das Beste, was mir je passiert ist. Es dauert nur eben eine Zeit, bis der Schmerz vergeht.

Was sind Ihre wichtigsten Werte, die Sie leiten und begleiten?
Ehrlichkeit, Aufrichtigkeit, Zuverlässigkeit. Die Wahrheit ist nicht immer einfach, aber auf Dauer für mich der einzige Weg zum Erfolg und um hoch erhobenen Hauptes sicher und respektvoll der Welt begegnen zu können.

Was sind Ihrer Meinung nach die größten Fehler, die Menschen und Unternehmen bei der Verfolgung ihrer Vision machen?
Eine schlechte oder unrealistische Planung und Durchführung. Tunnelblick, Realitätsverlust und dadurch Scheitern.

Was ist der wichtigste Tipp, den Sie gerne weitergeben würden?
Jeder Mensch ist anders, und jeder muss für sich herausfinden, was er will und kann und ob das mit den eigenen Träumen und Visionen zu vereinbaren ist.

Literatur

Pausch R (2007) Last lecture. https://www.youtube.com/watch?v=ji5_MqicxSo. Zugegriffen: 30.11.2021

Tracy B (1998) Thinking Big: Von der Vision zum Erfolg. GABAL Verlag, Offenbach, S 105

10

Was nehmen Sie mit in Ihr neues Heim?

Stellen Sie sich vor, Ihr neues Haus steht nun fast einzugs-
bereit vor Ihnen. Bei der Planung des Umzugs stellen Sie
fest, dass Sie unmöglich alles mitnehmen können und
wollen, was Sie angesammelt haben. Der Keller ist voll,
die Kleiderschränke platzen aus allen Nähten, und auch
sonst türmen sich die liebgewordenen Dinge, die Sie im
Laufe der Jahre angesammelt haben. Es wird Zeit zu ent-
rümpeln.

Haben Sie schon mal gehört, man müsste öfter
umziehen, damit man den alten Ballast wieder loswird?
Vor einem Umzug haben wir meist richtig Lust durchzu-
greifen und schaffen es besonders deswegen, weil wir

1. wieder bewusst wahrnehmen, was sich im Laufe der
   Zeit in Keller und Schränken angesammelt hat,
2. keine Lust haben, unnötigen Ballast mitzuschleppen,
   der dann doch wieder nur im Keller landet,

© Springer Fachmedien Wiesbaden GmbH, ein Teil von Springer
Nature 2022
S. Ziolkowski, *Bau Dir Deine Zukunft*,
https://doi.org/10.1007/978-3-658-37033-6_10

3. einiges neu angeschafft haben und daher automatisch manches entsorgen müssen, auch wenn es uns schwerfällt.

Um Ihr Zukunftshaus zum Leben zu erwecken, ist es nicht anders. Sie sollten nicht alles mitnehmen und werden sich von so manchem trennen müssen, um vorwärtszukommen. Sie brauchen Freiräume, um die Dinge zu tun, die Sie sich vorgenommen haben. Schauen Sie gut hin, was Sie alles mitnehmen wollen und für was Sie überhaupt noch Platz haben. Nutzen Sie die Energie Ihrer Vision, um alte Zöpfe abzuschneiden, um auch wirklich vorwärtszukommen.

> Nur wer loslässt, hat zwei Hände frei.

Nutzen Sie Ihr Haus als Entscheidungshelfer, um sich daran zu orientieren. Besonders Ihre Vision und Ihre Werte können Sie dabei leiten. Sie haben mit Ihrem Haus ein starkes Bild Ihrer gewünschten Zukunft geschaffen und festgelegt, wo Sie hinwollen. Ihre Auswahl, die Sie getroffen haben, ist dabei Ihre Richtschnur. Sie können anhand Ihrer Ergebnisse recht gut erkennen, was Sie letztendlich mitnehmen oder dalassen wollen. Immer wenn sie steckenbleiben, einen Rat brauchen oder eine Bestätigung, dann schauen Sie auf Ihr Haus. Das tun Sie auch mit all dem, was Sie in Zukunft noch tun oder lassen wollen. Passt das noch? Wovon will ich mehr, wovon weniger? Ich glaube, loszulassen gehört zu unseren Lebensaufgaben, und je besser wir das können, umso besser kommen wir mit unserem Vorhaben vorwärts.

10.1 Warum uns Loslassen so schwerfällt

Die Antwort ist so leicht, wie sie schwer ist: Der wichtigste Grund ist meiner Meinung nach, dass wir uns im alten Leben gut auskennen und wir lieber in der Komfortzone verweilen, als in neue Abenteuer aufzubrechen. Ein weiterer Grund ist, dass wir uns weigern, den Ist-Zustand zu akzeptieren und recht haben wollen. Dahinter stecken Verlustängste, Sicherheitsbedürfnisse und die Angst vor dem Scheitern. So halten wir fest an Situationen, Gewohnheiten und Menschen. Egal, ob sie uns noch gut tun oder nicht. Es ist eben die „bekannte Unzufriedenheit", und die ist wenigstens berechenbar. Hermann Scherer spricht in seinem Buch „Glückskinder" (Scherer 2011) von sogenannten „Sunk Costs" – das sind Kosten, die sich nie refinanzieren können. Hier heißt das, dass wir festhalten, weil wir schon so viel investiert haben und hoffen, dass die Investition irgendwann wieder rauskommt, wenn wir weitermachen. Leider ist das in den seltensten Fällen so, sondern eher wird der Preis des Festhaltens noch höher. Das Pferd ist längst tot.

Ich wurde nach einem Vortrag einmal gefragt, woran man denn erkennt, ob man „ein totes Pferd reitet" und absteigen sollte oder ob es doch noch ums Durchhalten geht. Eine sehr interessante Frage. Was glauben Sie? Woran erkennt man das eine oder das andere?

Wenn es ums Durchhalten geht, spüren Sie das meist in Ihrem Inneren und sind bereit, Anpassungen vorzunehmen, um den nächsten Schritt gehen zu können. Prüfen Sie vor allem, wer oder was Sie zum Zweifeln bringt. Sind Sie das selbst oder sind das Einflüsse von außen? Wenn die Zweifel von außen kommen, dann sollten Sie sich zurückziehen, Ihre Pläne anschauen, Ihr

Visionslogbuch zur Hand nehmen und prüfen, was das mit Ihnen macht. Spüren Sie Hoffnung? Ein bisschen Aufregung? Können Sie sich mit Ihrer Vision verbinden? Ja? Dann machen Sie weiter und nehmen die Kurskorrekturen vor, die notwendig sind, um wieder in Fahrt zu kommen.

Wenn Sie dagegen ein totes Pferd reiten, dann ist es mehr ein Durchleiden und nur das schlechte Gewissen lässt Sie noch bei der Sache bleiben. Vielleicht haben Sie bereits Zusagen gemacht, Geld investiert oder wollen einfach Recht behalten, und nun schämen Sie sich, zuzugeben, dass es nicht funktioniert hat. All diese Punkte gehören in die Kategorie „Sunk Costs". Haben Sie den Mut zu einem Neuanfang! Lassen Sie los. Je eher, desto besser.

> Loslassen hat mehrere Dimensionen.

Tasten wir uns an das Loslassen heran. Es ist ja nicht immer gleich das tote Pferd, das wir reiten und von dem wir absteigen müssen. Loslassen hat mehrere Dimensionen: Dazu gehört auch, Ballast abzuwerfen, sich von liebgewordenen Gewohnheiten zu verabschieden und letztendlich, sich von Menschen zu trennen, die uns nicht mehr guttun.

Ballast abwerfen Wenn wir die einfachste Stufe nehmen, dann geht es lediglich darum, Dinge wegzulassen. Woher nehmen Sie die Zeit, die Sie Ihre Vision verfolgen lässt? Ihr Tag war ja möglicherweise vorher auch schon voll. Wenn Sie Ihre Vision wirklich erreichen wollen, geht das selten, indem Sie so weitermachen wie bisher. Also:

Was können Sie weglassen? Vielleicht das Zeitungsabo, das Sie eh schon länger nervt, weil Sie nicht zum Lesen kommen? Oder ist es das liebgewordene Surfen im Internet oder die Verpflichtung, sich immer noch für einen Verein zu engagieren, zu dem Sie schon gar keine Bindung mehr haben? Prüfen Sie, welche ‚Verführer‘ auf Ihrem Weg liegen, die Ihnen so manches Mal wertvolle Zeit stehlen. Machen Sie statt einer To-Do-Liste mal eine „To-Don't-Liste", um Freiraum zu erhalten. Lassen Sie sich von der ‚Zuvielisation‘ des Lebens nicht beherrschen, sondern erstellen Sie die Spielregeln, von was Sie sich bestimmen lassen wollen. Um es mit Kurt Tucholsky auszudrücken: „Die Basis einer gesunden Ordnung ist ein großer Papierkorb." Nutzen Sie ihn!

In einem meiner Workshops waren einmal zwei Freundinnen, die sich schon ewig kannten. Als wir zum Punkt Loslassen kamen, sagte die eine zur anderen: „Dein blaues Auto!" Die Angesprochene wehrte sich sofort und schoss zurück: „Kommt nicht in Frage. Ich hänge an meinem blauen Auto. Das gebe ich nicht her. Es begleitet mich schließlich schon, seit ich den Führerschein habe." Ich wollte mehr verstehen. Was hatte es mit diesem blauen Auto auf sich? Es stellte sich heraus, dass dieses Auto nicht mehr fahrtüchtig war und seit mehr als einem Jahr abgemeldet am Straßenrand vor ihrer Wohnung stand. Das liebgewordene Gefährt hatte sie regelrecht im Griff. Bei der nachfolgenden Übung wurde ihr schmerzhaft bewusst, dass sie die Stadt nicht verlässt, weil sie sich mit ihrem blauen Auto selbst blockiert. Dabei wollte sie so gerne an der Ostsee arbeiten. Einige Wochen nach dem Workshop hat die Teilnehmerin mir dann eine Mail geschrieben: „Liebe Frau Ziolkowski, ich habe tatsächlich mein blaues Auto verkauft und hatte schon zwei Vorstellungsgespräche bei Hotels an der Ostsee. Plötzlich war alles ganz einfach. Ich hätte nie gedacht, dass mich mein geliebtes altes Auto so blockieren kann. Diesen Ballast bin ich jetzt schon mal los und ich fühle mich verblüffend frei. Ich vermisse es gar nicht so, wie ich befürchtet hatte." Welches blaue Auto steht vor Ihrer Tür, das längst entsorgt gehört? Machen Sie eine Liste mit allem, was Ihnen gerade durch den Kopf geht und bewerten Sie es danach, wie sehr Sie noch daran hängen, es noch dienlich ist oder Sie sogar beim Vorwärtskommen behindert. Und dann handeln Sie danach. Je schneller, umso besser.

Gewohnheiten und Glaubenssätze verändern Gewohnheiten sind der stärkste Klebstoff, sagt der Volksmund. Das ist die schlechte Nachricht. Die gute Nachricht ist: Was wir uns angewöhnt haben, können wir uns auch wieder abgewöhnen, beziehungsweise wir können neue Gewohnheiten installieren. Mittlerweile ist allerdings nachgewiesen, dass es mindestens 30 Tage dauert, bis ein neues Verhalten in uns hineingekrochen ist und dann langsam selbstverständlich wird. Aber nicht nur das zählt, sondern auch die ständige Wiederholung des Neuen. Erst nach 66 Tagen ist der Umbauprozess in unserem Gehirn abgeschlossen und wir machen die neue Angewohnheit automatisch und denken nicht mehr groß darüber nach. Sie ist uns zum Selbstverständnis geworden.

Fragen Sie sich bei Ihren liebgewordenen Gewohnheiten, welche Ihrem Ziel dienen und welche nicht. Jeden Tag länger als gewollt im Büro zu bleiben oder zu spät aufzustehen? Welche Gewohnheiten unterstützen Ihre Vision? Und dann fragen Sie sich, welche neuen Routinen Sie brauchen, um die Energie oben zu halten. Hier einige Anregungen: Jeden Morgen laufen gehen, 30 min lesen, an dem geplanten Buch schreiben.

Oft braucht es nicht viel, aber die Konsequenz und den Willen, es wirklich zu tun, braucht es schon. Schaffen Sie sich ein Ritual, bei dem Sie sich ungestört um Ihr

Zukunftsprojekt kümmern können. Andreas Nau hat sogar einen Plan für sich entwickelt, den er jeden Tag akribisch einhält: „Konsequente Zeitplanung und Einhalten der selbst erstellten Prioritäten sind für mich sehr wichtig. Es ist für mich ein Schlüssel, um die wichtigen Themen wirklich voranzutreiben, und ich plane das heute noch so. 60 % meiner Zeit gehört den großen Steinen (also strategischen, unternehmerischen Themen) und nur 40 % den kleinen Steinen und den Kieseln. Ich bin da ganz konsequent und führe meinen Kalender genauso. Ich starte um 7.00 Uhr und mache 1 h Mails etc. Ab 8 Uhr beginne ich dann mit einem meiner ‚big rocks‘ bis 11 Uhr. Dann gehe ich laufen und bin um 13 Uhr wieder zurück. Bis 14 Uhr gibt es dann wieder ‚Kiesel‘ und ab 15 Uhr widme ich mich wieder einem großen Thema für zwei bis drei Stunden. Und dann lasse ich den Abend auslaufen und gehe spätestens um 19 Uhr nach Hause. Ich erlebe es bei so vielen Kollegen, die mit einer guten Idee starten und es dann nicht schaffen, weil sie sich verzetteln und die ‚big rocks‘ nicht planen.“

Welche hilfreichen Routinen installieren Sie?

Bei Glaubenssätzen verhält es sich genauso. Auch die kleben stark an uns, schließlich haben wir sie jahrelang trainiert. Schauen Sie noch mal Ihr Fundament an, da haben Sie die wichtigsten gesammelt und in Inspirationssätze verwandelt. Arbeiten Sie mit den stärkenden Sätzen. Machen Sie Affirmationen daraus, und machen Sie es sich zur Aufgabe, sich täglich damit aufzuladen. Sehr gut geht das, wenn Sie diese mit einer Handlung verankern. Meinen Klienten empfehle ich, ihren neu gefundenen Glaubenssatz täglich mehrmals bewusst mit einer Aktion zu verknüpfen und den Satz dann zu denken, besser noch zu sagen. Zum Beispiel hat eine Klientin ihre zwei wichtigsten neuen Glaubenssätze als Login-Passwort für ihren Laptop gespeichert. Jeden Tag hat sie so drei bis vier Mal bewusst daran gedacht und konnte schon nach einigen Wochen von ersten Erfolgen berichten.

Sich von Menschen verabschieden In unserem Innersten wissen wir längst, wer uns nicht mehr guttut und von wem wir uns trennen sollten, um vorwärtszukommen. Wir wollen es meist nicht wahrhaben, weil es dabei oft um alte Beziehungen geht, die uns mal viel wert waren. Die wenigsten Menschen begleiten uns ein Leben lang, und oft tun wir auch dem anderen einen Gefallen, wenn wir loslassen. Möglicherweise ist der aus einem ähnlichen Grund noch mit Ihnen verbunden, obwohl er spürt, dass es nicht mehr passt. Seien Sie mutig und spüren Sie in sich hinein: Welche Ihrer Beziehungen ist mittlerweile anstrengend für Sie? Bei wem fühlen Sie sich nach einem Treffen oder einem Gespräch wie ausgewrungen? Bei wem denken Sie vielleicht: „Ach, der schon wieder"? Wenn das schon lange so ist, wird es Zeit, sich vor allem emotional von diesem Menschen zu verabschieden. Lassen Sie ihn in Frieden ziehen. Wenn Sie sich trauen, dann drücken Sie Ihre Gefühle aus. Bleiben Sie dabei ganz bei sich. Kein Fingerpointing nach dem Motto „Weil du immer …", sondern: „Ich spüre, mir tut deine Lebenseinstellung nicht mehr gut. Ich möchte das nicht mehr." Ein Teilnehmer, den ich Monate nach einem Seminar wieder getroffen habe, meinte: „Es ist echt Wahnsinn. Seit mir ganz klar ist, was ich will, ändert sich mein Umfeld fast automatisch. Ich ziehe Menschen an, die zu mir passen, und löse mich Stück für Stück von den Jammerern und Wehklagern. Ich habe jetzt eine ganz andere Energie und profitiere von den meisten Begegnungen."

Auch Mike Fischer musste das lernen und hat für sich erkannt, wie wertvoll es ist, hier konsequent zu sein: „Ich habe mich mittlerweile von all den Menschen getrennt, die mir nicht guttun. Am Anfang sicher noch nicht, da war mir der Einfluss noch nicht so bewusst. Aber in den letzten Jahren behandle ich mich selbst gut und sage mich los von all den Menschen, die mir nicht guttun. Ich hatte einen Top-Mitarbeiter, der fachlich extrem gut war, aber als Persönlichkeit ein Wrack, keine Teamfähigkeit, nichts. Der hat zum Beispiel unsere Ideenkultur nicht mitgemacht, die für uns aber sehr wichtig ist. Ich wusste, jetzt ist der Zeitpunkt, wo ich ihn nicht mehr in meinem Team haben möchte. Ich habe mit ihm gesprochen und ihm vorgeschlagen, unsere Zusammenarbeit aufzulösen. Wir haben jetzt ein gutes und respektvolles Verhältnis miteinander. Ich musste feststellen, dass es mehr gibt, als sich mit Menschen zu verkrampfen. Ich habe es auch in meinem privaten Umfeld so gemacht. Ich will keine Menschen mehr in meinem Umfeld, die mich behindern, runterziehen oder stehengeblieben sind. Ich suche die Nähe von Menschen, die noch nicht beratungsresistent sind."

Behandeln Sie sich selbst gut, so wie Mike Fischer, und räumen Sie in Ihrem Umfeld auf. Lassen Sie nicht zu, dass Energiefresser in Ihr neues Haus mit einziehen. Alles hat seine Zeit. Vielleicht ist die Zeit mit dem Menschen, mit dem uns einmal sehr viel verbunden hat, abgelaufen. Alles hat seinen Preis, und wenn Sie den für Ihre Vision nicht zahlen wollen, dann könnte es sein, dass Sie das davon abhält, richtig durchzustarten. Nehmen Sie es dann als bewusste Entscheidung. Es ist Ihnen eben wichtiger, mit dieser Person verbunden zu bleiben, als Ihre Vision zu verfolgen. Ich finde das völlig in Ordnung. Wichtig ist nur, dass Sie sich dessen bewusst sind und mit den Konsequenzen in Frieden leben. Und das heißt auch, dem anderen dann nicht die Schuld daran zu geben, dass es dann so ist, wie es ist.

10.2 Den Ist-Zustand akzeptieren – Christine Lassen

Bei diesem Punkt fällt mir sofort die Sache mit dem „Recht-Haben" ein. Ich glaube, es war für mich ein Schlüsselsatz, als ich ihn zum ersten Mal gehört habe. „Willst du recht haben oder glücklich sein?", fragte mich eine Kollegin, als ich nicht akzeptieren wollte, dass uns ein Kunde übers Ohr gehauen hatte. Ich wollte recht haben und hätte fast einen Streit angefangen. Aber ihr Satz hat mich wachgerüttelt. Ich bin richtig erschrocken und dachte mir, verdammt – ich will recht haben. Es hat mich sehr viel Energie gekostet und möglicherweise auch das eine oder andere graue Haar, bis ich die heilende Wirkung dieses Satzes verstanden habe. Heute bin ich viel gelassener und frage mich vorher, welchen Preis ich bereit bin zu zahlen. Rentiert es sich, recht haben zu wollen, oder verschwende ich gerade meine Energie? Diesen Satz können Sie auch anders verwenden: Will ich recht haben oder erfolgreich sein? Probieren Sie es aus. So oder so hat es etwas mit Loslassen zu tun. So fängt es an – hänge ich fest an den Dingen, für die ich mich einmal entschieden habe? Bin ich dem Kollegen immer noch böse wegen seines Ausrutschers? Trage ich meinem Partner immer noch nach, dass er mich damals auf der Party vor den Freunden blamiert hat? Oder akzeptiere ich endlich, dass es passiert ist und ich nichts mehr daran ändern kann? Das einzige, was ich daran ändern kann, ist meine Einstellung dazu, und das lohnt sich richtig!

> Will ich recht haben oder glücklich sein?

„Es ist, wie es ist, und weil es ist, wie es ist, ist es gut, wie es ist!" Diesen Satz habe ich zum ersten Mal von Christine Lassen gehört und war regelrecht beeindruckt. Sie hatte ihren Mann verloren, und zwar von einem Augenblick auf den anderen.

Kennengelernt habe ich Christine Lassen auf Gran Canaria. Ich war Kursteilnehmerin wie 20 weitere Personen. Sie eröffnete das fünftägige Seminar mit dem Titel „Heute ist mein bester Tag" mit viel Charme. Selbstsicher, souverän und so, als ob sie das schon immer gemacht hätte. Während der Tage erzählt sie dann von ihrem Schicksalsschlag. Arthur Lassen, Autor der Bücher „Heute ist mein bester Tag" (Lassen 1988) und „Geld ist eine Vision" (Lassen 1995), war vor drei Jahren plötzlich verstorben. Auf der Bühne. Wie ein Baum umgefallen. Tot. Er war es eigentlich, der die Seminare auf Gran Canaria gegeben und die Vorträge auf großen Bühnen gehalten hatte. Christine war im Hintergrund und hatte den Verlag geleitet. Und von einem auf den anderen Augenblick war alles anders. Große Pläne waren angestanden und der Schuldenberg aufgrund der Investitionen erheblich. Eine Möglichkeit wäre gewesen, zu verzweifeln, alles zu verkaufen und fertig. Christine hat sich für den anderen Weg entschieden. Sie hat die Berufung ihres Mannes zu ihrer gemacht. Wie hat sie es hingekriegt, nach so einem Schicksalsschlag so stark dazustehen?

Interview mit Christine Lassen – Inhaberin des L.E.T-Verlags und eine der bekanntesten Motivationstrainerinnen im deutschsprachigen Raum

Wenn ich gedacht habe, nur für heute, dann konnte ich immer weitergehen.

Hatten Sie einen Traum, eine Vision, die Sie verwirklichen wollten?
Die Vision war bei meinem Mann Arthur viel stärker, ich habe ihn begleitet. Ich habe irgendwann mal gemerkt, das geht nur, wenn ich in die zweite Reihe gehe. Ich war die Unterstützende, Begleitende, die Gesprächspartnerin für ihn.

Nach seinem Tod hat sich das geändert – und was zuerst Zwang und Not war, hat sich mit der Zeit zu einer Berufung entwickelt und letztendlich zu meiner eigenen Vision. Die Botschaft meines Mannes weiterzutragen ist mir zum Auftrag im Leben geworden.

Wie lautet die Vision heute?
Wir wollen eine kleine feine Firma sein, die Lebensfreude verbreitet. Eine Oase, die den Menschen gut tut, die die Menschen glücklich machen kann und die die Grundlage des positiven Denkens als eine Form des aktiven Lebensmanagements vermittelt.

Für mich bedeutet positives Denken, nicht bereit zu sein, trotz aller Hindernisse, am Leben zu verzweifeln, sondern die Herausforderungen zu meistern und das Leben grundsätzlich und umfassend zu bejahen.

Was hat Sie an Ihre Idee glauben lassen?
Mein Hauptgedanke damals war, wenn ich jetzt aufgebe, dann gibt es das Buch nicht mehr. Und dieses Buch darf nicht aus der Welt, das ist so wichtig. Deshalb muss ich alles tun, damit es bleiben kann. Gleichzeitig habe ich mich entschlossen, bereit zu sein, es gehen zu lassen, wenn es nicht funktioniert. Aber erst wollte ich alles dafür tun, damit es weitergeht.

Wie haben Sie dieses Bild von Ihrer Vision lebendig gehalten?
Ich arbeite stark mit inneren Bildern, sodass ich mir vorstelle, wie unsere Bücher das Haus verlassen oder wie ich Seminare gebe und die Botschaft andere erreicht.

Ich bin auch regelmäßig ins Warenlager gegangen und habe die Paletten gestreichelt und habe mich von den Büchern verabschiedet. Manchmal muss man auch etwas Albernes machen, und so habe ich zu denen gesagt: Ich sag schon mal tschüss, denn ihr seid ja bald alle irgendwo in der Welt. Ich habe mir dann einen vollen Paketwagen vorgestellt, der vom Hof fährt.

Nutzen Sie Rituale oder Techniken, um am Ball zu bleiben?
Kalt duschen – das ist das Wichtigste. Für mich ist die kalte Dusche wie ein Kick ins Leben. Das ist einfach Klasse. Jeden Morgen, immer wieder.

Außerdem mache ich mir jeden Morgen eine To-Do-Liste und habe mir angewöhnt, wenn ich im Verlag bin, eine Sache, die ich nicht so gerne mache, als erste zu erledigen. Irgendein Anruf, der nicht so angenehm ist, oder eine E-Mail, über die ich lange nachdenken muss. Das gibt mir dann zusätzliche Energie. Wenn ich das erledigt habe, schaffe ich danach doppelt so viel.

Ich mache auch die Sachen, die ich immer erzähle, selbst: Thymusdrüse aktivieren und Schulter klopfen. Bei wichtigen Telefonaten stelle ich mich hin, und am Abend schreibe ich auf, was positiv war. Das mache ich täglich, ohne Ausnahme.

Gibt es ein Schlüsselerlebnis auf dem Weg zum Erfolg für Sie?

In der Zeit, nachdem Arthur gestorben war, hatte ich erst mal Angstzustände, konnte nicht schlafen und war auch bei einer Psychologin, die mir aber nicht helfen konnte. Ich war einfach traumatisiert, es war zu viel auf einmal.

Mein Schlüsselerlebnis war dann ein paar Monate, nachdem Arthur gestorben war. Ich bin um 5 Uhr morgens durchs Haus gewandert und dann in den Garten gegangen. Und da stand ich da und dachte, der Tod gilt ja auch für mich. Und da habe ich beschlossen, so, und bis es so weit ist, lebe ich.

Was mussten Sie auf Ihrem Weg zum Erfolg lernen?

Dass das eigene Bauchgefühl ganz wichtig ist. Wenn Bauch und Verstand im Widerstreit sind, sollte man immer auf den Bauch hören.

Gelernt habe ich auch, dass zum Erfolg unendlich viel Beharrlichkeit gehört. Dieses Dranbleiben und Durchhalten ist anstrengend, besonders wenn es mal wo schrammt, die Geschäfte nicht so gut laufen. Den Einsatz in solchen Phasen zu verdoppeln ist mir zur Gewohnheit geworden. Das Prinzip, nach dem ich dann handle, lautet: „nur für heute". Für mich macht es vieles leichter. Oft wirst du ja müde, wenn du denkst, oh Mann, wenn das jetzt auch nicht geht oder wenn das jetzt so weitergeht, dann ... Aber wenn ich gedacht habe, nur für heute, dann war das sehr entlastend.

Von was oder wem mussten Sie sich verabschieden, um vorwärtszukommen?

Ich musste mich von einigen Menschen verabschieden, die bestimmte Erwartungen an mich gestellt haben, die ich nicht erfüllen konnte und die auch nicht im Sinne des Geschäfts waren.

Ich sehe die Firma oft wie ein Baby und frage mich dann, was braucht das Baby? Was muss ich jetzt für dieses Baby, also meine Firma, tun? Und dazu gehört es auch, sich von Menschen zu trennen, wie zum Beispiel von einer Schweizerin, die unsere Außenstelle dort betreut hat und unsere Homepage kopiert hat.

Gab es bereits Beweise in Ihrem Leben, die Sie bei Ihrer neuen Vision unterstützt haben?
Ich habe schon früh gelernt, dranzubleiben und Verantwortung zu übernehmen. Weil ich schon als Schülerin angefangen habe zu jobben.

Und noch wichtiger war, glaube ich, dass ich es größer haben wollte, dass ich der Enge meines katholischen Elternhauses entkommen wollte. Der beste Beweis war eigentlich Arthur, der mir als Visionär weit voraus war, Dinge angepackt hat, die ich mir noch gar nicht vorstellen konnte. Wir haben da auch gekämpft. Ich wollte es lieber vorsichtiger und bescheidener, und er hat oft gesagt, wir machen das jetzt einfach. Und es hat geklappt. Und ich hab' dann auch erkannt, dass das Leben so viel spannender ist. Dadurch habe ich neue Erfahrungen gemacht. Vor allem die Erfahrung, was alles möglich ist, wenn ich es mir vorstellen kann. Als Kind hatte ich die Vision, in einem Wohnblock eine Zwei-Zimmer-Wohnung zu besitzen – die hatte ich dann später auch –, aber plötzlich war ich mit Arthur in einem 340-Quadratmeter-Haus. Zu erfahren, dass man Grenzen aufbrechen kann, das finde ich total wichtig und bereichernd. Ich weiß aber auch, dass es nur funktioniert, wenn es ein Herzenswunsch ist. So ein Wünschlein – ich hätte gerne eine Villa am Stadtrand – funktioniert nicht. Da muss dir schon der Hintern brennen.

Gab es Menschen in Ihrem Leben, die Sie auf Ihrem Weg ermuntert haben?
Gab es immer, immer wieder.

Geschäftlich war es tatsächlich so, dass mich immer wieder Menschen unterstützt haben und mir auch wirklich geholfen haben. Oft war das allerdings mit eigenen Interessen verbunden, und so habe ich mich auch immer wieder trennen müssen. Und ich glaube, das hat auch mit mir zu tun, weil ich so ein Weichei bin, und da konnte ich immer wieder lernen, nein zu sagen.

Was waren die größten Hürden auf dem Weg?
Die Angst und das Lampenfieber vor großen Vorträgen. Bis ich verstanden habe, dass ich dem Publikum auch was mitzuteilen habe. Je weniger ich heute versuche, perfekt zu sein, umso besser gelingt es. Bis dahin ist es ein Weg, denn man kann ja nicht künstlich echt sein.

Was ist der wichtigste Tipp, den Sie gerne weitergeben würden?
Sich der Endlichkeit des Lebens bewusst zu sein – und wie unwesentlich damit vieles wird. Dass es besser ist, etwas zu bereuen, was man gemacht hat, als irgendwann mal Reue zu haben, weil man so viele Dinge nicht getan hat.
Verpasste Gelegenheiten lähmen uns, und wenn man sich traut, dann weiß man wenigstens, ob es funktioniert oder eben nicht. Das sind alles Lernschritte, und je häufiger man es macht, umso weniger macht es auch was aus, wenn mal was schiefgeht.

Hier geht es direkt zum Podcast-Interview mit Christine Lassen

Literatur

Lassen A (1988) Heute ist mein bester Tag. LET-Verlag, Bruchköbel

Lassen A (1995) Geld ist eine Vision. LET-Verlag, Bruchköbel

Scherer H (2011) Glückskinder: Warum manche lebenslang Chancen suchen – und andere sie täglich nutzen. Campus Verlag, Frankfurt, S 45

11

Der Einzug ins neue Haus

In Gedanken sind Sie schon fast angekommen. Der Einzug steht bevor. Sie sehen Ihr neues Heim in seiner ganzen Pracht vor sich stehen, haben viele Punkte abgehakt und bedacht. Sich Unterstützer gesucht, Rückschritte vorweggenommen und gut geplant. Und dann packt Sie plötzlich die Panik. „Wie soll ich das nur alles schaffen, wo als Erstes anpacken, damit das neue Heim komplett eingerichtet dasteht und bewundert werden kann? Bei anderen klappt das doch schließlich auch!"

Es gibt tatsächlich Menschen, die in ihr neues Heim einziehen, und binnen kürzester Zeit ist alles perfekt. Jede Kiste ist ausgepackt und alles ist an Ort und Stelle. Nichts erinnert mehr an den Umzug, und obendrein sieht es auch noch aus wie bei „Schöner Wohnen". Ich habe eine Cousine, bei der das zu 100 % zutrifft. Es beeindruckt mich tief, und ich bewundere sie für diese Gabe. Ich habe die nicht. Als wir umgezogen sind, standen die Kisten noch lange im Keller, und erst nach und nach ist eine nach

© Springer Fachmedien Wiesbaden GmbH, ein Teil von Springer Nature 2022
S. Ziolkowski, *Bau Dir Deine Zukunft*,
https://doi.org/10.1007/978-3-658-37033-6_11

der anderen an ihren Bestimmungsort gelangt. Am Anfang hat mich das total frustriert, ich wollte auch so schnell sein wie meine Cousine und es auch so schön haben. Bei dem Versuch, es ihr gleich zu tun, bin ich kläglich gescheitert. Und wieder einmal durfte ich lernen, dass es einen nur in den Mangel bringt, wenn man sich mit anderen vergleicht. Es war einfach nicht mein Tempo, und ich habe erkannt, dass ich mich damit überfordere. Für mich waren kleine, bewusste Schritte viel passender. Meine Prioritäten und Begabungen liegen einfach woanders.

Damit Sie beim Einzug ins neue Haus nicht völlig am Ende sind und sich vielleicht fragen, wie Sie das nur alles schaffen sollen, ist es klug, sich nicht zu viel auf einmal vorzunehmen und vor allem, wie schon gesagt, nicht zu vergleichen. Ihr Tempo zählt und nicht das der anderen. Wichtig ist nur, dass Sie dranbleiben und die Dinge vor lauter Frust nicht liegenlassen, denn dann wird's schwierig mit der Motivation und dem Dranbleiben. Dann haben Sie bald eine ewige Baustelle, mit der Sie sich arrangieren, aber nicht glücklich sind. Sie wissen intuitiv, es fehlt das letzte Stück, um Ihre Vision zum Sieg zu führen.

11.1 Der Umzug steht an – jede Kiste will gepackt werden

Die schiere Menge an Dingen, die ein- und wieder ausgepackt werden will, beeindruckt die meisten von uns. Ich weiß noch genau, dass ich mich damals fragte, wo ich nur anfangen soll, und ganz überwältigt von dem Berg, der sich gefühlt vor mir auftürmte, erschöpft sitzengeblieben bin.

Deshalb empfehle ich Ihnen, mit den einfachsten Punkten zu beginnen, um erste Erfolge zu erzielen. Für

Ihre Vision heißt das, die alltagstauglichen Schritte zu installieren und sich auf den Weg zu machen. Also, was fühlt sich leicht an? Was können Sie einfach in Ihren Alltag integrieren? Warten Sie nicht auf den perfekten Zeitpunkt, denn der kommt nicht. Viel wichtiger als einmal einen Gewaltschritt zu machen, um richtig vorwärtszukommen, ist die tägliche Arbeit an Ihrer Vision. Ich nenne das gerne „mit Baby-Steps zum Ziel".

Natürlich ist es auch wertvoll, ab und zu einen großen Schritt zu machen, aber als Dauervorgehensweise ist das meist zum Scheitern verurteilt. Zu viele haben auf dem Weg schon aufgegeben, weil es ihnen zu schwer wurde, sie es nicht mehr unterbrachten und die Aufgabe plötzlich unüberwindbar schien. Ich kenne das Phänomen auch. Es begegnet mir dann besonders häufig, wenn ich die täglichen kleinen Schritte vernachlässige und anfange zu denken, das mache ich morgen. Ist jetzt nicht so wichtig. Eine ganze Weile war das auch bei diesem Buch so. Es war nie Zeit dafür, alles andere war wichtiger (war es übrigens nicht, hat nur lauter „geschrien"). Jedes Mal, wenn ich mich nach Tagen, manchmal auch nach Wochen, wieder dransetzte, um weiterzuschreiben, musste ich irre Anlauf nehmen, um in Fahrt zu kommen, und irgendwann bedrohte es mich sogar. Und wissen Sie, was ich dachte, als mir das bewusst wurde? „Wow, jetzt bist du selbst in die Falle gegangen, vor der du immer warnst!" Das wollte ich mir nicht mehr länger von mir gefallen lassen. Ich habe den Entschluss gefasst, täglich etwas dafür zu tun. Und vor allem: Ich habe es auch eingehalten. Manchmal hatte ich nur fünf Minuten, aber diese fünf Minuten Zeit habe ich mir genommen, um ein paar Gedanken zu notieren, eine Kleinigkeit zu recherchieren oder eine Passage in einem Buch zu lesen. Danach war ich zufrieden und konnte einen kleinen Erfolg verbuchen. Das hat mich immer wieder motiviert und angetrieben zu meinem nächsten Schritt. Und es hat zunehmend mehr Freude gemacht, weil ich mich erstens auf mich verlassen konnte und zweitens immer mehr in Schwung kam. Wenn ich dann einige Stunden am Stück investieren konnte, war ich sofort im Thema und konnte loslegen – ohne mühsames Anlaufnehmen. Ein gutes Gefühl.

Auch Svea Kuschel hat sich dieser „kleine-Schritte-Formel" bedient und ist damit sehr erfolgreich geworden: „Ich war immer davon überzeugt, dass ich auf dem richtigen Weg bin. Ich habe diesen Weg ja nicht so gewählt wie viele in der Branche (alles gleich perfekt mit viel Geld und Brimborium). Ich habe ganz, ganz klein angefangen, erst zu Hause, dann mit einer Mitarbeiterin auf 400-DM-Basis, dann mit einer weiteren Finanzfrau. Das Unternehmen ist stetig gewachsen, bis wir zum Schluss 14 Personen waren. Ich habe nie Schulden gemacht. Ich habe immer den Verhältnissen entsprechend gelebt. Das Wichtigste war immer, den Rücken frei zu haben. Und weil das so war, konnte ich auch so beraten. Ich bin ganz langsam und stetig gewachsen, und das war mein Geheimnis."

In meiner Branche, der Redner- und Coachingbranche, sind wir besonders anfällig zu glauben, dass es schnell gehen muss mit dem Erfolg. So nach dem Motto: Ich mache mich jetzt als Trainer, Coach oder Vortragsredner auf den Weg, besuche viele Fort- und Weiterbildungen und dann erobere ich die Bühnen dieser Welt – sofort! Ja, ja. Nicht umsonst hat Harry Belafonte einmal gesagt: „Ich habe 30 Jahre gebraucht, um über Nacht berühmt zu werden." So eine ähnliche Erfahrung hat auch Stephan Landsiedel gemacht: „Ich habe immer gedacht – jetzt bald, jetzt bald, jetzt bald. Doch bei genauer Betrachtung hat es dann doch 10 Jahre gedauert, bis wir den Durchbruch geschafft haben."

Dem Gehenden schiebt sich der Weg unter die Füße.

Ich erinnere mich an eine Kollegin, die bei einem Treffen meinte: „Jetzt bin ich schon drei Jahre unterwegs, habe mich sogar zum Redner ausbilden lassen, und bin immer noch nicht so erfolgreich, wie ich es gerne wäre. Die anderen sind schon viel weiter." Vielleicht sind sie das, aber deren Lebensumstände sind möglicherweise auch anders. Meine Kollegin ist verheiratet, hat einen kleinen Sohn und arbeitet auch noch in Teilzeit als Ärztin. Dafür ist sie schon ziemlich weit. Sie hat ihre stetigen Erfolge nur nicht mehr wahrgenommen. Als wir ihren Status Quo dann genauer betrachteten und ich meinte, dass ich sie als sehr erfolgreich wahrnehme und es in meinen Augen eher darauf ankomme, dass man Schritt für Schritt weitergehe, als jetzt mit Gewalt den Erfolg erzwingen zu wollen, sah sie mich dankbar an. „Danke, Silvia. Das hat mir jetzt gut getan. Manchmal verliert man wirklich den Bezug zur Realität und nimmt gar nicht mehr wahr, was schon alles passiert ist."

Damit Ihnen das nicht passiert und Sie auch kleine Erfolge wahrnehmen, empfehle ich Ihnen, ein Visionslogbuch zu schreiben. Es stärkt Sie vor allem dann, wenn Sie das Gefühl haben, nicht vorwärtszukommen, oder wenn Sie Rückschläge verarbeiten müssen. Es hilft Ihnen, den Blick auf die Dinge zu lenken, die bereits gelungen sind, und stärkt Sie täglich. Der Nutzen und die Wirkung eines solchen Instruments, also des schriftlichen Festhaltens der Erfolge, sind schon mehr als einmal nachgewiesen worden. Dauerhaft geführt, am besten kurz vor dem Zu-Bett-Gehen, erinnert es Ihr Unterbewusstsein, sich mit den gelungenen Dingen des Tages zu beschäftigen und diese in der Nacht zu verarbeiten. Ich möchte Sie ermuntern, dieses Tool von Anfang an mit einzubauen. Es wird Sie begleiten, stützen und stolz machen, wenn Sie nachlesen können, was Sie schon alles geschafft haben, welche Hürden Sie genommen haben und wofür Sie dankbar sind. Menschen, die schon lange ein Visionslogbuch oder Erfolgsjournal schreiben, bestätigen, dass es ihnen durchgehend besser geht und ihr Selbstbewusstsein täglich gestärkt wird. Sie programmieren sich damit buchstäblich auf Erfolg und das hilft Ihnen, Ihren kritischen Blick zu relativieren.

Besorgen Sie sich ein schönes Buch, das Sie anspricht, in das Sie gerne reinschreiben. Es erhöht die Lust. Wenn Sie mehr der virtuelle Typ sind, dann starten Sie einen privaten Blog oder nutzen Sie den Smile Collector, der Ihnen zum Beispiel auf Ihrem Handy oder Tablet jederzeit zur Verfügung steht. Ich schreibe schon seit Jahren regelmäßig in Kurzform auf, was mir gut gelungen ist und für was ich dankbar bin. Seit mehr als sieben Jahren benutze ich dafür den Smile Collector und sammle meine Erfolge auch unterwegs. Mittlerweile habe ich mir angewöhnt, jeden Abend statt in Facebook/Instagram und Co. in meinen elektronischen „Lächelsammler" zu schauen. Ich lasse den Tag Revue passieren, schreibe meine positiven Erlebnisse auf und freue mich an meinen alten Niederschriften. Der Vorteil des Smile Collectors: Mit der Kopierfunktion „copy and paste" wandern nun auch alle Feedbacks, die mich per Mail erreichen, in meinen Erfolgssammler.

Probieren Sie es aus, egal in welcher Form, und bleiben Sie mindestens vier Wochen dabei, denn erst dann erleben Sie den Effekt, den ein Visionslogbuch für Sie parat hat. Je regelmäßiger und öfter Sie das tun, umso mehr werden Sie erkennen, wie sehr Sie das stärkt und über so manche Hürde trägt.

11.2 Endlich angekommen – Woran Sie merken, dass Sie Ihr Ziel erreicht haben

Ziele können und sollen erreicht werden, Visionen nicht unbedingt. Wenn Ihre Vision groß genug ist, kann diese Sie ewig antreiben. Wie Sie ja schon wissen, gehört es zu meiner Vision, eine Beseelt-und-Bekloppt-Kultur zu schaffen, für ein großartiges Leben nach eigenen Vorstellungen. Es ist wohl eine Vision, die mich mein Leben lang begleiten wird, und das ist gut so. Sie hält mich wach und neugierig und lässt mich immer wieder neue Facetten und Ziele finden. Auf dem Weg zu meiner Vision gibt es Meilensteine, wie zum Beispiel dieses Buch, mit dem ich Menschen wie Ihnen ein Werkzeug an die Hand geben kann, um selbst beseelt und bekloppt zu leben. Wenn ich mein Buch dann gebunden in Händen halte und mein Werk zu kaufen ist, bin ich fürs Erste angekommen und unendlich stolz. Ich habe mein Ziel erreicht.

Ich habe meine Interviewpartner immer wieder gefragt, woran sie gemerkt haben, dass sie ihr Ziel erreicht hatten. Besonders wenn man es nicht einfach messen kann. Die meisten haben mir geantwortet, dass das beste Kriterium ein inneres Gefühl der Zufriedenheit und Beseeltheit ist. Das Herz tanzt, und wir werden von einem Gefühl des Stolzes getragen. Auch das Feedback von außen gehört dazu. Was nehmen Ihre Unterstützer wahr, und was vielleicht Freunde und Kollegen? Wiestaw Kramski hat es daran erkannt, dass seine Freunde ihn baten, für sie auch so einen Putter zu bauen. Und Christoph Heinen wusste es, als sie mit ihrem Unternehmen die erste heftige Krise gemeistert hatten.

Ich bin sicher, auch Sie werden es wissen und vor allem spüren, wenn Sie angekommen sind. Einen konkreten

Meilenstein erreicht zu haben ist sogar ein sichtbarer Beweis. Deshalb ermuntere ich Sie hier noch mal explizit: Machen Sie einen Meilensteinplan und teilen Sie diesen auch mit Ihren Unterstützern.

11.3 Einweihungsfeier – Lassen Sie die Korken knallen

Wenn Sie voller Stolz in Ihr Haus einziehen, dann werden Sie aller Voraussicht nach eine ordentliche Party machen und alle Nachbarn, Unterstützer und Freunde einladen, mit Ihnen diesen Erfolg zu feiern. Genau dasselbe empfehle ich Ihnen auch für Ihr Zukunftshaus-Vorhaben.

Feiern Sie aber nicht nur den Einzug ins Haus, sondern auch die Fertigstellung des Rohbaus und des Innenausbaus, feiern Sie also auch die kleineren Erfolge und Meilensteine. Die Finanzexpertin Svea Kuschel wusste besondere Augenblicke zu würdigen: Immer wenn sie ein gutes Geschäft gemacht hatte, sei sie mit ihrem Team essen gegangen und habe einen ganzen Tag frei gemacht, erzählte sie mir beim Interview.

Bei meinen Vorträgen frage ich mein Publikum gern, ob sie auch manchmal innehalten, um Punkte zu würdigen, die ihnen schon gelungen sind. Und wie es zum Bespiel aussieht mit dem Jahrestag der Firmengründung? Viele fühlen sich ertappt und verneinen. Wir übergehen diese Termine gerne, obwohl sie uns zu Beginn Ehrfurcht eingeflößt haben. Wenn die Meilensteine dann geschafft sind, ist schon wieder etwas anderes wichtiger, und uns ist gar nicht mehr bewusst, dass wir bei der Planung vielleicht gesagt haben: „Wenn ich diesen Punkt geschafft habe, dann bin ich richtig stolz auf mich." Für mich gehört es zu einer guten Selbstfürsorge dazu, Meilensteine zu feiern und zu würdigen. Wenn Sie das schon gleich bei der Planung berücksichtigen, entwischen Ihnen diese Augenblicke nicht so leicht: Nach welchen Steps wollen Sie bewusst innehalten und sich belohnen? Zum Beispiel könnte das der fertige Projektplan sein, in dem Sie alle Meilensteine und Etappenziele festgelegt haben. Vielleicht belohnen Sie sich danach mit einem freien Nachmittag, den Sie in der Sonne verbringen. Tragen Sie sich Jahrestage in den Kalender ein, und machen Sie Ihren Meilenstein-plan mit Ihren Belohnungen sichtbar. So installiert, wird Sie das ziehen und Vorfreude auslösen. Manches Mal hilft es auch, noch eine Hürde zu nehmen, weil wir wissen, dass die Belohnung wartet.

11.4 Step by Step zum Sieg – Antje Heimsoeth

Aufgefallen ist sie mir gleich, die strahlende Frau, die nicht unweit von meinem Tisch entfernt sitzt. Wir befinden uns in Holland auf einer internationalen Veranstaltung, bei der wir beide Teilnehmerinnen sind. Immer wieder begegnet sie mir an diesem Tag, und immer wieder bemerke ich diese Kraft, die sie ausstrahlt. Selbstsicher, überzeugend, klar. Als sie mir am Abend auf dem Flur begegnet, spreche ich sie an und sage ihr, wie sehr mir ihr Strahlen gefällt und wie sehr ich selbstsichere Frauen mag, die, wie sie, entsprechend präsent sind. Sie lacht mich an, bedankt sich und gibt das Kompliment zurück. Wie schön, denke ich, keine, die ein ehrlich gemeintes Kompliment kleinreden muss, sondern einfach danke sagt.

Antje Heimsoeth ist keine bequeme Frau und macht es sich auch selbst nicht bequem. Sie ist eher eine Kämpferin, die für ihre Ziele und Träume aufsteht. Genauso hat sie es auch gemacht, als sie schwer verunglückte. Dieser Schicksalsschlag hat sie gelehrt, ihre Träume und Visionen ernst zu nehmen und Schritt für Schritt ihrem Ziel entgegenzugehen. Dass sie heute so strahlen kann, macht sie zur Gewinnerin und zu einem Vorbild für andere. Genau das gehört zum Beseelt-und-bekloppt-Sein dazu. Es ist eben nicht alles easy, sondern es braucht Zeit, Geduld und Disziplin, bis man die Korken knallen lassen kann.

Interview mit Antje Heimsoeth, Inhaberin der Heimsoeth Academy, Expertin für mentale Stärke, Motivation und Selbstführung

Es geht darum, Schritt um Schritt zum Ziel zu kommen und die Erfolge auf dem Weg zum Endziel wahrzunehmen.

Hatten Sie einen Traum, eine Vision, die Sie verwirklichen wollten?
Kein Traum – es waren eher die Umstände. Ich hatte 1998 einen sehr schweren Reitunfall, und der Zufall wollte es, dass ich in der Reha eine Frau kennenlernte, die NLP-Trainerin war. Was sie mir über NLP erzählte, faszinierte mich sehr. Wenige Monate später hatte ich bereits selbst mit einer NLP-Ausbildung begonnen. Bis dahin hatte ich mit solchen Themen aus der persönlichen Weiterentwicklung und Kommunikation kaum Berührung gehabt.

Sehr schnell habe ich gemerkt, dass ich mit NLP eigene Lebensthemen aufarbeiten konnte. Ich habe dann immer weitergemacht und hatte innerhalb von drei Jahren meine Ernennung zur NLP-Lehrtrainerin. In dieser Zeit arbeitete ich noch als Vermessungsingenieurin. Ich erlebte große persönliche und berufliche Enttäuschungen an meinem Arbeitsplatz. Ich wurde durch die Umstände und Ereignisse krank, was dann auch der Auslöser war, mein Leben zu ändern.

Ich war bis dahin immer ein sehr gesunder Mensch gewesen. Ich konnte an diesem Arbeitsplatz nicht bleiben, wenn ich wieder gesundheitlich und psychisch stabil werden wollte. Zunächst bewarb ich mich als Trainern in Festanstellung. Ich fand allerdings keine Stelle, weil ich zum einen überqualifiziert war und zum anderen ohne praktische Berufserfahrungen.

Auf dem Weg zu einem Seminar habe ich dann entschieden, mein eigenes Institut zu gründen. Ich war von der ersten Sekunde an überzeugt von diesem Weg und meinen Möglichkeiten.

Hatten Sie bei der Gründung Ihres Institutes ein klares Bild von Ihrer Zukunft?
Ja. Ich hatte bereits meine NLP-Masterarbeit zum Thema „Mental-Training für Reiter" geschrieben. Es gab überhaupt keine Literatur diesbezüglich. Ich war und bin Reiterin. Ich habe bereits als Kind reiten gelernt und galt in der Szene als Halbprofi.

Die Idee war, Hobby und Beruf zu verbinden. Allerdings wurde mir schnell klar, dass ich von Aufträgen im Reitsport alleine nicht leben kann, und so habe ich meine Zielgruppe auf Sportler und Trainer in allen Sportarten erweitert. Ich bot zuerst Vorträge und Seminare an, was schon etwas zäh war. Aus heutiger Sicht weiß ich, dass sich Seminare sehr viel schlechter verkaufen als Ausbildungen.

Wie haben Sie das Bild Ihrer Vision lebendig gehalten?
Durch Handeln und TUN. Wenn ich mich noch mal selbstständig machen müsste, würde ich es anders angehen. Ich würde sehr viel mehr Zielarbeit und (innere und äußere) Visualisierung machen. Wichtig: Vision, Werte, Zielcollage, Ziele aufschreiben, Ziele visualisieren. Das mache ich leider

in aller Konsequenz auch erst seit ein paar Jahren. Ich hatte schon Ideen, wie meine Seminare ablaufen sollen, hatte aber zum Beispiel nicht visualisiert, wie viele Teilnehmer meine Seminare haben sollten und wie viel ich mindestens pro Seminar einnehmen wollte. Das mache ich heute, und es macht einen Unterschied.

Was hat Sie an Ihre Idee glauben lassen?
Ich war überzeugt davon, dass ich das hinbekomme. Ich bin ein Mensch, der sehr viel Energie und Power hat und dies auch in die Seminare reingibt. Die Feedbacks und Erfolgserlebnisse als Rednerin, Coach und Trainerin stärken mich.

Haben Sie sich aktiv Unterstützer gesucht, die Ihnen auf Ihrem Weg nützlich waren?
Ja, ich habe gelernt, aktiv an Türen zu klopfen und um Unterstützung zu bitten. Es ist sehr wichtig, ein Unterstützerumfeld und eventuell auch einen Mentor, Förderer und Forderer zu haben. Ich empfehle meinen Teilnehmern und Klienten: Baut euch ein Unterstützerumfeld und soziales Netzwerk auf. Ich kenne keine erfolgreichen Menschen ohne Unterstützerumfeld.

Was hat Sie angetrieben, Ihre Vision zu verwirklichen?
Für mich war wichtig, eine Aufgabe zu haben, die mich erfüllt. Die Sinnhaftigkeit dahinter war und ist mir sehr wichtig. Auch die Erfolge treiben mich weiter. Erfolg kann schon „süchtig" machen.

Was hat Sie durchhalten lassen?
Das, was ich auch lehre: Sich immer wieder die Erfolgserlebnisse der Vergangenheit zu vergegenwärtigen, besonders wenn es grad mal nicht so gut läuft. Auch immer wieder hinzuspüren, wie sehr der Beruf (als Berufung) erfüllt, sowie das Gefühl des Erfolges wieder zu aktivieren.

Für mich noch wichtig: Ständig an meinen eigenen Themen weiterarbeiten und mein Expertentum weiter ausbauen. Und um erfolgreich zu sein, braucht es Ehrgeiz, Mut und Disziplin.

Wie lange hat es gedauert bis zum Durchbruch?
Seit 2010 bin ich international tätig, und das ist für mich auch gefühlt mein Durchbruch gewesen. Begonnen habe ich 2003. Ich sage meinen Teilnehmern immer, dass sie mit fünf bis sieben Jahren rechnen müssen, bis sie gut davon leben können. Es geht darum, Schritt um Schritt zum Ziel zu kommen und die Erfolge auf dem Weg zum Endziel wahrzunehmen.

Wie haben Sie es geschafft, sich immer wieder auf Ihr Ziel zu konzentrieren?
Durch Zielcollagen, Aufschreiben von Zielen und Werten, Überprüfen der Zielerreichung.

Ich arbeite auch mit Affirmationen für mich, die sich im Laufe der Zeit schon mal ändern können. Meine wichtigste Affirmation lautet: „Ich liebe (mich selbst), glaube, vertraue, bin dankbar und mutig."

Mittlerweile visualisiere ich meine Ziele aus allen Lebensbereichen mittels eines digitalen Fotorahmens, der auf meinem Schreibtisch steht. Diesen aktualisiere ich von Zeit zu Zeit. Zwischen den Zielen sind noch ein paar Affirmationen und Fotos von wunderbaren Momenten und Erfolgen eingefügt. Beim Arbeiten und Telefonieren am Schreibtisch fällt mein Blick immer mal wieder auf den Fotorahmen. Das hält mich im Prozess.

Welche Leitgedanken haben Sie begleitet?
Träume nicht dein Leben, sondern lebe deinen Traum.

Was ist der wichtigste Tipp, den Sie gerne weitergeben würden?
Nicht zu Hause hocken und darauf warten, dass einen die Leute finden, sondern viel unterwegs sein. Sich innerlich und äußerlich bewegen. Sich immer wieder auf den Prüfstand stellen. Groß denken.

Hier geht es direkt zum Podcast-Interview mit Antje Heimsoeth

Literatur

Literaturempfehlung

Heimsoeth A (2017) Kopf Gewinnt!: Der Weg zu mentaler und emotionaler Führungsstärke. Springer, Wiesbaden

Heimsoeth A (2018) Frauenpower: Mentale Stärke für Frauen. Springer, Wiesbaden

12

Das Haus instand halten

Bei der Visionsverfolgung ist es wie bei einem Haus – es braucht immer und immer wieder Aufmerksamkeit. Es ist völlig in Ordnung, den Sieg zu genießen und den Erfolg zu feiern. Ich ermuntere Sie ausdrücklich dazu, dafür innezuhalten und sich auch einmal auszuruhen. Doch bleiben Sie wach, und bleiben Sie am Ball.

Am liebsten würde ich Ihnen zurufen: „Bleiben Sie unruhig!" Das heißt auch: Stellen Sie Ihr Haus immer wieder auf den Prüfstand. Was hat sich auf dem Weg verändert? Was haben Sie gelernt? Welche neuen Erkenntnisse und Erfahrungen haben Sie gemacht, die Sie jetzt ergänzen wollen? Die Erkenntnisse kommen auf dem Weg. Wir können schließlich nicht um jede Ecke gucken. Erwarten Sie also nicht von sich, dass Sie bei der Planung schon alles bedenken können, sondern gönnen Sie sich Richtungs-

© Springer Fachmedien Wiesbaden GmbH, ein Teil von Springer Nature 2022
S. Ziolkowski, *Bau Dir Deine Zukunft*,
https://doi.org/10.1007/978-3-658-37033-6_12

wechsel und Korrekturen, wenn Sie Ihrem Ziel dienen und Sie damit Ihrem Lebenstraum näherkommen. Versöhnen Sie sich aber auch mit Dingen, die Sie nicht mehr ändern können, weil der Zug abgefahren ist, und schauen Sie nur zurück, um zu lernen.

Für Ihre Ziele und Ihre Vision heißt das: Was kommt als nächstes? Was ist der nächste Wachstums- oder Korrekturschritt? Andreas Nau hatte sein erstes großes Ziel mit seiner Firma erreicht, und dann ging es bergab. Aus der Rückschau weiß er, dass sie keine Anschluss-vision hatten und sich treiben ließen wie ein Stück Holz im Wasser. Heute bleibt er am Ball, überprüft regelmäßig seine Träume und Ziele und verbindet sich mit diesen: „Ich habe damals dann eine Ziel-Traum-Mind-map angefertigt, die ich immer im Blick habe, und die ist mittlerweile auch gewachsen, und es ist viel hinzu-gekommen. Aber diese Mindmap von damals habe ich heute noch. Daraus habe ich dann konkrete Maßnahmen abgeleitet. Was genau tun wir nächste Woche, nächsten Monat, nächstes Quartal? Wo liegt unser Fokus? Diese Ziel-Traum-Mindmap ist für mich zum Schlüssel geworden. Ich habe sie in meinem Büro hängen und ich bin oft dran und fokussiere und zentriere mich damit immer wieder. Ich hätte nie gedacht, wie wichtig das für mich wird. Mittlerweile mache ich das jedes Jahr. Und ganz interessant ist es, dass ich mit dem Aufschreiben bereits Dinge in die Wege leite und danach handle, ohne dass ich das jetzt andauernd bewusst tue."

Dasselbe können Sie mit Ihrem Zukunftshaus tun. Machen Sie es sich zur jährlichen Routine und Freude, Ihr Haus weiterzuentwickeln. Doch neben dem jährlichen Frühjahrsputz braucht es auch die dauernde Pflege, um den Glanz zu erhalten.

12.1 Der regelmäßige Hausputz

Hier komme ich zu einem Punkt, den ich Ihnen im Laufe des Buches in unterschiedlichen Kapiteln bereits vorgestellt habe. Es geht um hilfreiche Routinen und Rituale, um den eingeschlagenen Weg mit mehr Selbstverständnis zu gehen. Beim Hausputz leuchtet uns das sofort ein. Wenn wir uns nicht regelmäßig um die Pflege kümmern, verstaubt unser schöner Besitz, und der Glanz ist bald dahin. Auch im Sport würden wir keine Minute überlegen müssen: Wenn wir nicht ständig weiter trainieren, dann können wir unsere Leistung nur bedingt abrufen, und der nächste Sieg rückt in weite Ferne. Matthias Lehner, Inhaber von Bodystreet und ehemaliger Handballtrainer, hat das, was seinen Erfolg ausmacht, in die Metapher des Handball-Trainings gepackt: „Laufen, werfen, fangen, passen. Laufen, werfen, fangen, passen. Laufen, werfen, … Immer und immer wieder."

Ein einmaliger Erfolg ist keine Garantie für die Zukunft, und wirklich gut werden Sie nur, wenn Sie dranbleiben. Ihre Vision ist die Inspiration dahinter, und das tägliche Training macht Sie zum Könner in Ihrer Disziplin.

Ich persönlich lerne das immer mehr. Nicht, dass ich es nicht schon lange wusste, aber diese einfache Formel täglich bewusst zu nutzen und den Vorteil dahinter zu erkennen, das hat gedauert. Als Vielfaltsmensch wollte ich mich nicht so gerne festnageln lassen – auch nicht von mir selbst. Ich habe Ausreden gefunden, mich mehr den vermeintlich dringenderen Dingen gewidmet und mich buchstäblich um hilfreiche Routinen gedrückt. Das mache ich heute nicht mehr. Ich habe verstanden, welchen Effekt es hat, tägliche Gedankenhygiene zu betreiben und hilfreiche Routinen und Rituale zu installieren. Sie helfen mir, effizient Themen vom Tisch zu bringen, und verbinden mich täglich mit meinen Zielen. Etablieren auch Sie für sich solche Erfolgsroutinen dauerhaft. Überlegungen dazu haben Sie bereits in den Vorgängerkapiteln angestellt. Hier noch mal ein paar Anregungen:

1. Gedankenhygiene betreiben: Nehmen Sie sich das Fundament Ihres Zukunftshauses vor und üben Sie sich darin, immer, wenn ein Zweiflergedanke Sie erwischt, diesen zu einem Inspirationssatz werden zu lassen. Verstärken Sie diesen, indem Sie sich ihn täglich vor Augen halten und am besten in eine Handlung einbetten.
2. Erfolgsroutinen:
   – Verbinden Sie sich immer wieder mit Ihrer Vision. Im Kap. 13 „Werkzeugkasten" am Ende des Buches finden Sie hierfür noch weitere wertvolle Tools für Ihr Zukunftsmuskeltraining.
   – Bearbeiten Sie die dicken Brocken des Tages als erste und packen Sie erst danach die dringenden Dinge an.
   – Überlegen Sie sich Routinen für immer wiederkehrende Aufgaben und machen Sie sich Checklisten, um den Kopf freizubekommen. Vielleicht können Sie die Arbeit sogar delegieren.
3. Rituale installieren: zum Beispiel jeden Morgen 30 min lesen, den Tag andenken oder laufen gehen. Täglich etwas in Ihr Visionslogbuch schreiben.

Die Tipps meiner Interviewpartner sind zum Beispiel:

- Machen Sie jeden Abend eine „Happy Hour" und überlegen Sie, was am Tage gut gelaufen ist.
- Nutzen Sie Visualisierungstechniken, um sich immer wieder mit Ihrem Ziel zu verbinden.
- Meditieren Sie und denken Sie den Tag an.

- Gehen Sie täglich laufen und hören Sie sich dabei die Geschichten von erfolgreichen Menschen an.
- Duschen Sie kalt – jeden Morgen. Es ist wie ein Kick ins Leben.
- Machen Sie eine konsequente Zeitplanung und halten Sie die selbst erstellten Prioritäten ein.

Der regelmäßige Hausputz hilft Ihnen, Plateaus zu überwinden, den Fokus beizubehalten und ständig besser zu werden. Wenn Sie es nicht als lästige Aufgabe sehen, sondern als tägliche Gestaltungspraxis, werden Sie mehr Fülle erleben und so manche Hürde spielend nehmen. Sie wissen schon: Laufen, werfen, fangen, passen, …

12.2 Renovieren als Daueraufgabe

Gerade habe ich Ihnen von Ritualen und Routinen erzählt, und jetzt das? Rituale und Routinen sind etwas Beständiges, und Renovieren gehört zur Veränderung. Was denn nun? Beides! Das eine beeinflusst das andere. Wenn Sie Erfolgsroutinen installieren, dann helfen diese Ihnen vor allem, Hürden zu nehmen und mutiger zu werden, und schon sind Sie mitten drin, ständig den Status quo zu hinterfragen oder sich zu trauen, neue Dinge auszuprobieren.

Für mich ist eine Erfahrung dabei ganz wichtig: Wenn wir anfangen, unser Zukunftshaus zu realisieren, werden Chancen und Herausforderungen auftauchen, die wir vorher nicht denken konnten. Nicht, weil wir „zu blöd" waren, sondern weil wir täglich dazulernen. Wir können nun mal nicht um jedes Eck blicken und jeden Winkel unseres Hauses im Vorfeld schon kennenlernen bevor es steht. Lassen Sie sich von Ihrer Vision und Ihrer Sehnsucht leiten. Wenn Sie dranbleiben, wird sich diese immer

deutlicher zeigen, und das kann auch mal eine ordentliche Kurskorrektur bedeuten, so wie es Bianca Fuhrmann
passiert ist. Gestartet mit der Idee, die Welt des Projekt-
managements zu revolutionieren, hat sie erkannt, dass es
noch eine tiefere Sehnsucht in ihr gibt. Sie hat sich darauf
eingelassen und hat sich getreu dem Motto „Das einzig Beständige ist der Wandel" weiter auf die Suche nach
ihrem Kern gemacht. Angekommen ist sie bei Hochleistungsteams und der Frage, wie es gelingt, diese zu
erschaffen. Aus dem Projektmanagementthema ist etwas
noch Größeres geworden.

Auch für Mike Fischer ist der Wandel eine stetige Kraft.
Sein Motto lautet: „Was zum Teufel machst du anders
als die anderen?", und das ist immer wieder Antrieb, das
Bestehende zu hinterfragen und zu verbessern. Seine Fahrschule zum Beispiel hat er komplett neu erfunden. Für ihn
war es ein sehr mutiger und innovativer Schritt, aus einer
normalen Fahrschule eine Kompaktfahrschule zu machen
und so sein Kundenpotenzial um 150 % zu steigern.

Diese Freiheit, aus dem Bestehenden etwas Neues zu
erschaffen, bringt uns richtig vorwärts und nährt unsere
Vision. Sie gehört zum Grundverständnis von Visionären
und Zukunftsentwicklern.

12.3 Das Bessere ist der Feind des Guten – Bianca Fuhrmann

Bianca Fuhrmann ist eine interessante Frau, die zwei
sehr unterschiedliche Welten in sich vereint. Zum einen
ist sie Ingenieurin und zum anderen Künstlerin. Eine
gemeinsame Kollegin hat uns miteinander bekannt

gemacht und meinte, wir müssten uns dringend kennenlernen. Das haben wir dann auch. Wir trafen uns in
einem Café in Erding, und mir gegenüber saß eine sehr
feinfühlige Frau, die eher leise daherkommt. Doch mit
jedem Treffen wurde klarer, welches Kraftpaket sich hinter
dieser klugen Frau verbirgt. Sie hat mich fasziniert mit
ihrem Blick auf die Welt, mit ihrer Kompetenz und ihrer
Konsequenz. Seit ich Bianca kenne, ist sie jemand, die
immer wieder alles infrage stellt. Sie scheut sich nicht, sich
andauernd neuen Herausforderungen zu stellen, und sie
scheut sich auch nicht, eingeschlagene Pfade zu verlassen,
wenn es an der Zeit ist. Wie oben schon beschrieben, ist
sie mit dem Thema Projektmanagement gestartet und hat
diesen Pfad für den nächsten Schritt verlassen. Dabei hätte
sie es sich bequem machen können mit dem Thema. Sie
hat ein sehr erfolgreiches Buch mit dem Titel „Projekt-
voodoo" (Fuhrmann 2013) dazu geschrieben und ist im
Markt als Expertin anerkannt. Sie hat es sich aber nicht
bequem gemacht, im Gegenteil. Sie ist ein ständiger Quell
neuer Ideen und hat Querdenken zu ihrer Leidenschaft
erkoren. Mittlerweile gibt es ein weiteres Buch von Bianca
Fuhrmann, das sich in der Fachliteratur einen festen Platz
gesichert hat. „Stark Führen" (Fuhrmann 2018). Das
Thema ist für sie zum Mittelpunkt ihres Arbeitslebens
geworden, mit allen Facetten, die man sich nur vorstellen
kann. Es ist so sehr ihr Thema, dient so sehr ihrer Vision,
sodass sie sich vor Aufträgen schier nicht mehr retten
kann, und das, ohne großartig Werbung dafür zu machen.
Für Bianca ist deshalb alles möglich, was man wirklich
will, wenn man sich die Freiheit gestattet, neu zu denken,
um seiner Vision stetig näher zu kommen, und das, was
einen zu 100 % ausmacht, auch lebt.

Interview mit Bianca Fuhrmann – Führungskräftecoach und Künstlerin

Trauen Sie sich, Ihren Kurs zu ändern, um dem Ziel näher zu kommen.

Hatten Sie einen Traum, eine Vision, die Sie verwirklichen wollten?
Ja. Jeder hat das Recht auf Entfaltung, und ganz besonders im Arbeitsumfeld. Und zur Entfaltung gehört, dass man seine Ideen verwirklichen darf und dass jeder das Recht auf Fehler und Korrekturen hat. Es ist erlaubt, das Haus neu zu streichen, zu renovieren oder gar umzubauen, wenn es der eigenen Entfaltung nützt und den Mitmenschen nicht schadet. Für mich ist es unverständlich, warum Menschen dogmatisch an „alten" Bildern festhalten, wie zum Beispiel, dass Ingenieure nicht gleichzeitig kreativ sein können oder dass Frauen in Führungspositionen nicht in männerdominierte Arbeitsumfelder gehören. Zum Glück weichen diese Ansichtsweisen langsam auf.

Meine Vision ist es, dass jeder Mensch sich entfalten kann. Und dazu gehört es, Arbeitsräume zu schaffen, wo die Entfaltung möglich und gewünscht ist.

Was hat Sie an Ihre Idee glauben lassen?
Drei Dinge: Erstens die vielen Jahre in einem Konzern, in dem ich die Erfahrung gemacht habe, dass man auch hier

etwas schaffen kann, wo sich alle internen und externen Mitarbeiter wohlfühlen.

Zweitens die Arbeit als Projektkrisenmanagerin, bei der ich immer die Situation geschaffen habe, dass man sich nach dem Überwinden von Krisen und Konflikten hinterher auch wieder in die Augen schauen kann.

Und drittens meine Arbeitsweise, bei der ich mich täglich voll entfalten kann, den Flow genieße und dadurch die Grundlagen lege, um neue Wege und Herangehensweisen einfach entwickeln zu können.

Wie haben Sie dieses Bild von Ihrer Vision lebendig gehalten?

Indem ich jeden Tag versuche, danach zu leben. So bringt mich jeder Tag ein Stück weiter, und diese Erkenntnis belebt meine Vision. Das ist, wie wenn Sie die Wände neu streichen und fühlen, wie der Akt des Streichens Ihr Leben bereichert.

Genau das, also das permanente Ausmalen, Planen oder Streichen, habe ich auch mit meinem Team gemacht, als ich noch Führungskraft war. Das belebt die Vision und stärkt die Erkenntnis, auf dem richtigen Weg zu sein, oder führt dazu, dass man rechtzeitig den Kurs wechselt, wenn Stolpersteine den Weg versperren.

Gibt es ein Schlüsselerlebnis auf dem Weg zum Erfolg für Sie?

Eins? Viele! Das hört sich vielleicht abgedroschen an, aber der Weg ist das Ziel. Egal, wie ich mein Haus gerade umgestalte, ich habe immer das Gefühl, dem Ziel ein Stück näher zu kommen. Zu meinen Leitlinien gehört es auch, Fehler machen zu dürfen, und ein Schlüsselerlebnis war auf jeden Fall, dass ich bei einem Berater richtig viel Geld versenkt habe, da er mich auf den falschen Weg gebracht hat. Das hat mich um gut eineinhalb Jahre zurückgeworfen, aber im Endeffekt habe ich daraus sehr viel gelernt, denn immer dann, wenn ich nicht auf meine Intuition höre, geht es schief.

Was mussten Sie auf Ihrem Weg zum Erfolg lernen?

Sehr viel, zum Beispiel, dass die eigene Intuition sehr mächtig ist und man nicht gegen sie ankämpfen kann. Und wenn mich die Intuition verlässt, dann versuche ich mit echten Vertrauenspersonen wieder den Zugang zu meiner Intuition zu finden. Diese Erkenntnis hat dazu geführt, dass ich mich mit dem Thema Intuition – und ganz allgemein Entscheidungsfindung – sehr intensiv auseinandergesetzt habe.

Als Selbstständige musste ich erleben, dass die Projektwelt aktuell noch so ist, wie sie ist, ein ausbeutendes System. Ich kenne nur sehr wenige Unternehmen, die Projektmanagement mit dem Faktor Mensch in Einklang bringen, und diese Firmen schätze ich sehr. Das hat mich zu vielen Kurswechseln und Renovierungsarbeiten geführt und zum mehrmaligen Umdenken in meiner Kommunikationsweise. Nur wenige Unternehmen investieren wirklich in die Weiterentwicklung ihrer Projektleiter in Punkto soziale Kompetenz. Anders sieht es bei den Führungskräften aus. Deshalb gab es in den letzten sieben Jahren immer wieder Kurskorrekturen. Die Vision ist die gleiche, nur meine Herangehensweise hat sich geändert. Ich habe den ausgetretenen Projektmanagementpfad verlassen, um mich wieder auf meine Ursprungskompetenz, das Schaffen von Hochleistungsteams, zu konzentrieren.

Welche Fähigkeiten und Talente haben Sie bei Ihrem Vorhaben unterstützt?
Meine Analysefähigkeit, meine Fähigkeit, kreativ zu denken und anders an die Dinge heranzugehen, sowie es einfach auszuprobieren und zu machen. Mein Credo lautet: Fehler sind immer erlaubt, man sollte nur rechtzeitig erkennen, wann es Zeit ist, den Kurs zu wechseln.

Was waren die größten Hürden auf dem Weg?
Eine gehörige Portion Mut ist mir in die Wiege gelegt worden, aber manchmal, wenn ich mal wieder allzu mutig etwas zugestimmt habe, beschleicht mich eine gewisse Angst vor der eigenen Courage, davor, den Weg zu gehen, den ich bewusst eingeschlagen habe. Es ist ein kurzes Zweifeln, ob ich es mir denn auch wirklich zutraue. Wenn es mal wieder so weit ist, stelle ich mir einfach die Frage, was denn der schlimmste annehmbare Fall wäre, wenn es schiefgehen würde. Bisher war nichts dabei, was nicht die Zweifel von der Größe eines Elefanten zur Mücke schrumpfen ließ.

Was war Ihr mutigster Schritt?
Nachdem ich in das Thema Projektmanagement sehr viel Energie und Zeit investiert und sogar ein Fachbuch veröffentlicht hatte, musste ich erkennen, dass meine negativen Zombie-Metaphern, die bei der Beschreibung von Projektkrisen und Konflikten helfen sollten, zwar interessant waren, aber nicht jeder sich damit schmücken wollte. Also habe ich sie schweren Herzens wieder in die Gruft gesteckt.

Was sind Ihrer Meinung nach die größten Fehler, die Menschen und Unternehmen bei der Verfolgung ihrer Vision machen?
Es fehlt der Realitätscheck. Viele wollen Luftschlösser bauen und vergessen dabei, den Architekten zu fragen, ob Luftbausteine zum jetzigen Zeitpunkt machbar sind. Trauen Sie sich, Ihren Kurs zu ändern, um dem Ziel näher zu kommen, auch wenn es bedeutet, den Weg öfter mal neu zu pflastern.

Was ist der wichtigste Tipp, den Sie gerne weitergeben würden?
Halten Sie an Ihrem Ziel fest. Glauben Sie an sich selber, und meiden Sie den Vergleich mit anderen. Lassen Sie sich nicht durch andere von Ihrem Weg abbringen und vertrauen Sie Ihrer Intuition.

Hier geht es direkt zum Beitrag mit Bianca Fuhrmann

Literatur

Fuhrmann B (2013) Projekt-Voodoo®: Wie Sie die Tücken des Projektalltags meistern und selbst verfahrene Projekte in Erfolge verwandeln. Gabal Verlag, Offenbach am Main

Fuhrmann B (2018) Stark führen: Aktivierend, effizient und wirkungsvoll agieren. SpringerGabler, Wiesbaden

13

Werkzeugkasten

Einen gut gefüllten Werkzeugkasten im Haus zu haben, ist sehr hilfreich: Mal schnell was festschrauben, nachmessen, reparieren etc.

So eine kleine Toolbox finden Sie auch für sich und ihr Zukunftshaus. Ich habe Ihnen hier noch einige hilfreiche Übungen und Onlinetools zusammengestellt, die Sie dabei unterstützen können, sich wieder zu fokussieren, Ihren Zukunftsmuskel zu trainieren und auf Ihr Ziel auszurichten.

13.1 Übungen für Ihr Zukunftsmuskeltraining

13.1.1 Ihre persönliche „Löffelliste"

Eine ganz wunderbare Übung, um Ihre Wünsche zu sammeln und sich einzustimmen auf Ihr Zukunftshaus.

S. Ziolkowski, *Bau Dir Deine Zukunft*, https://doi.org/10.1007/978-3-658-37033-6_13

Sie finden in dieser Liste Hinweise für Ihre Säulen und auch fürs Dach.

So geht's:
Überlegen Sie sich, was Sie noch alles tun, haben, sein und erleben wollen, bevor Sie den sogenannten „Löffel" abgeben. Schreiben Sie 100 Wünsche auf, ohne diese zu bewerten. Alles ist erlaubt, was Ihnen durch den Kopf geht. Hören Sie nicht vorher auf, denn die tiefen Sehnsüchte zeigen sich meist erst am Ende. Am besten schreiben Sie Ihre Löffelliste in Ihr Visionslogbuch, dann können Sie immer weitersammeln.

Der Effekt:
Sie haben eine Liste, bei der Sie auch mal was abhaken können, wenn es erledigt ist. Es ist schriftlich fixiert und geistert Ihnen nicht mehr im Kopf herum. Sie können Ihren Partner oder Ihre Partnerin anstiften, es Ihnen gleich zu tun, um dann an einem schönen Abend Ihre Listen zu vergleichen und miteinander Pläne zu schmieden.

13.1.2 Die Schaukelstuhlübung

Die Schaukelstuhlübung kann man schnell in den Alltag einbauen und sie wirkt fast wie eine Minimeditation für Ihr Zukunftsmindset. Sie braucht nicht viel Zeit und wirkt umso besser, je öfter Sie sie anwenden.

So geht's:
Immer dann, wenn Sie etwas Zeit haben (5–10 min reichen, z. B. im Wartezimmer beim Arzt, im Stau, …) oder sich etwas Zeit nehmen wollen, z. B. am Morgen nach dem Aufstehen, in der Mittagspause, nach Büroschluss etc., begeben Sie sich auf Zeitreise.

Stellen Sie sich vor:

Sie sitzen mit stolzen 95 Jahren in einem Schaukelstuhl und blicken auf ein glückliches, erfülltes Leben zurück. Eine Schar Kinder sitzt auf dem Boden um Sie herum und die Kinder fragen Sie nach Ihrem Glücksrezept. Sie wollen Geschichten aus Ihrem Leben hören. Was erzählen Sie ihnen?

Nehmen Sie sich mindestens 5 min Zeit zu träumen, was Sie persönlich mit Stolz und Freude erfüllen würde. Was war es, was Sie so glücklich hat alt werden lassen? Ganz wichtig: Es muss nicht realistisch sein. Falls Sie Gelegenheit haben, dann schreiben Sie sich gerne die aufpoppenden Gedanken dazu auf.

Der Effekt:
Bei regelmäßiger Anwendung erhöhen Sie Ihre Vorstellungskraft und dehnen Ihren Zukunftsmuskel. Ganz nach dem Motto: Was ich mir vorstellen kann, kann ich auch erreichen.

13.1.3 Der Zehn-Jahres-Überblick

Diese Übung hilft dabei zu erkennen, wie sehr wir uns auf der einen Seite bereits weiterentwickelt haben und andererseits dabei mutiger in die Zukunft zu blicken. Dieses Werkzeug kann auch als Vorbereitung für Ihr Dach sehr dienlich sein.

So geht's:
Schritt 1: Sie schauen in die Vergangenheit. Wo waren Sie heute vor zehn Jahren in Ihrer persönlichen Entwicklung (beruflich, privat, persönlich, emotional)? Schreiben Sie als erstes Ihr damaliges Alter auf, um sich ein wenig zurückversetzen zu können.

Und dann notieren Sie fünf bis sieben Punkte, wie Sie damals so „drauf" waren: Welche Erfahrungen hatten Sie? Welche Träume? Wie sind Sie mit sich und anderen umgegangen? …

Der Effekt:
Wir nehmen Wachstum oft nicht mehr wahr, weil wir ja jeden Tag mit uns zusammen sind. Der Vergangenheitssprung kann Ihnen helfen zu erkennen, wie sehr Sie sich in Ihrer Persönlichkeit bereits weiterentwickelt haben. Die meisten Menschen sind völlig verblüfft, was sie in den letzten zehn Jahren alles dazu gelernt haben.

Schritt 2: Nun schauen Sie in die Zukunft. Was würden Sie in den nächsten zehn Jahren alles anpacken, wenn Sie sicher wüssten, dass ein Scheitern ausgeschlossen ist? Auch hier schreiben Sie wieder fünf bis sieben Punkte auf, und zwar so, als ob Sie die Ziele bereits erreicht hätten.

Der Effekt:
Möglicherweise sind Sie mutiger geworden beim Formulieren Ihrer Ziele und Wünsche. Oft unterstreicht und ergänzt diese Übung die Dinge, die Sie in Ihrem Zukunftshaus erarbeitet haben.

13.1.4 Der Diamant-Tag

Der Diamant-Tag ist nicht so sehr eine Übung als eine geplante Miniauszeit. Ein unverzichtbares Werkzeug, um sich immer wieder zu zentrieren. Es geht darum, Ihren Lebensdiamanten weiter zu polieren und zum Strahlen zu bringen.

So geht's:

Reservieren Sie sich jedes Quartal einen Reflektionstag zum Nach- und Weiterdenken fest in Ihrem Kalender. Verteidigen Sie diesen Tag auch gegen vermeintlich wichtigere Termine. Packen Sie Ihr Visionslogbuch und Ihr Zukunftshaus ein.

Bleiben Sie auf keinen Fall zu Hause, sondern suchen Sie sich eine inspirierende Umgebung. Geeignet ist fast jeder Ort, an dem Sie gut denken und ggf. schreiben können. Vielleicht ein Tag in den Bergen, an einem See, in einer anderen Stadt, o. a.

Der Effekt:

Sie verbinden sich wieder mit Ihrem Zukunftshaus, können Korrekturen vornehmen und Ziele nachschärfen. Sie sind nach so einem Tag wieder „aufgeräumt" und können die nächsten Schritte neu motiviert angehen.

13.1.5 Die Dankbarkeitsübung „The Three Blessings"

Diese Übung aus der positiven Psychologie (Seligman 2005) habe ich bereits kurz in Kap. 5 beim Fundament beschrieben. Aber weil sie so wertvoll ist, hier nochmal ausführlich:

So geht's:

Jeden Abend, bevor Sie zu Bett gehen, schreiben Sie drei Dinge auf, die Sie heute als positiv empfunden haben. Das können Dinge sein, für die Sie dankbar sind, auf die Sie stolz sind, die Ihnen heute gut gelungen sind …

Achten Sie bitte darauf, dass es immer drei Punkte sind. Sie können von großer, aber auch von kleiner Bedeutung sein.

Schreiben Sie außerdem auf, warum Sie diese Dinge als positiv wahrgenommen haben.

Am nächsten Morgen erinnern Sie die drei positiven Dinge wieder.

Der Effekt:
Schon am Morgen schenken Sie sich durch das nochmalige Lesen Energie für den Tag. Das Aufschreiben hilft uns, die Dinge überhaupt wahrzunehmen und eine dauerhaft positive Einstellung zu entwickeln. Es ist die wichtigste Übung, um sich bewusst zu werden, wie viel Wunderbares schon täglich in unserem Leben passiert und es hilft, den Blick in die richtige Richtung zu lenken und Ihre Selbstwirksamkeit zu erhöhen.

13.2 Hilfreiche Onlinetools

Focus Keeper (App)
Diese App arbeitet nach der sogenannten „Tomatentechnik", besser bekannt als Pomodoro-Technik, und ist ein Zeitmanagement-Tool. Mir hilft diese Technik, Themen in kleinen 25-min-Happen abzuarbeiten. Wenn Sie manchmal den Wald vor lauter Bäumen nicht mehr sehen, hilft diese App, einen Anfang zu machen und sich schon mal ein bis zwei „Tomaten" ;-) lang mit einem wichtigen Thema zu beschäftigen.

Myconcentraid.com:
Die Idee dahinter ist so einfach wie faszinierend: Man bucht sich eine oder mehrere Sessions mit einem meist fremden Menschen. Miteinander bespricht man kurz, woran man arbeiten will und fängt dann an. Dabei bleiben die Bildschirme meist an und man kann sehen, dass der andere da ist und auch an seinem Thema arbeitet.

Ich gönne mir regelmäßig solche Sessions, um gerade meinen strategischen Themen Raum zu geben. Es ist also eine gute Möglichkeit, um mit dem eigenen Projekt gezielt und fokussiert vorwärtszukommen.

mindmovies.de

Damit können Sie Ihre Vision visualisieren und mithilfe dieses Tools einen kleinen Film bauen. Täglich auf dem Handy angeschaut, wirkt es wie eine Affirmation und trainiert nebenbei den Zukunftsoptimisten in Ihnen.

Smile-Collector.com

Dieses Tool habe ich im Buch öfter genannt. Es ist ein kostenloses Tool, um für sich Lächelmomente zu sammeln und die eigenen Fortschritte festzuhalten. Ich nutze es sehr gerne für meine Ideen, Feedbacks, Fortschritte, Erfolge und für alles, wofür ich dankbar bin. Was ich so daran mag (ich habe diesen Collector ja auch entwickelt ;-): Jeden Mittag erhalte ich einen Smiley direkt in meinen Posteingang und werde so automatisch täglich an die guten Dinge erinnert.

Mindshine (App)

Das ist eine App für Persönlichkeitsentwicklung mit vielen Übungen zu verschiedenen Themen, egal, ob es um hilfreiche Routinen oder Umgang mit Stress geht. Mindshine hat dazu pfiffige Übungen zusammengestellt. Die App ist wie ein kleiner digitaler Coach, der immer dabei ist.

Das ist natürlich nur eine kleine persönliche Auswahl an digitalen Tools. Es ist mir bewusst, dass es noch sehr viele großartige andere Webseiten und Apps gibt, die Sie hier auch gut unterstützen können. Hier finden Sie einfach nur meine kleine persönliche Hitliste, die ich nutze, wenn ich an meiner guten Zukunft arbeite.

Literatur

Literaturempfehlung

Seligman M (2005) Der Glücks-Faktor: Warum Optimisten länger leben. Lübbe Belletristik, Köln

Epilog

Als ich 1985 den Film „Gandhi" das erste Mal sah, spürte ich eine tiefe Hochachtung und Bewunderung für diesen Menschen. Es war für mich unfassbar, was ein Einzelner bewegen kann. Gleichzeitig erwischte mich aber auch die Erkenntnis, was *jeder* Einzelne bewegen kann, wenn er einer inneren Überzeugung und seiner Vision folgt.

Das ist für mich immer noch eine überwältigende Feststellung. Es heißt nämlich gleichzeitig, dass es nicht kompliziert ist, dass es sogar ziemlich einfach ist, seinen Weg zu gehen. Ich sage nicht leicht, ich sage einfach.

Denn wenn uns bewusst ist, welche Macht wir haben, dann wissen wir auch, dass es an uns alleine liegt, diese Macht zu entfalten. Seitdem ist für mich klar: Die kleinste und zugleich wirkungsvollste Keimzelle für meinen Lebenserfolg bin ich selbst. Im Kleinen wie im Großen. Nun ist Gandhi natürlich eine herausragende Persönlichkeit, die wenig mit unserem Leben zu tun hat. Wenn Ihnen jetzt auf der Zunge liegt, dass man diesen großen Mann wohl kaum als Beispiel nehmen kann, dann gebe

© Springer Fachmedien Wiesbaden GmbH, ein Teil von Springer Nature 2022
S. Ziolkowski, *Bau Dir Deine Zukunft*,
https://doi.org/10.1007/978-3-658-37033-6

ich Ihnen insofern recht, als wir selten so radikal für unsere Überzeugungen einstehen müssen. Für mich ist Gandhi ein Platzhalter für das, was Visionäre, Zukunftsentwickler und Persönlichkeiten ausmacht. Sie ziehen ihre innere Stärke aus ihrer Vision, ob sie das nun am Anfang schon in Worte fassen können oder nicht. Das Gefühl ist bereits da, es breitet sich aus in uns, macht uns unruhig und bringt uns – wenn wir es wirklich wollen – in Bewegung.

Meine Interviewpartner haben sich allesamt ihre Zukunft gebaut. Sie haben uns einen Einblick in ihre Strategien und in ihr Selbstverständnis gewährt. Sie haben mit ihren Geschichten bestätigt, dass die Elemente des Zukunftshauses die Basis sind, um ans Ziel zu kommen.

Was können Sie nun lernen von diesen 13 Geschichten? Welche hat Sie besonders berührt oder angesprochen? Wo finden Sie sich wieder? Lassen Sie sich von den Botschaften anstecken – sie sind allesamt erprobt und führen zu einem erfüllten Leben.

Hier die wichtigsten Tipps noch einmal auf einen Blick:

* Tu's. Mach's einfach. Und dazu passt der Spruch aus meiner Coaching-Sendung: „Mach's einfach und dann mach's einfach" (Sabine Asgodom).
* Auf jeden Fall: „Lebe deine Träume". Dazu gehört vor allem: Beschäftige dich mit dir und deinen Träumen mehr als mit allem anderen. Nur dann kann es gut werden (Mike Fischer).
* Halten Sie an Ihrem Ziel fest. Glauben Sie an sich selber und meiden Sie den Vergleich mit anderen. Lassen Sie sich nicht durch andere von Ihrem Weg abbringen und vertrauen Sie Ihrer Intuition (Bianca Fuhrmann).
* Sie müssen Nutzen stiften und besser sein als andere (Dieter Härthe).

* Nicht zu Hause hocken und darauf warten, dass einen die Leute finden, sondern viel unterwegs sein. Sich innerlich und äußerlich bewegen. Sich immer wieder auf den Prüfstand stellen. Groß denken (Antje Heimsoeth).

* Durchdenke dein Vorhaben gut, bevor du startest, und lege es fachkompetenten Menschen vor. Binde diese als Sparringspartner mit ein, um die Fallstricke zu erkennen (Christoph Heinen).

* Gib der Welt etwas ganz Besonderes, Einzigartiges: dich selbst. Verwirkliche dich selbst, verwirkliche dein Potenzial, liebe dich selbst. Schenk dich der Welt mit dem, was dich ausmacht (Stephan Landsiedel).

* Werden Sie sich der Endlichkeit des Lebens bewusst – und wie unwesentlich damit vieles wird. Erkennen Sie, dass es besser ist, etwas zu bereuen, was man gemacht hat, als irgendwann mal Reue zu haben, weil man so viele Dinge nicht getan hat (Christine Lassen).

* Schau, dass du deine Familie hinter deine Idee bringst. Der Rückhalt zu Hause ist Gold wert. Stell dir einen guten Begleiter an die Seite, mit dem du im Vorfeld deine Ideen austauschen kannst. Höre zu und nimm ernst, was der Profi zu sagen hat (Matthias Lehner).

* Die Vision erst mal für sich selbst leben und sich nicht von tausend Leuten reinreden lassen. Such dir Unterstützer, aber keine Bremsklötze (Svea Kuschel).

* Gedanken sind eine Kraft, und man muss die Gedanken so sortieren und aussprechen, als wenn das Projekt und die Idee schon umgesetzt wären (Wiesław Kramski).

* Das Allerwichtigste ist: Schafft euch Klarheit bezüglich eurer Vision (Andreas Nau).

* Jeder Mensch ist anders und jeder muss für sich herausfinden, was er will und kann und ob das mit den eigenen Träumen und Visionen zu vereinbaren ist (Anke Wirnsperger).

Meine Vision und Sie

Schön, dass Sie sich darauf eingelassen haben, zum Architekten für Ihr Leben zu werden! Lassen Sie uns mehr werden! Mehr, die daran glauben, dass wir ein Anrecht darauf haben, den eigenen Traum zu leben, und die wissen, wie es geht. Bauen Sie Zukunftshäuser und stiften Sie andere dazu an, es Ihnen gleich zu tun. Erfreuen Sie sich an Ihrem beseelt-bekloppten Zustand und vor allem, genießen Sie ihn. Er wird Sie über Hürden tragen und Sie so manches mit den Augen des Ermöglichers sehen lassen. Inspirieren Sie andere mit Ihrer Zuversicht und Ihren zukunftsfrechen Gedanken. Lassen Sie uns gemeinsam kecker werden und die Welt aus den Angeln heben. Wenn jeder Mensch mit einem positiven Zukunftsblick ausgestattet wäre und dem Wissen darum, dass er die Zukunft in der Hand hat, dann – davon bin ich überzeugt –, hätten wir viele glückliche und reiche Menschen mehr. Lassen Sie uns starten, die Welt ein klein wenig besser, fröhlicher und kecker zu machen. Werden Sie selbst zum Anstifter für ein fantastisches Leben. Ich freue mich darauf!

Ein Gedanke von Ralph Waldo Emerson zum Schluss

* Jeder Geist baut sich selbst ein Haus
* und jenseits dieses Hauses eine Welt
* und jenseits dieser Welt einen Himmel.

Ich wünsche Ihnen ein großartiges Leben!

Anhang

Werteliste

Eine Auswahl möglicher Werte – im weitesten Sinne. Die Liste beinhaltet: Tugenden, wichtige Lebensthemen, Grundhaltungen, eben Themen, die einem im Leben wichtig sind oder sein können.

Abenteuer, Abwechslung, Ästhetik, Aktivität, Ansehen, Askese, Aufrichtigkeit, Ausdauer, Ausdrucksfähigkeit, Ausgeglichenheit, Authentizität, Autonomie.

Barmherzigkeit, Begeisterung, Beharrlichkeit, Behutsamkeit, Beliebtheit, Berühmtheit, Bescheidenheit, Besonnenheit, Beständigkeit, Bewusstheit, Beziehung, Bildung, Brillanz.

Charme, Charisma.

© Springer Fachmedien Wiesbaden GmbH, ein Teil von Springer Nature 2022
S. Ziolkowski, *Bau Dir Deine Zukunft*,
https://doi.org/10.1007/978-3-658-37033-6

Dankbarkeit, Demokratie, Demut, Diplomatie, Disziplin, Dominanz, Durchhaltevermögen.

Effektivität, Effizienz, Ehre, Ehrgeiz, Ehrlichkeit, Einfachheit, Einfluss, Einzigartigkeit, Eleganz, Engagement, Entdeckung, Enthaltsamkeit, Erfahrung, Erfolg, Erholung.

Fairness, Familie(nsinn), Faszination, Fitness, Fleiß, Flexibilität, Fortschritt, Freiheit, Freude, Freundlichkeit, Freundschaft, Frieden, Fürsorglichkeit.

Gastlichkeit, Geben, Geborgenheit, Geduld, Gegenseitigkeit, Gelassenheit, Gemeinschaft, Gemeinsinn, Genügsamkeit, Genuss, Gepflegtheit, Geradlinigkeit, Gerechtigkeit, Gesundheit, Gewaltfreiheit, Gewissenhaftigkeit, Glaube, Gleichheit, Glück, Großzügigkeit, Grundrechte.

Harmonie, Heiterkeit, Herkunft, Herzlichkeit, Hilfsbereitschaft, Hoffnung, Höflichkeit, Humor.

Identität, Individualität, Innovation, Inspiration, Integrität.

Jugendlichkeit.

Klarheit, Klugheit, Komfort, Kontinuität, Kontrolle, Kooperation, Kraft, Kreativität.

Langlebigkeit, Langsamkeit, Lebendigkeit, Leidenschaft, Leidenskraft, Leistung, Lernen, Liebe, Loyalität.

Macht, Mäßigung, Menschenrechte, Menschlichkeit, Milde, Mitfreude, Mitgefühl, Mitleid, Mut.

Nachhaltigkeit, Nächstenliebe, Nähe, Natur, Neugier, Nützlichkeit.

Offenheit, Opferbereitschaft, Optimismus, Ordnung.

Perfektion, Pflichtbewusstsein, Phantasie, Pragmatismus, Präsenz, Präzision, Pünktlichkeit.

Realismus, Redegewandtheit, Reichtum, Religion, Respekt, Rücksichtnahme, Ruhe, Ruhm.

Sanftmut, Sauberkeit, Schaffensfreude, Scharfsinn, Schnelligkeit, Schönheit, Selbstakzeptanz, Selbstdisziplin, Selbstfürsorge, Selbstständigkeit, Selbstverwirklichung, Selbstwert, Sexualität, Sicherheit, Sinn, Solidarität, Sorgfalt, Sparsamkeit, Spaß, Spiritualität, Standfestigkeit, Stärke.

Tapferkeit, Teamgeist, Toleranz, Tradition, Treue.

Überfluss, Überlegenheit, Unabhängigkeit, Unbestechlichkeit, Unparteilichkeit, Urteilsfähigkeit.

Verantwortung, Vergnügen, Verlässlichkeit, Vernunft, Versöhnung, Verspieltheit, Verständnis, Vertrauenswürdigkeit, Verzeihen, Vielfalt, Vision, Vitalität, Vollendung.

Wachstum, Wahrhaftigkeit, Wahrheit, Weisheit, Weitblick, Wertschätzung, Wissen, Wohlgefallen, Wohlstand, Würde.

Zärtlichkeit, Zivilcourage, Zufriedenheit, Zugehörigkeit, Zuverlässigkeit, Zweckmäßigkeit.

Printed in the United States
by Baker & Taylor Publisher Services